hl. Barbara, Öl auf Holz, um 1700.   Foto u. ikonographischer Text
DI G. Hattinger, 1987

H 92 cm, B 75 cm, aus der ehemaligen Hallstätter Salzbergkapelle. Österreichische Salinen AG.

In dieser Darstellung der bergmännischen Schutzpatronin findet sich eine Häufung der beigegebenen Attribute. Zu den Symbolen als Märtyrerin (Krone und Palmzweig) kommen zwei für sie typische Attribute (Turm mit Kelch und Hostie) und zuzüglich das Schwert. Das Attribut, das man am häufigsten in Verbindung mit der Heiligen dargestellt findet, ist der Turm. Die Legende erzählt, daß Barbaras heidnischer Vater, der reiche Kaufmann Dioscurus, sie wegen ihrer Schönheit und um sie vor allen schädlichen Einflüssen und dem Christentum fernzuhalten, in einen Turm sperrte. Dennoch gelang es ihr, die neue Lehre kennenzulernen und sich taufen zu lassen. So trägt der Turm als sichtbares äußeres Zeichen die drei Fenster als Symbol der heiligen Dreifaltigkeit, zum anderen steht er symbolisch für die Festigkeit und Keuschheit der jungfräulichen Märtyrerin. Die drei Fenster des Turmes sind dem Badehaus entlehnt, an dessen Nordseite Barbara ein drittes Fenster nachbrechen ließ.

Hinzu kommt noch das Kreuzeszeichen auf dem breit und wuchtig die rechte Bildhälfte beherrschenden Turm. Die Hl. Barbara ist in einem vielschichtigen Gewand und Schmuck dargestellt, worin sich die Prunkfreudigkeit des Hochbarocks äußert.

Rupert Stummer

Wirtschaftsbauten

für das
Großunternehmen
Salzkammergut

ab 1147 (Stmk.) und 1311 (O.Oe)

bis zum
Industrieunternehmen
SALINEN AUSTRIA AG
(1997 - 2007 - ....)

Eine Offenbarung
über das Leben
und Wirken mit
dem

Österreichischer Milizverlag

Impressum

Milizverlag Salzburg/History Verlag
(=Teil der Bundesvereinigung der Milizverbände)
Der History Verlag veröffentlicht keine militär-historischen Bücher.

ADir. S. Stürmer
ADir. i. R. Mag. H. Edelmaier

grafische-Gestaltung	Autor-R. Stummer	R | ST 20 | 07

künstl. Freiheit ist Faktum

grafische Umsetzung- P. Rauch

Lektoren- F. Philipp
O. Krung

Buchdeckel, Vorderseite
Komposition: Salzkammergut- Zeitstiege zwischen den Horizonten 1147 und 2007 (v. R. Stummer)

Rückseite
Komposition: Fremdenverkehrsregion Salzkammergut im Dreiländereck (v. R. Stummer)

Die Bilder auf den Buchdeckeln zeigen das heutige Salzkammergut in Winter- und Schneelandschaften. Es wurden deswegen so entschieden, um der Wirklichkeit des grauen Alltags *„ausgenommen zur Zeit der Sommerfrische",* eher zu entsprechen.

Erfüllungsort und Gerichtsstand ist Salzburg.
Druck: Salzburger Druckerei
Bergstraße 12, 5020 Salzburg
ISBN 978-3-9502378-7-0

Der Hallholz-Aufzug im Weißenbachtal
Gemeinde Steinbach/Attersee
1722–1871.

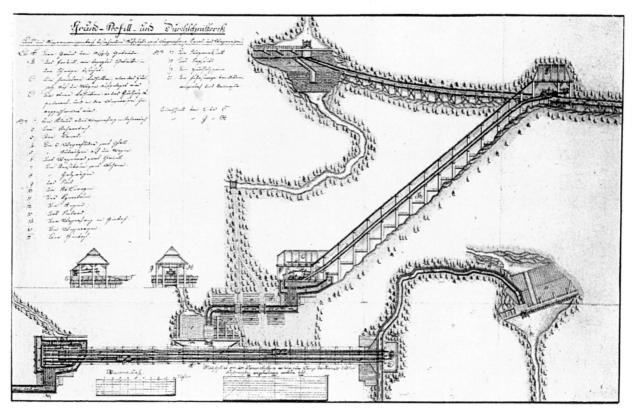

Diese Zeichnung wurde deswegen vom Autor als Titelbild gewählt, da es sich um ein Wirtschaftsbauwerk handelt, das nicht durch einen „Großen Meister" wie **Th. Seeauer**, **H. Khalß** oder **J. Spielbüchler** geschaffen wurde, sondern um eine reine Innovation von Berg-, Wald-, Holzmeistern und Holzknechten. Die Literatur gibt keinerlei Aufschluß über einen „Sonderkönner". Nicht nur heute, sondern auch damals gab es schon Gemeinschaftserfindungen von größerer regionaler Bedeutung. Dies bezeugt eine große Innovationskraft der „Salzkammergüter". Es brachte den Arbeitern damals Arbeiterleichterung und für den Landesfürsten eine bessere Wertschöpfung.

INHALTSVERZEICHNIS

**Um eine bessere Orientierung zu gewährleisten wurde die
in der Technik übliche Form der Auflistung von
Themenbereichen gewählt.**

**Schwächung des Großunternehmens Salzkammergut 1850 wurde durch die Teilung des Salzober-
amtes Gmunden in je einen eigenen Salinen- bzw Forstbetrieb herbeigeführt.**

Schlußseite

Dieses Lexicon wurde 2007 ediert, mit einer Bebilderung versehen und wird gleichzeitig mit dieser Literatur aufgelegt.

Hallstatt

ÖNB

Franz Xaver Joseph Sandmann
Hallstatt, um 1850
(Bildausschnitt)

Einbegleitung

w. Hofrat Dipl.Ing. G. **Hattinger**, Bad Ischl

Für unsere Generation ist das heutige Salzkammergut seit der Mitte des 20. Jahrhunderts weit über seine ursprüngliche, historische Ausdehnung hinausgewachsen und fast schon eine künstliche Region als Tourismusdestination geworden. Die Betrachtung der Wirtschaftsbauteil und Anlagen für das Grossunternehmen Salzkammergut vom 15. bis zum Anfang des 21. Jahrhunderts in dem vorliegenden, von R. Stummer verfassten Band, erfasst jedoch jenen des historischen Salzkammergutes, dessen Namen sich vom Kammergut Salz, dem Landesherrn und der Hofkammer gehörig, ableitet. Es sind Bauten und Anlagen des Salinen- und Forstwesens, Bauten der Holztrift und zur Sicherung der Wasserwege, der Schifffahrt sowie der Hilfsbetriebe wie Schmiede- und Sägebetriebe und solche der Nutzung der Energie des Wassers. Auf jene des Salzsolebergbaues wurde wegen seiner Spezialität in diesem Band nur teilweise eingegangen - nicht aufgenommen.

Bis zur Mitte des 19. Jahrhunderts erscheinen uns diese Bauten und Anlagen in ihrer Nutzung wie wirtschaftliche Einheiten eines Großunternehmens. Und nicht zuletzt auch die Menschen in der Region, welche in den einzelnen Bereichen tätig waren, als dessen Mitarbeiter. So treten uns die Menschen, Bauten und Anlagen des historischen Salzkammergutes als Wirtschaftseinheit entgegen.

In den letzten 150 Jahren des betrachteten Zeitraumes ging die wirtschaftliche Einheit der historischen Region Salzkammergut nach und nach verloren. Mit der Eisenbahnlinie Attnang Puchheim - Stainach Irdnung konnte auch das Holz als Brennstoff für die Sudpfannen der Salinen durch Braunkohle ersetzt werden wodurch beispielsweise die Forstwirtschaft auf ihre eigentliche Funktion beschränkt wurde. Verstärkt wurde dies durch den Wegfall der Schifffahrt auf der Traun und den damit verbundenen Entfall des Schiffbaues. Der Transport der Güter in das Salzkammergut und jener des Salzes sowie anderer Produkte aus diesem erfolgte nunmehr mit der Bahn. Straßen wurden gebaut wodurch heute diese Transporte vielfach auch mit Kraftfahrzeugen erfolgen. Es begann auch die Nutzung der Wasserkraft in Kleinkraftwerken. Deren Produktion deckt heute jedoch nur einen verschwindend kleinen Bruchteil des Bedarfes der Region.

So zeigt uns dieser Band nicht nur das historische Salzkammergut als Großunterneh-

men -Salzkammergut für die Salzerzeugung und den Transport des Salzes sondern auch den Wandel dieser standortgebundenen Produktion durch die fortschreitende Industrialisierung welche der Region und ihrer Bevölkerung den angestammten Charakter nahm. Trotz diesem einschneidenden Wandel wurde dieses nicht zum Industrierevier, sondern zufolge seiner Eigenschaften, seinen Menschen, Wäldern, Seen und Bergen zu einer beliebten Tourismusdestination im Sommer und Winter.

Gleichzeitig mit dieser Literatur (siehe Abschlußseite) erscheint ein ediertes „Salzkammerguts Lexicon", welches spezifische Fachausdrücke anführt, wobei diese gegenständliche Abhandlung eine Aufarbeitung der an die Region gebundenen technischen, handwerklichen und wirtschaftlichen Entwicklung an Hand von deren Bauten und Anlagen durch die Jahrhunderte.

Dezember 2007

Vorwort des Verfasser

Das Salzkammergut wird heute vielfach von Touristen und sogar auch von Einheimischen als liebliche, operettenhafte und teilweise kitschige Region mit einer traumschönen Landschaft bezeichnet. Der klischeehafte Eindruck ist durch die Operette „Das Weiße Rößl" und das Lied „Im Salzkammergut kann man gut lustig sein", sowie die Erinnerungen an die „gute alte Zeit" mit Kaiser Franz Josef I. samt dem Hofstaat und den Künstlern seiner Zeit entstanden. Die Medien haben nach dem 2. Weltkrieg die Verlobung Kaiser Franz Josefs I. mit Elisabeth in Ischl und deren spätere alljährlichen Aufenthalte in der Salzkammergutgegend gewinnträchtig vermarktet. Weniger bekannt ist das „Manifest an meine Völker", das Franz Josef I. am 28.7.1914 in Ischl unterzeichnete und das zum Ausbruch des 1. Weltkrieges führte. 30 Jahre später war das Salzkammergut eine der letzten Festungen („Alpenfestung") des Dritten Reiches im Jahre 1945. Ich bin geborener Traunkirchener und kann mich als Zeitzeuge noch genau erinnern, wie die „Amerikaner" 1945 in das Salzkammergut mit ihren Panzern vorgestoßen sind. Ebenfalls kann ich mich ebenfalls noch genau an die vielen von den Amerikanern befreiten KZ-Häftlinge des Außenlagers von Mauthausen in Ebensee erinnern, die mit ihren gestreiften Häftlingsanzügen sich in alle Richtungen zerstreuten. Das Hauptquartier des amerikanischen Hochkommissars in Österreich, General W. Clark, dem spätere NATO-Oberbefehlshaber und darauffolgende Oberbefehlshaber der Amerikaner in Korea, war im Salzkammergut und zwar in der „Villa Graf Paar" (ehem. Flügeladjutant Franz Josefs I.) in meinem Heimatort Traunkirchen.

Die Themenwahl für meine Literatur kam durch schwerewiegende Umstände zusammen, die ich nur kurz erläutern möchte. Ich habe meine Kindheit und Jugendzeit im Salzkammergut verbracht, fühle mich dieser Region mit ihren Menschen, Seen, Tälern und Bergen auch heute noch verbunden wie damals. Weiters lagen die Wurzeln meines Berufes im Salzkammergut und gleichzeitig in der Architektur- und Baubranche. weiters schrieb ich im Jahre 2004 eine Diplomarbeit an der Universität Salzburg mit dem gegenständlichen Thema.

Bei meinem Gutachter Herrn Ao. Univ.Prof. Mag. Dr. Christian Dirninger (geboren in Bad Ausse) möchte ich mich herzlichst bedanken. Der heutigen Realität entsprechend ist mir ein Bedürfnis, mit aller Nachdrücklichkeit darauf hinweisen, daß ohne die Hauptpionierarbeit des Quellenstudiums in den jahrhundertelangen Aufzeichnungen durch

Dicklberger, Krackowizer, Schraml

es heute keine so umfangreiche Literatur über das Salzkammergut gäbe. In diesem Zusammenhang sei der Hinweis noch erlaubt, daß den vorgenannten Pionieren weder Computer noch Internet, noch Fotokopiergeräte und heutige Nachrichtenübermittlungen zur Verfügung standen.

Dessen ungeachtet möchte ich mich zwecks Recherchearbeit bei den vielen Institutionen und vielen maßgeblichen Personen bedanken,

Dicklberger

Friedhof Bad Ischl

Krackowitzer

Schraml

die mich mit Wort und Schrift hilfreich unterstützt haben und führe diese wie folgt an:

Österr. Staatsarchiv Wien (m. Mitarbeitern), Österr. Nationalbibliothek (m. Mitarbeitern)

Oberösterr. Landesarchiv (m. Mitarbeitern), Oberösterr. Landesmuseum (m. Mitarbeitern)

Salinen Austria AG, Bad Ischl u. Ebensee - Steinkogl

Aufs.Rat-Vors. Dkfm. Dr. Hannes Androsch,

Vorst.Vors. Mag. Stefan Maix

Bereichsleiter f. d. Bergbau / Salzkgt. Vorst. Dipl.Ing. E. Gaisbauer,

Hauptbibliothek u. Archiv: w. Hofrat DI. G. Hattinger, G. .Loidl und Th. Nussbaumer,

Heimatverein Steinbach a. Attersee, Herrn J. Spießberger,

Holzknechtmuseum Goisern, Herrn R. Zahler,

Kammerhofmuseum Bad Aussee,

Kammerhofmuseum Gmunden, Frau Dir. Spitzbart,

Schiffsleutemuseum Stadl Paura, Herr J. Meggeneder,

Stadtmuseum Bad Ischl, Fr. Sams,

w.OAR. H. Hager, Autor des Buches „Die Traun – ein uralter Salzhandelsweg",

Ein Herzensbedürfnis ist mir, mich bei dem Professorenkollegium, Fr. Sylvia Hahn, die Herren Ch. Dirninger, H. Dopsch, J. Ehmer, F. Gottas, H. Grassl, H. Haas, R. R. Heinisch, usw. für die vorzügliche Interpretation wissenschaftlicher Erkenntnisse während meines Studiums auf diesem Wege besonders zu bedanken.

Gleichzeitig möchte ich meiner Mutter Aloisia Stummer (1902 - 1975), die mich soviel vom Leben, Sitten und Brauchtum im Salzkammergut lehrte, hiemit mit einem kleinen literarischen Dank in liebevoller Erinnerung gedenken.

Abschließend möchte ich mich bei meinem „guten Geist Ellengard" besonders für ihre Geduld, Rücksichtnahme usw. bei der Bearbeitung der gegenständlichen Literatur herzlich bedanken.

Sbg, 31. 12. 2007

Rupert Stummer

Friedhofswinkel - Barockpfarrkirche
Traunkirchen OÖ

Einleitung

Die Themenwahl meiner Literatur über „Wirtschaftsbauten für das Großunternehmen Salzkammergut bis zum Industrieunternehmen Salinen Austria AG" wurde nach folgenden Gesichtspunkten ausgewählt:

a)   Die Bezeichnung „Salzkammergut" (ursprünglich zwei Kammergüter) deswegen, da es Eigentum des (der) Landesfürsten war, selbstverständlich nicht nur die Bauten jeglicher Art mit ihren Betriebseinrichtungen, sondern auch teilweise die Transportschiffe usw. sowie größtenteils auch die Grundstücke, Waldungen, Gewässer, z.B. der Grundlsee. Der Name „Kammer" leitet sich von der Hofkammer ab (Finanzkammer des Landesfürsten).

b)   Die Bezeichnung „Großunternehmen" deswegen, da es hauptsächlich in dieser Betriebsstruktur und –größe (einschließlich der Zulieferer) kaum vergleichbare Unternehmen oder Wirtschaftskörper gab. Es gab lediglich Großgrundbesitzer mit vielen Landarbeitern, z.B. die Fürsten Esterhazy mit ca. 500.000 ha Besitz und um die 80.000 Landarbeiter.

c)   Mit Wirtschaftsbauten sind jene Bauten gemeint, die für die Salzgewinnung, den Salztransport und für die Salzvermarktung notwendig waren, nicht inbegriffen ist der spezifische Salzbergbau einschließl. der notwendigen Baumaßnahmen, die direkt mit diesem zusammenhängen. Ebenso bleibt der Brückenbau für die Straßen unberücksichtigt, da diese nicht nur dem „Salz", sondern auch dem öffentlichen Verkehr dienten (ausgen. Linzer Donaubrücke, siehe 2.1).

d)   Die Angabe der Jahreszahlen hat folgende Bedeutung (Zeitstiege): Die Anführung der Zeitstieg auf der Vorderseite des Buchdeckels dokumentiert folgendes: 1147 - nachweislicher Beginn des Salinenwesens durch das Kloster Rhein im Ausseer-Land; 1311 - Wiederbeginn des großen Salzbergbaues in Hallstatt initiert durch Kgn Elisabeth; 1493 - Tod Ks Friedrichs III. bzw. Regierungsantritt Ks Maximilian I., der als größter Reformator und Förderer des Salzkammergutes gilt (eigentlicher **Beginn** des SKG); 1656 - erste schriftliche Erwähnung des Namens „Salzkammergut"; 1782 - Besitzwechsel des Salzkammergutes von den habsburgischen zum Staat; 1850 - **Schwächung** des Großunternehmens Salzkammergut durch die Teilung des Salzoberamtes Gmunden in je einen eigenen Salinen- bzw Forstbetrieb; 1918 - Untergang der Habsburger-Monarchie, Beginn der I. Österr. Republik, große Zäsur, daher nur mehr Industrieunternehmen; 1938-1945 - Besitzer: Großdeutsches (III.) Reich, in dieser Zeit Bezeichnung des Landes OÖ als „Oberdonau"; 1945-1997 - II. Österr. Republik; 1997-2007 f (fortführend) - Privat-Industrieunternehmen

e)   1493 starb Kaiser Friedrich III., und Maximilian I. (König und später Kaiser) übernahm die Regierung in den habsburgischen Ländern. Dieser schuf die Voraussetzung für die nachfolgend jahrhundertelange Betriebsstruktur. 1782 hat Josef II. die landesfürstlichen Kammergüter an den Staat verkauft. Die Eröffnung der Kronprinz Rudolfbahn im Jahre 1877, die von Stainach (Stmk.) über Attnang nach Schärding (OÖ.) führte (auf dieser Strecke fährt heute noch die Salzkammergutbahn von Attnang-Puchheim nach Stainach-Irdning), brachte für das Salzkammergut eine starke Zäsur. Durch den Bau der Eisenbahn war es möglich, von jahrtausendelanger Verwendung von Holz als Brennstoff auf heiztechnisch- und kostengünstigere Kohle umzusteigen. Des weiteren konnte das Salz von nun an unmittelbar neben den Sudhäusern verladen und in alle Absatzländer (waren global über dieses Verkehrsmittel erschlossen) direkt transportiert werden. Von diesem Zeitpunkt an wurde die Sommerfrische und später der Tourismus wirtschaftlich immer bedeutender und das Großunternehmen Salzkammergut wurde aufgrund der einsetzenden Industrialisierung in der Österreich-Ungarischen Monarchie in seiner Wertigkeit als Wirtschaftsgröße beschnitten, da außerdem das Ausscheiden der Forstverwaltung mit der Forstwirtschaft im Salzkammergut vom Salinenbetrieb um 1850 begann, d.h. auch de facto eine Zerstückelung des Großunternehmens.

f) Die Bezeichnung „Großunternehmen" hat in etwa bis 1918 seine Berechtigung. Ab diesem Zeitpunkt halte ich im Sinne der wirtschaftlichen Zusammenhänge den Begriff „Industrieunternehmen" für sinnvoller. Das Salzkammergut war schon 1311 aufgrund der damaligen Betriebsgrößen ein Großunternehmen und mit der Thronbesteigung Kaiser Maximilians I. wurden noch zusätzliche Umsatzerhöhungen und die dadurch erforderlichen Betriebsvergrößerungen im langfristigen Ablauf in die Wege geleitet. Von einem Industriebetrieb wäre erst ab 1850 (Industrialisierungsbeginn) aufgrund seiner damaligen Größe zu sprechen, lediglich war nur eine Industriebetriebsstruktur im Bereich der Sudpfannen und deren mittelbaren Umgebung vorherrschend. Alle anderen Tätigkeiten mit ihren Bediensteten, ob im Forstwesen, bei der Schiffahrt oder bei den Holzlagerplätzen hatten keine industriellen Arbeitsbedingungen, nur z.B. die Holzknechte, die ihre Arbeit fast unabhängig und ohne maschinellen Zwänge in der freien Natur verrichteten, d.h., daß die meisten Arbeitnehmer keinen wie immer geartete industriegemäße Arbeitsleistung erbrachten. Ab etwa 1918 war die Betriebsstruktur doch eher industriell, die Betriebsgröße wesentlich kleiner und daher ist die Bezeichnung Industrieunternehmen der Realität entsprechender.

Eine weitere sehr wesentliche Betriebsmaßnahme ist die Errichtung von Wirtschaftsbauten, das eigentliche Thema meiner Literatur. Diese Baumaßnahmen werden von mir nicht stückweise einzeln aufgelistet, das jeweilige Errichtungsdatum nur bei den größeren Objekten angeführt. Eine genauere architektonische Betrachtung, ebenso eine ins Detail gehende Beschreibung der Anlagen wird von mir nicht durchgeführt, sondern es sollen die Sinnhaftigkeit, die Funktionserfordernis usw., die eine hohe Wertschöpfung für das Großunternehmen darstellten, untersucht werden.

Des weiteren habe ich für Wirtschaftsbauten, für die schon gute wissenschaftliche und historische Ergebnisse vorliegen, insbesondere durch Diplomarbeiten und Dissertationen, nicht so intensiv recherchiert. Für Wirtschaftsbauten, die noch historisch spärlicher bearbeitet wurden (ausgenommen Seeklausen und Traunfall), wie Holzriesen, Rechen, Klausen, Roithamer Wehr, Pferdeeisenbahn Gmunden – Ischl, Holzaufzug Mitterweißenbach usw., habe ich genauere Recherchen durchgeführt. Für diese meine Vorgangsweise erhoffe ich auf Zustimmung, da ich der Meinung bin, daß diese für die Sache „Salzkammergut" auch zielführend ist.

Die Wirtschaftsbauten nach 1918 bis 2007 werden nur am Rande aufgezeigt, da es für diesen Zeitraum viele Autoren, die das „Geschehen" hautnah erlebten, literarisch festhielten.

Die vielen Forschungsarbeiten, insbesondere der Pioniere **Dicklberger**, **Krackowizer**, **Schraml** usw., unterziehe ich keiner neuerlichen Betrachtung. Möchte nur aufzeigen, wie sich aus meiner Sicht der letzte Forschungsstand über die Wirtschaftsbauten im Salzkammergut darstellt.

Der Zeitraum vom 19. bis ins 21. Jahrhundert wird durch die Literaturen der Autoren **Hofrat Dipl.Ing. Günther Hattinger** und **Hofrat DDipl.Ing. Dr. Kurt Thomanek** ausführlich beschrieben.
Bei den umfangreichen Recherchen zu dem gegenständlichen Thema haben sich folgende Fakten ergeben.

a.) Über die Fremdenverkehrsregion, den Tourismus usw. sind viele Arbeiten klischeehaft und populärwissenschaftlich verfasst worden. Diese dienen hauptsächlich der Fremdenverkehrswerbung und haben mit dem Großunternehmen Salzkammergut wenig oder gar keine Beziehung.

b.) Über die historischen Ereignisse in den letzten, mehr als 800 Jahren (ab 1147) sind einschlägige Publikationen von höherem wissenschaftlichem Wert verfasst worden. Für meine Begriffe ist am zielführendsten die Dissertation (Universität Salzburg, 1999) von **BH Dr. Franz Hufnagl**, die ca. 500 A4-Seiten umfaßt. Diese Dissertation gibt auch genaue Aufschlüsse über die diversen rechtlichen und politischen Situationen in diesem Zeitraum.

Diss. Hufnagl

Diss. Idam

*Literatur
Kleinhanns*

c.) Für die wirtschaftlich-technischen Belange, hauptsächlich ab 1493, sind mehrere Publikationen, insbesondere für Hochbauten, durch die Dissertationen von **DI Dr. Rudolf Erich**, TH Wien 1972, und von DI **Dr. Friedrich Idam**, TU Wien 2003, wissenschaftlich erarbeitet und verfaßt worden.Für den Pferdeeisenbahnbau Budweis – Gmunden betrachte ich die Literatur von **Franz Pfeffer** und **Di Günther Kleinhanns** aus dem Jahr 1982 als den letzten Forschungsstand. Daten und Angaben über spätere Eisenbahnen, wie die Kronprinz Rudolfbahn (erb. 1875 – 1877), kann jedermann aus den diversen Eisenbahnarchiven usw. entnehmen.

d.) Meine Recherchen betreffend die allgemeine österreichische Geschichte tätigte ich in den Publikationen über das Mittelalter aus
„Österreichische Geschichte 1122 – 1178
Die Länder und das Reich" von **Heinz Dopsch** u.a. (1999),
„Österreichische Geschichte 1278 – 1411
Die Herrschaft Österreichs" von **Alois Niederstätter** (2001)
über die Wirtschaftsgeschichte vom Mittelalter bis zur Gegenwart aus
„Österreichische Geschichte
Ökonomie und Politik" von **Roman Sandgruber** (1995)
und über die Neuzeit aus
„Geschichte Österreichs
Von den Anfängen bis zur Gegenwart" von **Erich Zöllner** (1990).

e.)   Meine Literatur habe ich auch unter Berücksichtigung der vorangeführten Dissertationen und Publikationen verfaßt.

f.)   Die Recherchen betreffend die Triftbauten im Allgemeinen sowie die geplante Errichtung einer Pferdeeisenbahn von Gmunden bis Ischl bzw. Steeg, bisher wenig erforscht, führten zu neuen Erkenntnissen. Habe diese Konstruktionen, Anlagebeschreibungen usw. in meine Hauptarbeit integriert und erlaube mir, im Nachwort eine spezielle Begutachtung meinerseits durchzuführen.

Salzburg kam aufgrund des Wiener Kongresses 1816 **zu Österreich** bzw. zur Habsburgmonarchie. Der jahrhundertelange Salzkonkurrent Salzburg wurde den eigenen Salinenbetrieben unterstellt. 1816 wurde das Salzexpeditions- und Verschleißwesen von Hallein getrennt und der Zollgefällsadministration in Linz zugewiesen. Die Auflassung des Halleiner Oberamtes erfolgte 1824. Die Auflassung der Saline Hallein ging am 1. Juli 1831 an das Salzoberamt in Gmunden über. Über das Salzburger Salz- und Salinenwesen gibt es bereits vielerlei Literatur und ich werde diejenigen anführen, die den letzten Forschungsstand repräsentieren. Somit ist ein Vergleich der Forschungsstände **Salzkammergut** und **Salzburg** jederzeit möglich.

Eine besondere Fundgrube stellt der Austellungskatalog „Salz" der **Salzburger Landesaustellung 1994** dar. In diesem Katalog sind mehrere Aufsätze enthalten, insbesondere von **H. Dopsch**, **G. Ammerer**, **G. Hattinger**, **Th. Hellmuth** und **E. Hiebl**, **F. Koller** und **J. F. Schatteiner**. Im besonderen wird auf die Literatur „Kulturgeschichte des Salzes, 18. bis 20. Jahrhundert", hrsg. von Th. Hellmuth und E. Hiebl (2001), und auf die Dissertation von F. Koller **„Hallein im frühen und hohen Mittelalter"** an der Universität Salzburg (1974) hingewiesen.

Dissertation Koller

Salz

Text wie oben

1.0 Das Werden des Salzkammergutes

Das „Salzkammergut" bestand bis 1918 aus 2 Kammergütern, das Ältere (ab ca. 1150) unterstand der steiermärkischen Hofkammer für die Inner-österreichischen Länder in Graz, das Jüngere (ab ca. 1306) der obder-ennsischen Hofkammer für die niederösterreichischen Länder in Wien.

„Der Begriff „Kammergut" ist ein sachlicher und räumlicher. Sachlich ist es der Besitz des Landesfürsten (Allod), dessen Erträgnisse in seine „Kammer" (= eigene Finanzverwaltung) flossen und über die er völlig frei, ohne Einflußnahme der Landstände, verfügen konnte. Grundlage dieses landesfürstlichen Einkommens waren seine Eigenherrschaften (Land, Wälder, Untertanen), die Bodenschätze (wie Salz, Eisenerz u.a.), die Domänen, sowie alle vermögenswerten Rechte, wie Regalien, Mauten, Zölle, Steuern u. dgl." [2]

Das ältere (steiermärkische) Kammergut umfaßte die Gebiete um Aussee, Altaussee, Grundlsee und Kainisch (Herrschaftsbezirk Pflindsberg). Das Jüngere (obderennsische) umfaßte die Gebiete um Hallstatt, Steeg, Gosau, Ischl, Traunkirchen, Orth und Gmunden, später auch das Gosautal, Ebensee, St. Wolfgang, Attersee und Almtal (Herrschaftsbezirke Wildenstein, Kloster Traunkirchen, Orth und Gmunden mit dem Salzamt bzw. Salzoberamt und später die Herrschaft Kogl [Attersee]).

Nachstehende Tabelle zeigt die verschiedenen Eigentumsverhältnisse von 1150 bis 1877 (1918) auf.

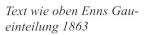

Text wie oben Enns Gau-einteilung 1863

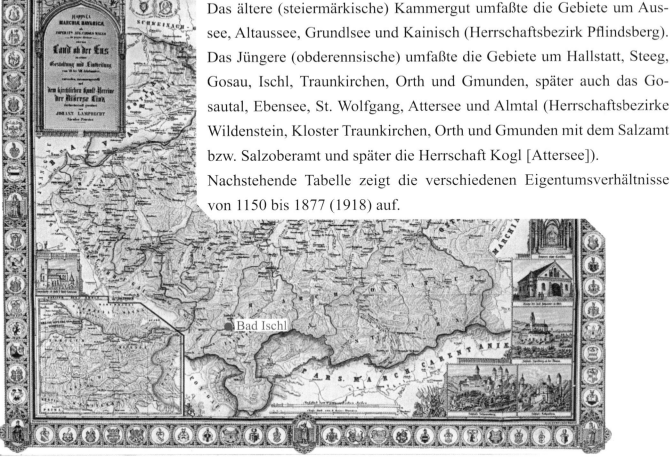

EIGENTÜMER DER JEWEILIGEN KAMMERGÜTER

Jahr	Innerösterreich Steirisches Kammergut	Niederösterreich Obderennsisches Kammergut
bis 1192	Hz. Otokar II.	--------
1192 - 12..	Hz. Leopold V.	--------
12.. - 12..	Hz. Friedrich I.	--------
12.. - 1246	Hz. Friedrich II.	--------
12.. - 1278	Kg. Premisl II.	--------
1278 - 1282	Kg. Rudolf I. Habsburg	--------
1282 - 1308	Hz. Albrecht I. v. Habsburg (Kg. Albrecht)	ab 1301 .... bis 1308 Kg. Albrecht I. v. Habsburg Morgengabe an Elisabeth

Auszug aus der Diss. Hufnagl:

Die Habsburger als regierende Landesfürsten des Hoch- und Spätmittelalters, als Herzöge und Könige:

Rudolf I. 1273 - 1291 (König)
Albrecht I. 1282 - 1308 (König ab 1298)
Friedrich III. 1308 - 1330 (König ab 1313)
Albrecht I. 1330 - 1358
Rudolf IV. 1358 - 1365
*Albrecht III. u. Leopold III 1365 - 1379 - 1395

Die Teilung von 1379:

Albertinische (österreichische) Linie:
*Albrecht 111 1379 - 1395
Albrecht IV 1395 - 1404
Albrecht V 1404 - 1 439
(als II. König ab 1438)
Ladislaus Postumus 1440 - 1457

Leopoldinische (steirische) Linie:
Leopold 111 . 1379 - 1 386
Wilhelm 1386 - 1406
Leopold IV. 1386 - 1411

Die Teilung 1406 und 1411:

Steirische Linie:
Ernst der Eiserne 1406 - 1424
Friedrich V. ab 1424
(als III Kaiser ab 1452)

Tiroler Linie:
Friedrich IV. 14o6 - 1439
Sigmund 1439 - 1490

Nach Überwindung der Teilung:
Friedrich V. bzw. 111. 1424 (1440) - 1493
Maximilian I. (Kaiser) 1493 - 1519
Karl V. (Kaiser) 1519 - 1521
(1522 Teilung in eine spanische u. eine Österr. Linie)
Ferdinand I. 1521/22 - 1524 (Kaiser ab 1558)

Von 1438 bis 1740 (dem Aussterben im Mannesstamme) hatten die Habsburger den deutschen Thron ununterbrochen inne:

1438 - 1439 Albrecht II.	1612 - 1619 Mathias
1440 - 1493 Friedrich III.	1619 - 1637 Ferdinand II.
1493 - 1519 Maximilian I.	1637 - 1657 Ferdinand III.
1519 - 1556 Karl V.	1658 - 1705 Leopold I
1556 - 1564 Ferdinand 1.	1705 - 1711 Josef I.
1564 - 1576 Maximilian II.	1711 - 1740 Karl Vl.
1576 - 1612 Rudolf II.	

Maria Theresia 1740 - 1780
Erzherzogin v. Österreich
Königin v. Böhmen
Königin v. Ungarn
etc. etc.
Gemahlin d. Kaisers Franz I. Stephan

Kgn. Elisabeth
(-1313)
„Schwarze Mander
Hofkirche Innsbruc

Ks. Maximilian I.

Ks. Rudolf II.

1780 - 1782	Ks. Joseph II.	Ks. Joseph II.
1782 - 1918	Verkauf der Kammergüter an Krone (Staat) – Ärar durch Ks. Joseph II. Auflösung des Großunternehmens und Gründung von eigenen Verwaltungen für Saline und Forstwesen in den Jahren 1782 – 1877 – 1918	

Die laut heutigem Stand der Forschung erstmalige Erwähnung von „Salz Camergueth" scheint im Vertrag (Libell) von 1656 zwischen dem Kaiser Ferdinand III. und dem Kloster (Gottsaß) <u>Traunkirchen</u> auf betreffend die Klosterwaldungen und lautet:

Traunkirchen 1519   *Mittendorfer*

„*Hiemit zuwissen was gestalten auf Ihr kay. königl. May. unseres allergnedigsten Herrn, den acht und zwainzigisten septembris dises sechzehen hundert finff und fuchzigisten jahrs ergangner gnedigste resolution zwischen dero salzambt leithen zu Gmundten aines und dem ehrwirrdigen Herrn P Georgio Godefrido Wangnereck Societatis Jesu Priester und derzeit rectore zu Passau alß inhabern der ermelten collegio incorporirten und aigenthomlichen zuegehörigen Resitenz Traunkhirchen andern theils wegen herumb lassung der nutz verniessung der besagten gottshauß Traunkirchen zuestehendten waldtungen, zu iezt besagter kayl. Salz Cammergueth auf der Societatis Jesu P. Generalis ratification, nachfolgente puncten abgeredt und beschlossen worden.*

Erstlichen überlasset Ihrer kayl. May. zu nothturfft des Salz Camertgueths daß Collegium zu Passau die nutznießung aller und jeder zu berührten Residenz Traunkirchen gehörigen gwäldern, wie die selben in dem Camer gueth imer gelegen, oder sye genent werden khönen, sowohl jehnige so ganz aigenthomlich, alß auch die welche etwo von andern herrschaften insgemain mit Traunkhirchen genossen werden, wie solches die von ihren kayl. May. allergnedigist resoluirte und mit negsten vorhabende general waldbschau dabey dan absonderlich dieser waldungen halber ein ordentliche und verläßliche mappa aufzurichten sodan auch eine ordentliche außlackhung zu verhiettung alles kinfftig besorgenten stritts vorzunehmen in augenschein mit sich bringen würdt." [3]

Den vielfach in der Literatur angeführten Beurteilungen betreffend das Salzkammergut wie „Staat im Staat" oder „Wirtschaftsstaat" usw. will ich mich nicht anschließen, da meines Erachtens von falschen Voraussetzungen ausgegangen wird.

Ein fremder oder separater Staat im eigenen Fürstentum eines Souveräns ist sicher nicht in dessen Sinne, weil sich der „Staat im Staat" gegen den Obrigkeitsstaat (in diesem Fall der Landesfürst) meistens profiliert bzw. opponiert. Das Salzkammergut war von ca. 1200 an bis 1782 größtenteils Eigentum des Landesfürsten, dieser war gleichzeitig auch Grundherr. Das Ziel aller Souveräne war eine Vermehrung ihres Reiches durch Erlangen (Kriege, Heirat, Erbe usw.) eines anderen Gebietes oder Staates, aber niemals die Bildung eines neuen Staates im eigenen Staat.

Aufgrund der jeweiligen politischen und der für die Zukunft anvisierten politischen Stellung des jeweiligen Eigentümers war das „Salzkammergut" (1282 – 1782) sein Großunternehmen mit überregionaler Bedeutung zur Vermehrung seiner Finanzen und zur Stärkung seiner Macht.

Die Bezeichnung „Wirtschaftsstaat" ist ebenso nicht sehr glücklich und zielführend, da es sich im gegenständlichen Fall um ein Wirtschaftsunternehmen im Privateigentum handelte und es auch heute noch in außereuropäischen Ländern viele private Großgrund- und Bergwerksbesitzer gibt, die höhere „Werte", größere Ländereien sowie eine höhere Anzahl von Beschäftigten haben.

Das Großunternehmen „Salzkammergut" wurde von seinen Eigentümern gegenüber **anderes** Eigentum abgeriegelt, d.h., daß das Ein- und Ausreisen in das Salzkammergut ohne Paß oder Ausweis legal **nicht** möglich war. Ähnlich ist heute noch das **Betreten** und **Verlassen** eines Großunternehmens wie die ehem. VOEST usw. **ohne Passierschein nicht möglich** und das im Zeitalter unserer Demokratie und ihrer fast grenzenlosen Freiheit. Ebenso steht heute jedem Besitzer eines **Einfamilienhauses mit Einzäunung** das Recht zu, sein Eigentum nicht von jedermann betreten lassen zu müssen (außergerichtliche Verfügungen). Genauso wie

*Urkunde u. Elisabeth
an Hallstatt 1311*

Hattinger 1987

bei Großbetrieben die Gefahr eines **Diebstahles** von Berufsgeheimnissen, Technologien, usw. mit dem Abschotten möglichst hintangestellt wird, hat damals der Eigentümer, sprich Landesfürst, sein Unternehmen bzw. seine Betriebsanlage, in der er seinen Gewinn und Vermögen erarbeiten ließ, vor der Allgemeinheit und vor der Konkurrenz geschützt. Diese Maßnahmen damals kann man daher nicht als Willkür des Landesfürsten bezeichnen. Touristische Ambitionen von „Fremden" wegen der traumhaften Schönheit dieser Region hat es in dieser Zeit ohnehin nicht gegeben.

Ich habe die Trennung der beiden Kammergüter in diesem Buch unterlassen und habe hiefür den Begriff „Salzkammergut" zwecks der leichteren Nachvollziehbarkeit gewählt.

Aus der v.a. Tabelle ist klar ersichtlich, daß das Salzkammergut ab (1311) 1493 den Habsburgern direkt oder von 1782 bis 1918 der Habsburger Monarchie räumlich und sachlich gehörte (siehe Seite 11).

Die Gliederung der Region Salzkammergut

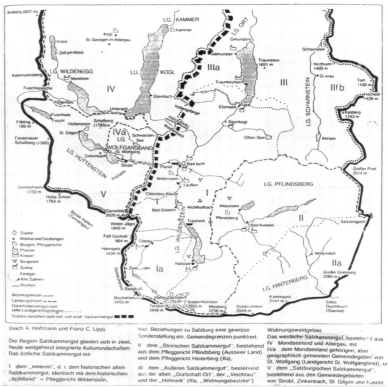

(nach A. Hoffmann und Franz C. Lipp.)

Die Region Salzkammergut gliedert sich in zwei, heute weitgehend integrierte Kulturlandschaften: Das östliche Salzkammergut mit

I dem „inneren", d. i. dem historischen alten Salzkammergut, identisch mit dem historischen „Ischlland" = Pfleggericht Wildenstein,

nimmt Beziehungen zu Salzburg eine gewisse Sonderstellung ein.

II dem „Steirischen Salzkammergut", bestehend aus dem Pfleggericht Pflindsberg (Ausseer Land) und dem Pfleggericht Hinterberg (IIa).

III dem „Äußeren Salzkammergut", bestehend aus der alten „Grafschaft Ort", der „Viechtau" und der „Hofmark" (IIIa, „Widmungsbezirke")

Widmungswaldgebiet. Das westliche Salzkammergut, bestehend aus

IV Mondseeland und Attergau, mit

IVa dem Mondseeland gehörigen, aber geographisch getrennten Gemeindegebiet von St. Wolfgang (Landgericht St. Wolfgangland), und

V dem „Salzburgischen Salzkammergut", bestehend aus den Gemeindegebieten von Strobl, Zinkenbach, St. Gilgen und Fuschl.

Diss. Hufnagl

Topographie d. Salzgt.   Steiner 1820

1.1   Topographische Ausgangslage

Das „Salzkammergut" ist heute demographisch auf 3 Länder aufgeteilt, nämlich Oberösterreich, Salzburg und Steiermark. Dies beruht auf einer politischen, jedoch auf keiner topographischen Voraussetzung.

„Geologisch ist das Gebiet des Salzkammerguts durch drei Landschaftseinheiten charakterisiert: Dem Kalkalpin und dem Flysch, welche die Umrahmung der Fluß- und Seenlandschaft im südlichen Bezirksteil bilden, und der Glazialform der hügeligen Flachzone im Norden des Bezirkes. Die beiden Hauptflüsse des Bezirkes, die Traun und die Alm, verlassen in den flach auslaufenden Flyschbergen ihre engen Täler und durchfließen die anschließenden Schotterterrassen zwischen Traun und Alm. Dieser Bezirksteil ist das am besten landwirtschaftlich nutzbare Land, wo kleine und mittlere Landwirtschaften im Neben- oder Vollerwerbsbetrieb angesiedelt sind." [4]

Die Flächenaufteilung beträgt ca. 62 % Wald, 16 % Landwirtschaft und ca. 22 % anderweitige Flächen wie Fels, Verkehrswege, Seen usw.

Die größeren Gewässer eignen sich vorzüglich für den Transport verschiedenster Güter, und dies wurde bis 1877 ergiebigst genutzt. Die kleinen Bäche eigneten sich aufgrund der engen Tallagen zum Triften. Landverbindungswege sind von sekundärer Bedeutung.

Das innere Salzkammergut war eine eingeschlossene Region durch die Berge nach dem Süden, nach dem Osten und nach dem Norden. Westlich war eine politische Grenze zwischen Salzburg und dem damaligen Ischl-Land. Diese Grenze wurde schwer passierbar gemacht durch den Salzburger Erzbischof und den Landesfürsten Ob der Enns. Charakteristisch für das Salzkammergut ist, daß sich vom Ausseer Land bis Gmunden sich alles zur Traun hin als Hauptfluß entwässert. Durch die wirtschaftl. Unbenützbarkeit des linken Traunseeufers für Mensch und Tier war das

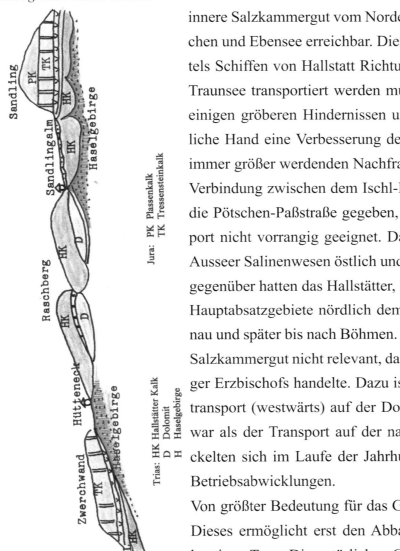

Technogramm Gebiet Goisern

Sandling
Sandlingalm
Raschberg
Hütteneck
Zwerchwand

Haselgebirge
Haselgebirge

PK TK
HK
HK
D
HK
D
HK
TK
HK

Jura: PK Plassenkalk
TK Tressensteinkalk

Trias: HK Hallstätter Kalk
D Dolomit
H Haselgebirge

Marktgem. Goisern

Traunfall   Ansichtskarte

innere Salzkammergut vom Norden her nur per Schiff zwischen Traunkirchen und Ebensee erreichbar. Dies war auch ein Grund, daß das Salz mittels Schiffen von Hallstatt Richtung Donau auf der Traun bzw. über den Traunsee transportiert werden mußte. Da die Traun ein Wildwasser mit einigen gröberen Hindernissen ursprünglich war, mußte durch menschliche Hand eine Verbesserung der Schiffahrtsbedingungen aufgrund der immer größer werdenden Nachfrage nach Salz durchgeführt werden. Die Verbindung zwischen dem Ischl-Land und dem Ausseer Land war durch die Pötschen-Paßstraße gegeben, war aber für einen größeren Salztransport nicht vorrangig geeignet. Daraus ergab sich zwangsläufig, daß das Ausseer Salinenwesen östlich und südlich seine Absatzgebiete hatte; dem gegenüber hatten das Hallstätter, Ischler und Ebenseer Salinenwesen ihre Hauptabsatzgebiete nördlich dem Flusse Traun nachgehend bis zur Donau und später bis nach Böhmen. Ein westliches Absatzgebiet war für das Salzkammergut nicht relevant, da es sich um die Einflußzone des Salzburger Erzbischofs handelte. Dazu ist zu bemerken, daß ein Stromaufwärtstransport (westwärts) auf der Donau schwieriger und kostenungünstiger war als der Transport auf der nach Osten fließenden Donau. So entwickelten sich im Laufe der Jahrhunderte der Topographie entsprechende Betriebsabwicklungen.

Von größter Bedeutung für das Großunternehmen war das Haselgebirge. Dieses ermöglicht erst den Abbau des Salzes, dies auch noch bis zum heutigen Tage. Die natürlichen Gegebenheiten sowie der Fleiß, die Aufsichnahme härtester Arbeitsbedingungen, gepaart mit großem Ideenreichtum der heimischen Bevölkerung trugen auch neben anderweitig gesetzten Betriebsmaßnahmen zum Unternehmenserfolg wesentlich bei.

Die Traun hat eine Länge von ca. 180 km vom Ursprung bis zur Donau und weist einen Höhenunterschied von 473 m auf, wobei der Traunfall bei Roitham 17 Höhenmeter auf 600 m Länge überwindet.

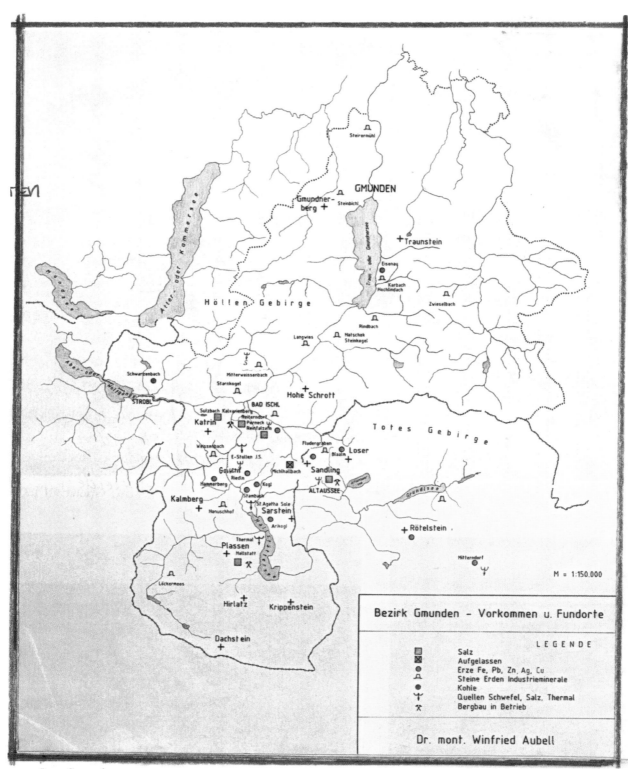

Bezirk Gmunden - Vorkommen u. Fundorte

LEGENDE

Salz
Aufgelassen
Erze Fe, Pb, Zn, Ag, Cu
Steine Erden Industrieminerale
Kohle
Quellen Schwefel, Salz, Thermal
Bergbau in Betrieb

M = 1:150.000

Dr. mont. Winfried Aubell

Geolog. Lagerstatten Bez. Gmunden

Bezirksbuch Gmunden, S-A

1.2 Das „Salzkammergut" 1200 v. Chr. bis 1147 n. Chr., Politik und Wirtschaft

Hallstatt

Lehr

Lehr, S-A

Funde in Hallstatt

Lehr, S-A

Die ältesten Nachweise über den Salzabbau wurden am Hallstätter Salzberg gefunden und werden in das 4. bis 2. Jt. v. Chr. eingestuft.

In der Zeit zwischen dem 13. und 11. Jh. v. Chr. wurde am Salzberg erstmals Salz in größeren Mengen produziert. Nach den jüngsten Forschungsergebnissen wurde Quellsole in Blockwandbecken gesammelt und in großen Gefäßen aus Graphitton Salz gesotten. Vom 10. zum 9. Jh. v. Chr. begann man (mit den Erfahrungen des einige Jahrhunderte älteren Kupferbergbaues in Mitterberg – Bischofshofen) Salz bergmännisch zu gewinnen. In tiefen Schrägschächten ging man den reichen Kernsalzzügen nach (Fundpunkte in der Nordgruppe, Appoldwerk und Grünerwerk). Ende des 9. Jhs. v. Chr. wurde das Bergwerk der Nordgruppe stillgelegt und verlassen. Als Gründe hiefür werden von den Forschern „weltpolitische Ereignisse" (Störung der Handelswege durch Kriege, Wegfall der Absatzmärkte, politische Umschichtungen usw.) angenommen.[5]

Mit der Salzproduktion in größeren Mengen wurde in Hallstatt um das Jahr 1200 v. Chr. begonnen. Das Rohprodukt Salz hatte man über das Sieden von salzhältigen Quellwassern (Quellsole), die am Salzberg entspringen, erzeugt. Um das Jahr 1000 v. Chr. ist ein bergbaumäßiger Abbau von Steinsalz in dieser Gegend teilweise nachweisbar. 1846 entdeckte der Bergmeister Johann Georg Ramsauer das Gräberfeld am Ausgang des Hochtales in Hallstatt. Jener legte dort im Laufe der Jahre ca. 980 Gräber mit ca. 2000 Skeletten mit wertvollen Grabbeigaben wie Waffen, Schmuck, Bernstein usw. frei. Das Gräberfeld ist der älteren Eisenzeit zugeordnet worden und es wird die Kulturepoche dieser Zeit auf Vorschlag des schwedischen Archäologen Hildebrandt vom Jahre 1875 von der Fachwelt als „Hallstattzeit" benannt.[6] Dies bewirkte, daß Hallstatt und die Dachsteinregion, die vor einigen Jahren in das Weltkulturerbe der UNESCO aufgenommen wurden, heute weltweit bekannt sind.

Lederhelm

Lehr, S-A

Tragkorb   *Lehr, S-A*

Lehr, S-A

S-A   Rest - Hallst. Zeitl. Blockbau

Erwähnen möchte ich noch, daß im Jahre 1734 der „Jung-Ötzi", nämlich der „Mann im Salz", im Kilbwerk bei dem bergmännischen Abbau zutage kam. Dieser Fund wurde der damaligen Zeit entsprechend verkannt und nicht wissenschaftlich behandelt und für die Nachwelt unwiederbringbar entsorgt. Dieser Mann im Salz dürfte im 8. bis 4. Jh. v. Chr. verunglückt sein.

In der anschließenden Latène-Zeit (400 v. Chr. – 0) übernahmen die Kelten mit ihrer Kultur den Salzbergbau. Es kam daher zu einer Vermischung der eingesessenen illyrischen Bevölkerung mit den Kelten des Königreichs Norikum. Friedrich Morton entdeckte 1936 in Hallstatt in der Nähe der „Ramsauer Gräberfelder" ein weiteres Gräberfeld, das an das hallstattzeitliche anschließt und der Latène-Zeit zugeordnet wurde. Hiemit ist bewiesen, daß der Salzbergbau in der Zeit des Königreichs Norikum in dieser Gegend betrieben wurde. Mit der Eroberung von Norikum durch die Römer um Christi Geburt ist anzunehmen, daß diese von Anfang an Kenntnis vom Salzbergwerk hatten, wie die römischen Funde (Aussee, Obertraun, Hallstatt, Ischl, Gmunden) bezeugen. Dieses „Älteste Salzbergwerk der Welt" hatte bei den Römern einen geringeren Stellenwert als in der heutigen touristischen Vermarktung im Salzkammergut, da der Handel mit Salz nördlich über die Traun mit seinen vielen Hindernissen bei der Donau (Reichsgrenze) aufhörte. Ein Transport entlang der Donau war sicherlich gegeben, jedoch nicht nach Norden. Der Handel nach dem Süden erfolgte über die bronzezeitliche Straße durch das Koppentrauntal sowie über die wahrscheinliche Trasse der Römerstraße im Leislingbachgraben.[7]

Römische Händler konnten vom Süden aus das Meersalz über das gut ausgebaute und teilweise winterfeste Straßennetz transportieren lassen. Der Osten von Norikum sowie das westliche Pannonien wurden sicher vom Neusiedlersee abgedeckt, da noch dazu das römische Militärlager Carnuntum (15. Legion mit einer Donauflotte) mit dazugehöriger Zivilsiedlung in unmittelbarer Nähe lag. Eindeutige Erkenntnisse über die Römerzeit betreffend das Salz aus der Hallstattregion liegen jedoch nicht vor, und ich erlaube mir daher meinerseits, folgende Hypothese zu unterbreiten.

Nach der keltischen und römischen Verwaltung, die mit der Absiedlung der Romanen aus unseren Breiten durch Odoaker im Jahre 488 beendet wurde, kam es durch die Völkerwanderung zur Auflassung des Salzbergbaues. Er geriet außerdem in Vergessenheit. Die Zeit von 488 n. Chr. bis vor 1150 n. Chr. stellt eine gewisse Grauzone des Salzbergbaues um Hallstatt dar. Diese Region wurde von Agilolfingern, den Grafen von Lambach und den Otokaren aus Steyr zeitweise beherrscht. Die Babenberger hatten jedoch bis zu diesem Zeitpunkt keinen Machteinfluß auf diese Gebiete. Die Salzkammergutregion hatte damals weder eine besondere wirtschaftliche noch politische Bedeutung. Daß ein beschränkter Salzabbau getätigt wurde, ist fast mit Sicherheit anzunehmen, konkrete schriftliche Aufzeichnungen sind bis dato unbekannt.

Die Geschichte des späteren Salzkammergutes ist eng verknüpft mit bedeutenden Klöstern, insbesondere mit **dem 1020 gegründete Kloster der Benediktinerinnen in Traunkirchen.**[8]

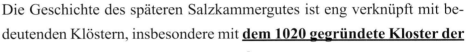

Ausschnitt v. Bild unten

Kloster Traunkirchen 1532

Mittendorfer

In diesem haben **Nonnen vom <u>Nonnberg in Salzburg</u>** wertvollste Kultur- und Missionsarbeit geleistet. Es hatte als geistliche Grundherrschaft und Mutterpfarre der Orte im Ischlland und im angrenzenden Ausseer Land vom Beginn des 11. Jhs. bis zur Mitte des 18. Jhs. für das Kammergut große Bedeutung. Mit dem <u>Kloster Mondsee</u> verband das heutige Salzkammergut die Geschichte der Marktgemeinde St. Wolfgang, deren Gebiet nahezu ident ist mit dem des einstigen „Wolfganglandes", das ein Teil des „Mondseelandes", dem Gebiet der Klosterherrschaft war. Das Gosautal, die heutige Gemeinde Gosau, als einstiger Besitz der Erzbischöfe von Salzburg – im 13. Jh. heftig umstritten, ja sogar kriegerisch umkämpft – ist im 14. Jh. zu Österreich gelangt.[9]

Kloster Mondsee   *LA-OÖ*

Kloster Nonnberg
Salzburg, 1553

Brettenthaler

1.3   Das „Salzkammergut" 1147 bis 1493,
Politik und Wirtschaft

Siegel-Bergmann
Obersteiermark
13. Jh.

Stadler

Als urkundlicher Neubeginn der Salzgewinnung ist das Jahr 1147 anzuse-
hen, und dies geschah im Ausseerland bzw. im Ennstal.[10]

Das Salz wurde auch als „Weißes Gold" bezeichnet und war nicht nur als
Speise- und Viehsalz unentbehrlich, sondern es war auch das einzige Konservierungsmittel, das man auch schon zur Hallstattzeit kannte.[11]

Weiters wurde damals das Salz mit Kalk vermengt und zur Ledererzeugung
verwendet.

Das Weiße Gold hat eindeutig als Tauschware im Handel schon seit erdenkli-
chen Zeiten gegolten, es diente im Mittelalter aber des öfteren auch als Zah-
lungsmittel. Salz wurde jedoch als Naturallohn bei den Salz-kammergut-Be-
diensteten in verschiedenen Mengen und zu verschiedenen Zeiten zugeteilt
und ausgeliefert.[12]

Die Urkunde aus dem Jahre 1147 ist mit dem 8. Juni datiert und besiegelt
von Markgraf Otokar III. von Steyr, in der dieser dem Zisterzienserstift Reun
(Rein bei Graz) zwei Sudpfannen bei Mahorn (Ahornberg am Salzberg in
Altaussee) schenkte.[13]

Um diese Zeit wurde schon soviel Salz erzeugt, daß ein größerer Anteil von
Salz in Aussee frei verkauft wurde. Diese Mengen wurden hauptsächlich
nach Norden über den Landweg (wahrscheinlich Pötschen bis Lauffen) ver-
frachtet, dann weiter über den Schiffahrtsweg der Traun (ausgen. Traunfall)
bis zur Donau und einerseits auf diesem Weg weiter nach Wien und Ungarn
und andererseits ab der Donau über den Landweg (entweder über den Haselgraben und Leonfelden oder über Freistadt) nach Böhmen[14] (Dies war den
Römern kaum möglich, da die Donau die Grenze bildete und nördlich davon
die feindlichen Barbaren hausten). Jedenfalls wurde schon zu diesem Zeitpunkt vom Ausseerland aus mit Böhmen ein Salzhandel getrieben. Zu dieser
Zeit beziehen das nördliche Ennstal und die nördliche Steiermark ihr Salz
hauptsächlich von den Salinen in Hall bei Admont. Erwähnenswert ist unbe-

23

dingt, daß das Ausseer Gebiet dem Kloster Traunkirchen sowohl in pfarrecht-licher als auch in gerichtsrechtlicher Hinsicht unterstand, da Herzog Otokar I. dem Kloster Traunkirchen dieses geschenkt hatte. Die Salzgewinnung war deshalb im Ausseerland, da mehrere Salzvorkommen vorhanden waren und gleichzeitig die Waldungen in diesem Gebiet für das Hallholz = Brennholz ausreichend groß waren.

Über die Baulichkeiten wie Sudpfannen und Dörrhäuser gibt es wenig schrift-liche Hinweise. Hallholz wurde damals schon über die Traunquell-flüsse ge-triftet.[15]

Eine ca. 3 km lange Soleleitung ging bis Kainisch.

Die Salzgewinnung gehörte zu den **Regalien des Landesfürsten.**

"Als Regalien (iura regalia) bezeichnete man die dem König (und später dem Landesfürsten) zustehenden Hoheitsrechte, die ihm Einkünfte ein-brachten; sie zählten zu den wichtigsten Einnahmen. Im weitesten Sinne sind es alle jene Hoheitsrechte, die dem König zum Teil aus der fränkischen Zeit zuka-men, wie beispielsweise das Münzregal und Zollregal, die zur Münzprägung bzw. zur Einhebung von Zöllen berechtigten. Das Berg-, Salz-, Forst- und das Fischereiregal sind für diese Untersuchung von besonderem Interesse. Das Markt-, Strom-, Straßen-, Schatz- und Judenschutzregal sind weitere derar-tige Einnahmsquellen, um nur die wichtigsten zu nennen. Kaiser Friedrich I. ließ 1158 auf dem Reichstag von Roncaglia durch die quattuor doctores (Martinus, Bulgarus, Hugo und Jacobus), die zur Glossatorenschule des Ir-nerius gehörten, den für die Verfassungspraxis bedeutsamen Regalienkatalog aufstellen (Constitutio de regalibus)."[16]

Hamann

<u>Rudolph I von Habsburg</u> verheiratete zwei seiner Kinder, nämlich Hz. Rudol-ph II. (dessen Sohn Rudolph III. war 1. böhm. König aus dem Hau-se Habs-burg) und Guta v. Habsburg, nach der Schlacht bei Dürnkrut im Jahre 1278 mit den Nachkommen von Ottokar II. Jedenfalls hatte Ru-dolph von Habs-burg damals schon aus machtpolitischen, aber sicher auch aus **wirtschaftspo-litischen** Gründen eine Vereinigung Böhmens mit Österreich für die Zukunft

KG (Hz) Albrecht I.

Hamann

Tod Albrechts I.   *Hamann*

angestrebt. Der Salzhandel Böhmens mit dem Ausseer Salzamt samt seiner wirtschaftlichen Bedeutung war ihm **sicher** bekannt. Die „Endgültige Vereinigung" beider Länder wurde jedoch erst im Jahre 1526 besiegelt.

Die eigentliche Geschichte des Salzkammergutes begann am 27.12.1282 mit der Belehnung Österreichs und der Steiermark durch König Rudolph I. von Habsburg an seine beiden Söhne Hz. Albrecht I. und Hz. Rudolph II. Diese Belehnung, der auch die Kurfürsten zustimmten, war für die Söhne Rudolphs I. gleichzeitig die Hebung in den Reichsfürstenstand (ein Landesfürst hat gegenüber dem Graf auch Hof zu halten und daher auch höheren Bedarf an Geldmitteln und dergleichen).

Mit diesem Datum, 27.12.1282, beginnt die Hausmachtbildung der Habsburger und dies ist für die Geschichte von Österreich, von Europa sowie auch für das gesamte Abendland von großer Bedeutung.

Durch die Belehnung auch mit dem Herzogtum Steiermark 1282 kam das durch den Babenberger Herzog Leopold VI. bereits installierte Salzbergwerk in Bad Aussee auch in den Besitz der Habsburger. Die Habsburger waren auf der Suche nach einträglicher Geldbeschaffung und es wurde hiermit das Regal Salz herangezogen, da weder größere Mengen Gold noch Silber in ihren Alpen abgebaut werden konnte. Aus diesem Grund erwarben König Albrecht I. und Königin Elisabeth (von Tirol) um 1302 die Bergwerksrechte von Hallstatt. Der Bergbau wurde in Hallstatt damals nicht im größeren Umfang betrieben, man wußte auch nicht, ob dieser auch für die Zukunft genug ertragfähig ist, und es wurden daher dem Besitzer der Bergwerksrechte in Hallstatt, dem Kloster in Traunkirchen, diese Rechte abgekauft, mit einer einstweiligen Rückstellung der Vergütung in Folge der Unsicherheit über die Ertragslage, bzw. Ausbaufähigkeit der alten Bergwerksstollen. Diese Vergütung wurde aber später von den Habsburgern an das Kloster Traunkirchen jedoch geleistet.[17]

Im Jahre 1308 wurde König Albrecht I. von seinem Neffen Johann ermordet. Das Salzkammergut bekam jedoch die Königinwitwe als Witwenversorgung

KG. Albrecht + Elizabeth

Hamann

KG. Albrecht II (V)   *Hamann*

zugesprochen. Elisabeth hatte für die damalige Zeit als Frau einen überragend großen Geschäftssinn und hatte außerdem 21 Lebendgeburten hinter sich, davon sind neun als Kinder verstorben. Blieben immerhin noch 12 Fürstenkinder, die auch fürstlich leben wollten und diese mußten auch gleichzeitig für die Dynastie in Zukunft fürstlich hof- und heiratsfähig sein. Dies mag auch einer der Gründe sein, warum Elisabeth im Jahre 1311 in Hallstatt mit dem Salzbergbau beginnen ließ, den Bau einer Sudpfanne durchführte und den Salzhandel in Schwung brachte.

Da bei Niederwasser die Wasserhöhe des Traunabflusses in Steeg so gering war, daß ein geregelter Schiffsverkehr mit entsprechend geladenen Zillen nicht möglich war, ließ Königin Elisabeth um 1311 eine kleine Seeklause in Steeg bauen. Diese kleine Seeklause ermöglichte schon eine Anhebung des Wasserspiegels des Hallstätter Sees, der bei Bedarf durch das Öffnen der Schleusentore einen Schwall erzeugte, auf den die Schiffe traunabwärts fuhren. Ebenso ließ sie Verbesserungen zur gleichen Zeit am Wilden Lauffen durchführen.

Im Jahre 1416 führte Herzog Albrecht V. (II.), später König von Deutschland und König von Böhmen und Ungarn, die bestehende Seeklause in Steeg einer Verbesserung zu. Interessanter Nebeneffekt war, daß er 1421 die böhmische Prinzessin und Erbin von Böhmen und Ungarn heiratete. Dies läßt für mich den Schluß zu, daß diese Heirat schon von Albrecht geplant war, und Albrecht handelte daher für die o.a. Baumaßnahmen im voraus für eine spätere Machterweiterung des schon bestehenden Salzhandels mit Böhmen. Das erste große Hindernis im Traunfluß, der Wilde Lauffen, wurde ebenfalls durch Herzog Albrecht V. etwas mehr entschärft (1416), um eine Verbesserung der Schiffahrt herbeizuführen. Für das Kloster Lambach, das ein Stadelrecht besaß, hat am 9.4.1416 Herzog Albrecht eine Stadelordnung erlassen, und hier heißt es: „*Wier Albrecht ... bekennen ...*".[18]

Ansonsten sind keine größeren Baumaßnahmen bis zur Zeit Kaiser Maximilians zu erwähnen.

A. E. I. O. U.

Friedrich III - Vacha
(PORTRÄT)

2.0 Das Salzkammergut von 1493 bis 1877

Mit dem Tode Kaiser Friedrichs III. (die Erzschlafmütze des Reiches) und dem dadurch erfolgten Regierungsantritt König (Kaiser ab 1503) Maximilians I. im Heiligen Römischen Reich Deutscher Nation und in den Österreichischen Erblanden (Niederösterreich, Innerösterreich und Vorderlande – bis ca. 1470 Oberösterreich) kam es im Salzkammergut durch die Aktivität des neuen Herrschers zu grundlegenden und später weitreichenden Veränderungen. Maximilian war vorweg ein Freund des Salzkammergutes und erkannte sehr wohl die wirtschaftliche Ausbaufähigkeit des Salzkammergutes, das bis dahin meines Erachtens ja für damalige Verhältnisse auch schon ein Großunternehmen war. Jedenfalls ist unter Kaiser Maximilian das Mondseeland mit St. Wolfgang dem obderennsischen Erzherzogtum im Jahre 1506 einverleibt worden. Dieses Gebiet wurde unmittelbar später wieder dem Salzburger Erzbischof verpfändet. Das Gebiet um St. Wolfgang hatte mit dem natürlichen Wasserlauf der Ischl zur Traun natürlich eine wesentlich bessere wirtschaftliche Bedeutung für die Salzgewinnung.

27

Linz

Mühlviertel

Traunviertel

Alfred Marx

2.1 Kaiser Maximilian I.
Beginn des Großunternehmens Salzkammergut

Eine wenig bekannte wirtschaftliche Maßnahme von großer Bedeutung Kaiser Maximilians war das Privileg für die Errichtung einer Donaubrücke zwischen Linz und Urfahr im Jahre 1497, es war dies nach Wien und Mautern die dritte Donaubrücke in den „niederösterreichischen" Erblanden. Diese Brücke erlaubte den Salztransport vom Zielhafen Zizlau mittels Fuhrwerken über den Haselgraben nach Bad Leonfelden bis weit nach Böhmen hinein, ohne das Salz umladen zu müssen. Dies war eine von zwei Routen nach Böhmen. Die zweite Route ging von Mauthausen über Freistadt. Die Zubringung des Salzes von Zizlau nach Mauthausen erfolgte über die Donau. Der Bau der Donaubrücke war auch für die spätere Vereinigung Böhmens mit Österreich im Jahre 1526 nicht nur wirtschaftlich, sondern auch politisch eine sehr zielführende Maßnahme.

Diese Brücke bildete bei der Pferdeeisenbahn mit den Salztransporten ab 1832 einen wesentlichen Teil der Fahrstrecke. Jedenfalls konnte man ab damals Tag und Nacht und bei jedem Wind und Wetter das jeweilige andere Donauufer erreichen und man war nicht mehr auf Fähren oder andere Schiffsleute angewiesen. Das Passieren dieser Brücke war nicht kostenlos, denn es wurde eine Maut (Mauthäuschen) eingehoben. Dieselbe Situation war in Gmunden auf der Traunbrücke gegeben.

Maximilian ließ um ca. 1500 auch eine Zillenwinde für den Gegenzug am Wilden Lauffen anbringen. Damit war der Zillengegenzug von Gmunden über Ebensee und nachher auf der Traun bis Steeg möglich, d.h., daß Nahrungsmittel, Hofkorn, Wein und sonstige Versorgungsgüter für die Bergleute, Waldarbeiter und die Bevölkerung auf einem Transportmittel = Zille befördert wurden. Ab Ebensee flußaufwärts wurden Pferdegespanne eingesetzt (Traunreiter).[19]

Die Mißstände des Salzwesens im Salzkammergut hatte Kaiser Maximilian klar erkannt und er hat mit seiner üblichen Tatkraft und Umsicht so weit wie möglich alles getan, um dies abzustellen, um seine wichtige Einnahmequelle ertragreicher zu machen. Das von Kaiser Friedrich III. aus Geldnöten verpachtete Ausseer Salzwesen löste Maximilian, nachdem er mit den Ausseer Hallingern sich geeinigt hatte, wieder in landesfürstliche Eigenregie, wie er dies auch 1514 mit Hallstatt tat, ein. Maximilian führte auch auf dem Gebiet des Forstwesens Reformen durch, das bedeutete die Voraussetzung für eine geregelte Waldwirtschaft betreffend die gesteigerte Salzerzeugung. Er nahm ohne Rücksicht auf die Bringungskosten die Holzwirtschaft im Goiserer Weißenbachtal auf.[20]

Kaiser Maximilian befahl die Ausseer Hallamtsordnung im Jahre 1513, die als älteste erhaltene Waldordnung gilt.[21]

Eine nicht unbedeutende Maßnahme war die neue Landesordnung, nach der bereits 1518 unter anderem Bestimmungen der Arzneitaxe in den Apotheken vorgeschrieben wurden, und es kamen bereits graduierte Ärzte für die Oberaufsicht im Sanitätswesen zum Einsatz.

In die Fußstapfen seines Großvaters trat sein Enkel Ferdinand. Er erwarb sich als späterer Kaiser Ferdinand I. große Verdienste um das Salz- und Forstwesen im Salzkammergut, da er in den Jahren 1523 und 1524 Waldordnungen erließ. Die von 1523 wird „Ausseer Waldordnung", die von Hallstatt und Gmunden im Jahre 1524 kurz „1. Libell" genannt. Kaiser Ferdinand erließ in seiner Regierungszeit noch das 2. Libell (Reformierte Ordnung des Salzwesens für Gmunden und Hallstatt) im Jahre 1563. Zwischen 1. und 2. Libell kam ja Böhmen durch den Erbvertrag zu Österreich.[22]

Eindeutig ist in der diversen Literatur festzustellen, daß Kaiser Maximilian dem Großunternehmen Salzkammergut nicht nur durch seine Heiratspläne, sondern auch mit tatkräftiger Regie dem Unternehmen in eine sehr positive Entwicklung führte.

Ich erlaube mir, auf die Literatur hinzuweisen „Der ‚Heimatgau'", 3. Jg. 1941/42, Artikel von Dr. Alfred Hoffmann „Die Geschichte des Salzkammergutes", der über 13 Seiten Kaiser Maximilian mit folgenden

Zeilen anführt: „*Um der ausländischen Salzeinfuhr wirksamer begegnen zu können, wurden auf Befehl Maximilian I. seit 1515 vom Salzamte in Gmunden in eigener Regie die ‚großen Kufen' eingeführt, da die neu zu erschließenden Absatzgebiete – vornehmlich das Mühlviertel, später auch Böhmen – an dieses größere Salzmaß (etwa 148 Pfund) gewöhnt waren.*"[23] „*Am ‚wilden Lauffen' wurde unter Maximilian I. eine Winde zum Durchlassen der Schiffe ... gebaut.*"[24]

Kaiser Maximilian hat sich unbestreitbar, wie vorher angeführt, große Verdienste um das Salzkammergut erworben. Diese mehr als bescheidene Anführung dieses Herrschers im o.a. Artikel kann ich nur so deuten bzw. ausdrücken - **hier spiegelt sich der Habsburgerhaß der Nationalsozialisten wider** -, der gleich nach dem Rassenwahn kam.

2.2 Auswirkung des Habsburg – Iagiellonischen Ehevertrages

Albrecht II. vom Heiligen Römischen Reich Deutscher Nation war Herzog Albrecht V. von Österreich und mit der letzten Luxemburgerin Elisabeth von Ungarn verheiratet und ererbte damit Böhmen und Ungarn von seinem Schwiegervater König Sigismund. Er trug die deutsche Königskrone nur zwei Jahre und verstarb 1439. Dieser Albrecht II. hat, wie unter 1.3 angeführt, Verbesserungen des Wilden Lauffen und der Traun befohlen. Er war der erste böhmische König, der als Habsburger den Salzabsatzmarkt in Böhmen intensivierte.

Die große Wende für den Salzhandel des Salzkammergutes mit Böhmen wurde durch den Habsburg – Iagiellonischen Vertrag zwischen Kaiser Maximilian und dem böhmischen König Wladislaw II. eingeleitet. Dieser Vertrag wurde im Frühjahr 1506 nach Genesung des böhmischen Königs durch einen Doppelheiratsvertrag geschlossen. Dieser Vertrag sah vorerst vor, daß Maximilians Enkel Ferdinand die ungarische Prinzessin Anna (= Anna von Böhmen) und ein künftiger männlicher Sproß Wladislaws die Enkelin Maximilians, Maria von Österreich, ehelichen sollte. Hiebei sei noch angemerkt, daß Ferdinand und Maria die Kinder von Philipp dem Schönen und Johanna der Wahnsinnigen waren. Es kam anschließend zu einem Waffengang mit den Ungarn. Maximilian mit seinem Heer war diesen überlegen und zogen sich zurück, bis die Geburt des österreichischen Thronfolgers Ludwigs II. am 1. Juli 1506 dem Krieg ein Ende setzte. Der darauffolgende Friede von Wien im Juli desselben Jahres bestätigte ausdrücklich das habsburgische Erbrecht. 1507 wurde neuerlich ein Heirats- und Freundschaftsvertrag geschlossen, jedoch Maximilian verlangte den Zusatz, daß derjenige seiner Enkel Karl oder Ferdinand die Prinzessin Anna zur Frau erhalte, der auch über die österreichischen Erbländer verfügen wird.[25]
Hiemit war der Grundstein für die habsburgischen Erbländer einschließ-

(Ks) Maximilian I.　　　　*Hamann*
　u. Maria v. Burgund

lich der Königreiche Böhmen und Ungarn gelegt, die schlußendlich 1804 in das österreichische Kaisertum übergingen und später ab 1867 in der Doppelmonarchie Österreich-Ungarn integriert waren.

Das Hauptereignis für das Fundament der gemeinsamen Länder war schließlich der Wiener Kongreß des Jahres 1515. **Matthäus Lang** (ab 1512 Kardinal, ab 1519 der Salzburger Erzbischof) und dessen Stab, dem auch der berühmte Humanist Cuspinian angehörte, führten die Verhandlungen auf habsburgischer Seite in Wien. Der Doppelheiratsvertrag konnte am 22. Juli 1515 ratifiziert werden, der die Ehe zwischen Ludwig von Ungarn und Maria von Österreich, weiters zwischen Karl oder Ferdinand von Österreich und der ungarischen Prinzessin Anna vorsah. Maximilian fungierte als Vertreter seiner beiden Enkelsöhne mit der Zusicherung, binnen Jahresfrist den Bräutigam bekanntzugeben. Am gleichen Tag wurde die Doppelhochzeit in prunkvollster Art und Weise gefeiert, Maximilian fungierte per Prokura für seine Enkelsöhne. Hiemit waren die Enkelkinder Maximilians vermählt. Den Vollzug der Ehen verschob man wegen des jugendlichen Alters der Brautleute auf spätere Jahre.

Im März 1516 starb König Wladislaw II. Maximilian hat schließlich seinen Enkelsohn Ferdinand zum Ehemann von Prinzessin Anna bestimmt. Der Vollzug dieser Ehe wird in den Annalen der Geschichte auf der Fürstenhochzeit in Linz 1521 angeführt. Der Vollzug der Ehe zwischen Ludwig und Maria soll erst 1522 stattgefunden haben. Ludwig war der Erbe von Böhmen und Ungarn. Dieser fiel in der Schlacht bei Mohac 1526 und damit trat die Erbfolge Anna von Ungarn (Böhmen) an bzw. wurde Ferdinand, der nachmalige Kaiser und König, mit Böhmen beerbt, und dieser wurde noch im Jahre 1526 relativ reibungslos mit der Wenzelskrone gekrönt. Die Königskrone in Ungarn zu erlangen stieß auf mehrere Hindernisse. Für das Salzkammergut von eminenter Bedeutung war jedoch, daß Böhmen in Zukunft hauptsächlich mit dem obderennsischen Salz versorgt werden konnte. Kaiser Maximilian I., erwählter römischer Kaiser, hat mit seinem Habsburg – Iagiellonischen Ehe- und Erbvertrag bewußt oder unbewußt ein neues großes Salzabsatzgebiet geschaffen und mit seinen vor 1519 eingeleiteten Reformen und Verbesserungen zu einem echten Großunternehmen die Voraussetzungen geschaffen.[26]

Maximilian I. u. seine Enkelsöhne Karl u. Ferdinand

2.3 Eigentümer- bzw. Besitzwechsel von landesfürstlichen Gütern zu staatlichem Eigentum im Jahre 1782

Die jeweiligen Eigentümer der Kammergüter sind unter dem Kapitel 1.0 angeführt. Der letzte landesfürstliche Eigentümer war Kaiser Joseph II., der von 1765 an Mitregent Maria Theresias war und nach dem Tod dieser 1780 die Alleinherrschaft über die österreichischen Erbländer übernahm.

Kaiser Joseph II. erbte durch den Tod seines Vaters im Jahre 1765 ein Riesenvermögen von ungefähr knapp 18 Mio. Gulden. 12 Mio. davon brachte er in den fast bankrotten Staatshaushalt ein, für die restliche Summe wurde ein Familienversorgungsfonds eingerichtet, der von nun an das Erzhaus finanziell vom Staat unabhängig machte.

Am 10. Juli 1782

wurde das Salzkammergut von ihm dem Staat überantwortet oder Ähnliches.

Pollner schreibt:

„Kaiser Joseph II. übergibt und überträgt die ihm privat gehörenden beiden Salz-Kammergüter dem Staat. Seit diesem Tage gibt es, streng gesehen, kein Salz-Kammergut mehr. Der Name ‚Salzkammergut' hat sich jedoch schon sehr stark eingeprägt und erlangt im 19. Jhdt. als fremdenverkehrs-geographischer Begriff eine neue Bedeutung. Der moderne Begriff des Salzkammergutes umfaßt heute auch kleine Teile von Salzburg-Land, die niemals zu einem der beiden historischen Salz-Kammergüter gehört hatten." [27]

In anderen Publikationen wird ebenfalls von „übertragen" oder „übereignen" gesprochen. Fraglich ist, ob es verkauft wurde. Ich konnte dies noch nicht recherchieren. Es steht die Frage im Raum, ob die Schreibweise von damals der heutigen Judikatur entspricht. Joseph II., der große Aufklärer, war trotzdem ein absoluter Monarch und daher von „Gottes Gnaden". Es könnte durchaus möglich sein, daß es sich doch um eine Art

Kaiser Josef II   Vacha

Verkauf handelte, denn es gibt meines Erachtens ja auch Übereignungen mit oder ohne Ablösesumme.

Auf jeden Fall wurde das landesfürstliche Privateigentum aufgelassen und dem staatlichen Bereich zugeführt. Dieses Ereignis stellt einen Eckpfeiler des Großunternehmens Salzkammergut dar und ist aus heutiger Sicht vergleichbar, wenn ein größerer Privatunternehmer seinen Betrieb an einen Großkonzern verkauft (Staatsbetriebe werden heute teilweise privatisiert, ähnlich VOEST usw.).

Kaiser Joseph II. hat hiemit die alte Kammergutsverfassung aufgehoben und unterstellte 1783 diese Region politisch der Landeshauptmannschaft ob der Enns, 1786 wurde die Ungültigkeitserklärung der Reformationslibelle abgegeben, 1791 wurde die Gerichtsbarkeit an den Magistrat Gmunden übertragen (von Leopold II.) und hiemit endgültig dem Salzoberamt entzogen. Damit war der letzte Rest der alten Verfassung des Kammerguts endgültig beseitigt worden.[28]

Dieses Jahr 1782 ist auch ein Eckpunkt des Großunternehmens Salzkammergut wegen des Eigentümerwechsels, und hiemit ist meine Anführung im Titel meines Werkes mit der Zahl 1782 belegt.

Ks. Franz I. Stephan u. Martia Theresia

Vacha

2.4   Salzbergbau und Produktionsstätten

Der Bergbau und die Produktionsstätten bis zum Jahr 1493 wurden in den Kapiteln 1.0 bis 1.3 bereits beschrieben, ebenso unter 2.1.

Es wurden durch Kaiser Maximilian die Weichen für die Hausmacht der Habsburger mit der Übernahme der böhmischen und ungarischen Länder gestellt. Der Salzbedarf stieg stetig an. Als Produktionsstätten waren vorhanden bis zu dessen Machtübernahme:

Salzbergbau und Pfannhäuser im Ausseer Land,

Salzbergwerk und Pfannhaus in Hallstatt.

Wie vorher erwähnt, war der Bedarf der Salzgewinnung mit den beiden Bergbaugebieten nicht mehr zu decken. Dabei sei erwähnt, daß das Ausseer Salz aus topographischen Gründen nicht direkt an böhmische Handelsplätze geliefert wurde. Die Waldungen um Hallstatt für Hallholz, Schiffbau und teilweise Triftbauten gingen zur Neige (keine forstwirtschaftliche Bearbeitung). Nähere Angaben darüber im Kapitel 9.0 bis 9.4.

Es wurde von Kaiser <u>Maximilian II</u>. der *„Bergbau (1563) in Ischl mit nachfolgender Inbetriebnahme eines Pfannhauses (1571)"* befohlen.[29]

1595 befahl Kaiser Rudolf II. den Bau einer Soleleitung von Hallstatt über Ischl nach Ebensee. 1604 wurde mit dem Bau des Pfannhauses begonnen und 1607 konnte das erste Salz in Ebensee gesotten werden [30] und in den späteren Jahrzehnten wurde aufgrund der Nachfrage nach Salz die Sudhausanlage wesentlich vergrößert. Die erforderlichen Holzmengen für die Befeuerung der Pfannhäuser, für den Schiffbau, für die Triftbauten wurde aus den umliegenden und angrenzenden Waldgebieten abgedeckt. Eines sei noch festgehalten, daß in Ischl das nächste Salzbergwerk für Ebensee ist, jedoch Sole durch die Soleleitung von Hallstatt und Ischl bezieht. Ebensee ist die einzige Pfannhausanlage im Salzkammergut, die kein Bergwerk in seiner Umgebung hat und daher bis heute auf die Versorgung aus der ältesten nie stillgelegten (seit 1607) „Pipeline" der Welt

*Ks. Rudolph II
Allegorie von
Arcimbaldo 1566*   *Hamann*

angewiesen ist.

Die Sud- oder Pfannhäuser wurden in den letzten Jahren schon in mehreren wissenschaftl. Arbeiten weitgehendst erforscht (Erich, Idam usw.). Dies ist auch der Grund, daß ich diese Materie nur ansatzweise abhandle.

Ischl - Bergknappen gehen zur Arbeit *S-A*

2.5 Transportwege für das Salz

Die Transportwege des damaligen Zeitraumes waren hauptsächlich
für das Ausseer Salzkammergut (Stmk.) die Landwege-Straßen, die teilweise die Routen der alten Römerstraßen als Grundlage hatten,[31]
für das obderennsische Salzkammergut die Traun als Wasserstraße [32] mit
einer Weiterführung über die Donau,
weiters im beschränkten Maße Landwege-Straßen, und diese auch erst
seit ca. 1700. Weiters wurden die Seen wie Hallstätter See und Traunsee für die Salzschiffahrt intensiv genützt, auf den anderen Seen wurde
hauptsächlich die Triftung des Holzes durchgeführt und keine Transporte
für den Salzhandel abgewickelt.[33]

Ab ca. 1750 war der Bau von Landwegen-Straßen auch teilweise schon
im Salzkammergut gegeben. Bedeutende Straßenbenützungen für den
Salzhandel waren die Straßen nördlich der Donau in Richtung Böhmen.
Ab dem Jahr 1836 wurde die Pferdeeisenbahn durchgehend als Salztrans-
portweg von <u>Gmunden</u> über Wels, <u>Linz</u>, Freistadt (Lest und Kerschbau-
mer Sattel) nach <u>Budweis</u> benützt. Gleichzeitig blieb die Salzschiffahrt
in etwas verminderter Frequenz erhalten. Erst mit der Inbetriebnahme
der heutigen Salzkammergutbahn im Oktober 1877 wurde der Transport
sowohl im Ausseer Gebiet als auch in Oberösterreich über die Eisenbahn
abgewickelt und ist heute noch der Haupttransportweg für den Salzhandel.

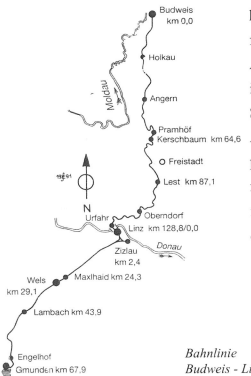

Bahnlinie
Budweis - Linz - Gmunden

Feiler

2.6   Salzhandelsplätze und Absatzgebiete

Über den Salzhandel und die Absatzgebiete wird in der Literatur von C. Schraml und in der Dissertation von Hufnagl eingehend geschrieben. *„Der städtische Salzhandel hat ab dem Beginn der Regentschaft Maximilians I. eine einschneidende Änderung erfahren, der zwei Schwerpunkte zugrunde lagen, auf die bereits hingewiesen wurde: Zum einen war es das Bestreben des Landesfürsten, die Salzwirtschaft in Eigenregie zu führen, was für den Bürger eine Konkurrenz bedeutete, zum anderen war es das immer mehr hervortretende Streben nach Gewinnmaximierung (merkantilistisches Denken), gepaart mit dem Bemühen, außer dem Produktionsmonopol auch das Handelsmonopol wenigstens schrittweise zu erlangen. Damit sollte insbesondere auch die permanente Finanznot (Kriegskosten) des Kaisers gebessert werden.“* [34]

Steirischer Stalztransport

Lamer

Es sei noch darauf hingewiesen, daß für die Tätigkeiten der Salzfertiger entsprechende Bauten notwendig waren. Über die weiteren Veränderungen und Verbesserungen sowie landesfürstliche, später staatliche und private Handelsrechte wird auf die Dissertation von Hufnagl verwiesen, da dies nicht Gegenstand meiner Arbeit ist.

Die Absatzgebiete des obderennsischen Salzhandels waren Ober- und Niederösterreich und bis 1526 teilweise auch Böhmen, und dieses Salz wurde hauptsächlich über die Traun transportiert und nachher mit Tiergespannen über die Straßen nach Böhmen gebracht. Nach der Vereinigung Böhmens mit Österreich wurde schlagartig das Absatzgebiet in Böhmen größer und intensiver. [35]

Das Ausseer Salz ging hauptsächlich in die Steiermark und nach Kärnten, teilweise auch nach Krain. Die Transporte mußten ausschließlich mit Tiergespannen oder Tragtieren über Straßen in diese Länder abgewickelt werden. [36]

Der Salzbedarf stieg im Laufe der Zeit stetig an und intensivierte sich immer mehr, da man im 16. Jh. Zolleinfuhrbeschränkungen gegenüber dem salzburgischen und bairischen Salzhandel erließ bzw. diesen auf ein Minimum reduzierte.

Niederlassungen für den Salzhandel in Böhmen waren teilweise außer in Ob der Enns das Salzhandelsamt in Prag 1547 mit den Niederlassungen in Budweis, in Moldauthein, später in Prachatitz (1659) und in Krumau (1706).

Diese Absatzgebiete konnten teilweise auch nach dem Zusammenbruch der Monarchie 1918 noch aufrecht erhalten werden.

Der größte Salzhandelsplatz mit dem Sitz des Salzamtmannes, ab 1745 des Salzoberamtmannes (im Kammerhof), war die Stadt Gmunden, die gleichzeitig einen großen Salzumschlagplatz zur Verfügung hatte.

Weitere Salzhandelsplätze waren Aussee, Hallstatt, Ischl und Stadl und außerhalb des Salzkammerguts liegende Handelsplätze.

Gmunden - Seeplatz   *Kurverw. Gmunden*

Bad Aussee

ÖNB

Mattheus Baumgartner
Markt Aussee, um 1805

3.0 Primäre Baulichkeiten (Hochbauten)

Bei Hochbauten handelt es sich hauptsächlich um Bauten, die eine räumliche Funktion für Mensch und Tier aufweisen, im Unterschied zu Tiefbauten, die reine Zweckbauten sind wie Straßen, Brücken, Wehranlagen, Riesen usw.

3.1 Sudhäuser (Pfannhäuser) und Dörrhäuser
Aussee-Kainisch

Im Ausseer Bereich wurde, wie schon unter Punkt 1.3 erwähnt, das Salzsieden mit Pfannen bewerkstelligt. Auf die Zeit bis 1808 wird nicht näher eingegangen. Bemerkenswert ist, daß Erzherzog Johann von Österreich ab 1808 mehrmals nach Aussee kam und auch gleichzeitig die Salinenanlagen besuchte. Seine Verbesserungsvorschläge, Anordnungen, Tagebuchnotizen sowie Beobachtungen scheinen noch in mehreren Druckausgaben auf (z.B. in F. Ilwof: Aus Erzherzog Johanns Tagebuch. Eine Reise in Obersteiermark im Jahre 1810. [Graz, 1882]).

Josef von Lenoble hat 1792 in <u>Unterkainisch</u> eine neue Versuchspfanne nach den Vorschlägen des Haller Salinendirektors v. Menz geplant, und bis 1794 aufbauen lassen. Diese neue rechteckige Pfannenform wurde um diese Zeit als „Tiroler Pfanne" bezeichnet, die Rundpfanne als „Österreicher Pfanne".

Saline unterkainisch   *Stadler, S-A*

Das letzte Sudhaus mit seinen Dörranlagen im Markt Aussee wurde 1841 in Betrieb genommen.

Nach dem Großbrand 1827 hatte man beim sofortigen Wiederaufbau eine Rundpfanne und dahinterliegende Dörrkammern eingebaut. Diese scheint öfter in der Literatur als „Frauenreiter-Pfanne" auf. Von diesen neugestalteten Sudhäusern sind noch mehrere Zeichnungen einschließlich Grundrisse, Gebäudeschnitte, Perspektiven und Beschreibungen vorhanden, das läßt die technische Entwicklung in der damaligen Zeit nachvollziehen.[37]

Bad Ischl

S-A

Sudhaus Ischl, Ende 18. Jhdt.

Abbruch und Inbetriebnahme der beiden neuen Sudhäuser in den Jahren
1832 bis 1836
(Bildausschnitt)

Meister u. Entstehungsjahr dzt. noch unbekannt

Hallstatt

Mit dem Salzsieden (in betrieblicher Form) in Hallstatt wurde aller Wahrscheinlichkeit nach um 1300 begonnen. Der Beginn des Großunternehmens Salzkammergut war, wie unter Punkt 1.3 beschrieben, im Jahre 1311. Es wurde ein Pfannhaus vorerst errichtet. Im Laufe der Zeit wurde auf Grund der Anfordernis der Salzgewinnung eine zweite Pfanne errichtet. Beim großen Brand 1750 sind viele Betriebsgebäude in Hallstatt abgebrannt. Das Salzwesen in Hallstatt haben sowohl Dr. Erich und Dr. Idam in ihren Dissertationen eingehendst wissenschaftlich bearbeitet und ich kann daher keine neueren Erkenntnisse einbringen.[38]

Ischl

*Pfannhaus Ischl 1571 - **Ischl***   *Köberl*

1563 wurde in Ischl ein Salzbergwerk errichtet bzw. installiert. Mit dem Salzsieden wurde nach der Errichtung des ersten Pfannhauses 1571 begonnen. Durch den Bau der Soleleitung von 1595 bis 1599 einstweilig nur nach Ischl wurde der Weiterbau eingestellt. Da sich die neue Soleleitung bewährte, wurde diese bis nach Ebensee weitergebaut und im Jahre 1604 fertiggestellt.[39]

Ebensee

Infolge der technischen Meisterleistung der Errichtung einer Soleleitung von Hallstatt über Ischl nach Ebensee wurde 1607 ein Pfannhäuser errichtet.

Beim Großbrand 1835 wurden die Sudhäuser ein Raub der Flammen. Die Sudhäuser mußten auf schnellstem Wege wiedererrichtet werden, um den Produktions- bzw. Wertschöpfungsausfall im begrenztem Maße zu halten.[40] Die großen Dörranlagen wurden in Kombination mit den Sudhäusern errichtet bzw. betrieben und waren in die Baulichkeiten des Sudpfannhauses mit integriert.[41]

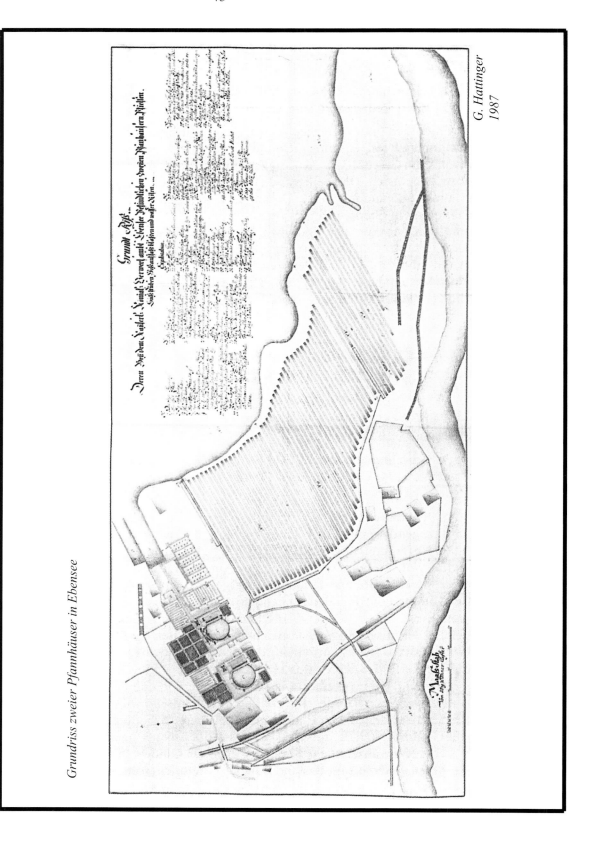

Grundriss zweier Pfannhäuser in Ebensee

G. Hattinger
1987

46

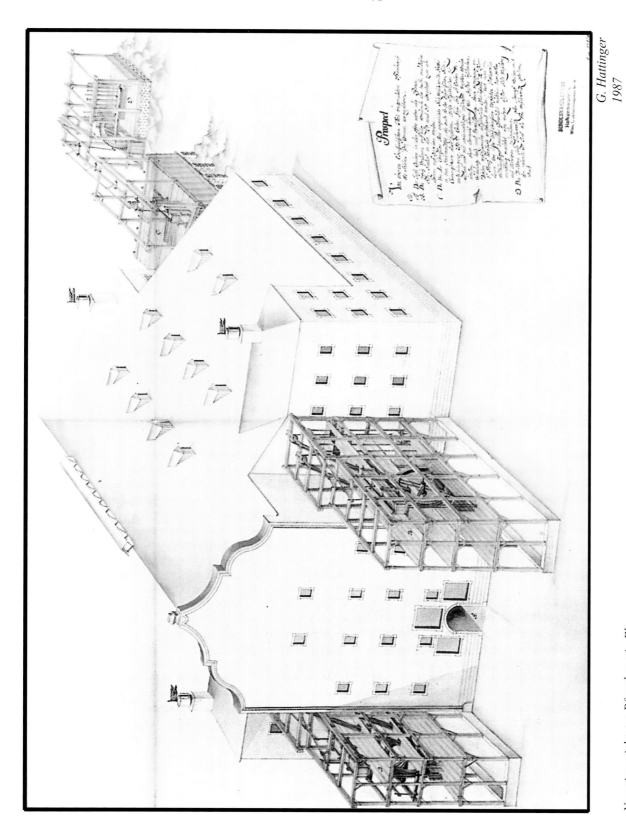

Neu eingerichtetes Pfannhaus in Ebensee

G. Hattinger
1987

3.2 Salzmagazine und Verschleißmagazine

„*Für die Stadt Gmunden ungleich wertvoller wie der Großkufenhandel war das ihr verliehene Recht, das Fudersalz am Platze verkaufen zu dürfen. Dieses Privilegium stand ursprünglich einer Anzahl von Bürgern zu, ging aber später auf die Stadt über. Die Zersplitterung des Fuderverkaufes aus den Lagerräumen jedes einzelnen handelsberechtigten Bürgers wurde 1624 abgestellt, diese schlossen sich zu einer Gesellschaft zusammen und errichteten ein gemeinsames Salzmagazin, die im Rathaus gelegene bürgerliche Aufschütt, deren Verwaltung dem Aufschüttkassier und seinem Gegenschreiber anvertraut war.*" [42]

Aussee-Salzlagergebäude

Ebenfalls ein großes Salzmagazin war in Stadl. Dieses brannte 1831 ab und wurde wieder aufgebaut, wie unter Kapitel 15.1 erwähnt wird. In Stadl war ein großer Salzumschlagplatz. Viele Salzmagazine waren hauptsächlich bei den Salzfertigern, die eine eigene Berechtigung dafür hatten und nicht dem Großunternehmen Salzkammergut direkt unterstanden. Ein Wechsel zwischen privater und staatlicher Salzfertigung hat im Laufe der Zeit stattgefunden.

S-A

Für den Ausseer Salztransport wurden an verschiedenen Punkten Salzspeicher angelegt.

Stadler schreibt:

„*An der Südseite der Tauern steht in Katsch noch heute ein altes Gebäude mit Fresken aus der Zeit um 1625. Das Salz wurde an dieser Umschlagstelle wieder auf Pferdewagen verladen und dann weiter nach Süden transportiert.*" [43]

Salzspeicher in Donnersbachwald 1586

Stadler

3.3 Sägewerke und Sägemühlen

Säge Ischl - Perneck
FO/04 Stummer

Im Salzkammergut gab es eine Unmenge von Sägewerken, die nach Art des Blochsägens mit der zukünftigen Verwendungsart benannt wurden. Es gab vor allem Brettersägen, Fasselsägen, Sägemühlen, Schiffholzsägen usw.

„Sägemühlen waren für das Salz- und Holzwesen des Salzkammergutes in mehrfacher Hinsicht von sehr großer Wichtigkeit, wie auch aus den zahlreichen Ausführungen über sie in den Archivalien hervorgeht.

Es kann hier keine ausführliche Geschichte der Sägemühlen geboten werden, doch soll in knappen Darlegungen ihre Bedeutung aufgezeigt werden. Die Sägemühlen waren sowohl wegen der Holzersparnis als auch wegen der Arbeitserleichterung unentbehrlich. Früher mußte man Pfosten und Laden durch Behacken gewinnen, was großen Holzverlust und Arbeitsaufwand bedeutete. Die Erfindung der durch Wasserkraft betriebenen Sägemühlen war ein großer technischer Fortschritt, dessen man sich überall bediente.“ [44]

Für die Fässererzeugung gab es eigene Fasselsägen. Eine der bekanntesten war die Fasselsäge beim Gosauzwang (Gosaumühle).

„Nach den guten Erfahrungen mit dem Schnittholz im Schiffbau dauerte es nicht lange, bis das gehackte Schiffholz vom Ladwerk gänzlich verdrängt und der gesamte Schiffbedarf aus solchem hergestellt wurde. Dazu gehörten vor allem Sägen zum Schneiden der langen Schiffsläden ...“ [45]

Die bekannteste Schiffholzsäge war wohl die für den Tschaikenbau in Viechtwang, wie in Kapitel 10.3 beschrieben, aber in allen anderen Traun- und Seengebieten gab es ebenfalls Schiffholzsägen, besonders im Wolfgangsee-Gebiet.

Brettersägen kamen auf, als das holzverschwenderische Erzeugen von Dachschindeln verboten wurde und anstelle der Schindeln Dachbretter zur Deckung herangezogen wurden.

Schraml schreibt wegen der Salzfässererzeugung:

„Obwohl das Großkufenhandelsamt alle Anstrengungen machte, die Leistungsfähigkeit der Amtssägen zu steigern, hatten in den ersten Jahrzehnten doch auch die privaten Sägewerke vollauf Arbeit. 1709 standen in Ebensee zehn Sägen Tag und Nacht in Betrieb, in der dem Großkufenamt gehörigen Tichtlmühle an der Aurach sechs, in Hallstatt und Gosaumühle elf und in Ischl drei Sägen." [46]

Jedenfalls gab es sowohl private als auch ärarische Sägewerke, insbesondere waren in der Nähe der Bergwerksstollen, z.B. Ischl-Pernecl, Sägewerke vorhanden, um für die Stollenpölzungen usw. jederzeit entsprechend beschnittenes Holz zur Verfügung zu haben.

Oberschlachtiges Wasserrad

So ein Typ von Wasserrad war in Ischl - Perneck eingebaut

Unter anderem hatten Sägewerke auch gleichzeitig einen kleinen Mühlenbetrieb, der gemeinsam über das Wasserrad angetrieben wurde. Das Wasser wurde über einen Vorfluter zum Wasserrad geführt. Es gab zwei Typen: ein unterschlächtiges und ein oberschlächtiges aus Holz gefertigtes Wasserrad. Als Sägegatter wurde hauptsächlich das sog. Venezianergatter verwendet (siehe Abbildung).

Über die Problematik und die Standorte der Sägewerke im Salzkammergut könnte eine wissenschaftliche Arbeit eine interessante Ergänzung ergeben. Ich stellte daher keine weiteren Ermittlungen in diese Richtung für meine Literatur an.

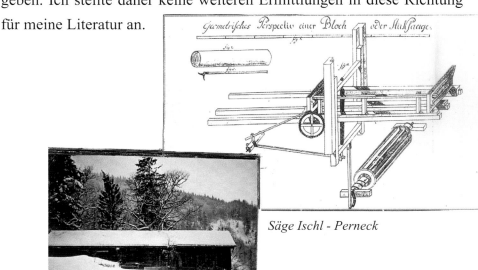

Säge Ischl - Perneck

FO/04 Stummer

3.4   Hammerwerke und Schmieden

Die Hofschmieden, die in der Nähe der Sudwerke angesiedelt waren und die relativ viel Holzkohle verbrauchten, sind wissenschaftlich durch F. V. Idam u.a. untersucht worden und werden daher, um eine Wiederholung zu vermeiden, von mir nicht beschrieben. Das gleiche gilt für das Hammerwerk in Grubenegg, das Pfann- und Schloßbleche sowie Grob-, Streck- und Rundeisenstäbe zu den Salinen in Aussee, Hallstatt, Ischl und Ebensee lieferte. Dieses Werk war auf lange Sicht nicht rentabel und wurde 1850 stillgelegt.

In Mitterweißenbach wurde zwischen 1771 und 1772 ein eigenes Hammerwerk zur Verarbeitung von Roheisen gebaut.

„Nach dem Bau des Zerrennhammers in Mitterweißenbach und der Aufnahme des vollen Betriebes nahm die Eisenlieferung aus Liezen ein Ende, da nunmehr alles Schmiedeisen für die drei Verwesämter selbst erzeugt werden konnte. Die erhöhte Bautätigkeit der Sudhütten in den Neunzigerjahren erforderte trotzdem mehr Eisen, als der Zerrennhammer zu leisten imstande war." [47]

Beeinträchtigend für das Hammerwerk war die jährliche Holztrift in Mitterweißenbach, da ihm zu dieser Zeit das ganze Betriebswasser entzogen wurde. Dieser und ähnliche Umstände führten schlußendlich zur Stillegung nach den Franzosenkriegen.

Gosauschmiedin Gosau

S-A

3.5 Häuser für Klausenwärter, Fallmeister usw.

Es gab das berühmte <u>Fallmeisterhaus</u>, ebenfalls waren Baulichkeiten wie Zeugstadel, bedachte Überrittbrücke sowie Naufahrtshütten usw. beim Traunfall in Roitham.

Das bekannteste Gebäude dieser Art, das heute noch besteht, ist das gemauerte <u>Klausenwärterhaus</u> in Steeg unmittelbar neben der Seeklause. Dieses Haus hat ein Relief, das eine „bedeckte Siebnerzille" darstellt. Die Zille wurde von sieben Mann abgetrieben und gegengetrieben.[48]

Habe diese Gebäude deswegen angeführt, um auch einen Rückblick zu haben.

Klauswärterhaus in Steeg

Relief Bedeckte Siebnerzille

FO/04 Stummer

Fallmeisterhaus - Traunfall

3.6   Roßställe und Geschirrställe

Für die Traunreiter bzw. Gegenzugsbauern, weiters für den Transport von Holz über den Scharfling, Mondsee, St. Gilgen, ebenso durch das Weißenbachtal (Attersee zur Traun) usw. waren viele Pferdegespanne und auch Ochsengespanne notwendig.

Fast immer waren bei den Gegenzügen private Bauern eingesetzt. Sie wurden teilweise als Traunreiter, Fallbauern usw. bezeichnet. In Scharfling wurde eine große Zahl von Pferden gehalten, die in entsprechenden Ställen, meistens gemauerte, untergebracht waren.   **E. Koller schreibt:**
„Im Abschnitt ‚Mondseer Waldungen' ist nachzulesen, daß die Straße über den Scharflinger Paß 1588 auf kaiserliche Kosten erbaut worden. Als das Hallholz aus dem Mondseegebiet auf dieser Straße nach Fürberg gebracht werden mußte, unterband Salzburg den über sein Gebiet erfolgenden Transport im Sommer, gestattete ihn unter Bedingung der Straßeninstandhaltung nur im Winter. Daher wurden bei Scharfling drei große Stallgebäude auf ärarische Kosten zur Unterbringung von Ochsen und Rossen erbaut, von denen ein Teil in Plätten über den See gebracht werden mußte. Bis zu 250 Fuhrwerke waren im Winter mit der Holzbringung über die Scharflinger Berge eingesetzt. Bei Schneemangel mußte das Holz an den Attersee gefahren und durch das Weißenbachtal nach Mitterweißenbach und von dort nach Ischl gebracht werden." [49]

Bei Geschirrställen handelt es sich nicht um Ställe für Pferdezaumzeug, sondern für Schiffsgeschirr (Ruder, Schiffhaken, Heftseil usw.). Einen dieser ehemaligen Geschirrstadl gibt es heute noch in Stadl Paura, und zwar auch in gemauerter Ausführung. 1884 erwarb die Flachsspinnerei diesen Geschirrstadl und baute ihn zu einem Flachsmagazin um. Man kann das heute noch an den eisernen Türen sowie an der Raumentlüftung vom Boden her erkennen. Dieses Gebäude besitzt heute keine Hausnummer mehr, da es als Arbeiterwohnhaus der Spinnerei, Schiffslände Nr. 9, dient.

„Kaum jemand weiß heute noch, daß dieses Gebäude als eines der letzten Wahrzeichen aus der Salzschiffer-Periode des Schifferdorfes Stadl stammt." [50]

Hofkasten in Aussee vor 1887

Stadler

3.7 Hofkasten- und Bauamt

Die Hauptniederlage und die Verwaltung für das Getreide im Salzkammergut, der Hofkasten, war in Gmunden. Das angekaufte Getreide wurde durch das Salzamt im Hofkasten eingelagert. Für die Verwaltung war der Hofkastner zuständig. Dieser mußte Vorsorge treffen, daß genügend Hofkorn für diverse Anlässe vorrätig war, gleichzeitig hatte er darauf zu achten, daß das Hofkorn nicht verdarb und durch häufiges Umschaufeln, Reutern und Putzen dies genußfähig blieb.

Die bei der Gebarung mit dem Hofkorn unvermeidlichen Verluste durch die Ausgabe in kleineren Mengen, durch Verstaubung, Eintrocknung usw. konnten in der Verrechnung nicht unberücksichtigt bleiben.

„*Für den beim Brande des Marktes Hallstatt 1750 ebenfalls zerstörten Getreidekasten errichtete das Salzamt den zur Aufnahme von 8000 Metzen bestimmten Ersatzbau nicht wieder in der Nähe des Pfannhauses in Lahn, sondern in Steeg. Der dort wohnende Kastenschreiber hatte die Ausgabe des Hofkornes an die Parteien und die Ergänzung des Lagerinstandes aus dem Gmundner Hofkasten zu besorgen. Erst im Jahre 1815 plante die Hofkammer den Bau eines gemauerten Getreidespeichers für 10.000 bis 12.000 Metzen in Lahn und gleichzeitig eines Behältnisses für Schmalz, das bisher im Solingerhause im Markte untergebracht war.*"[51]
Eine große und schöne bauliche Anlage war der Hofkasten auf dem Hofplatz in Bad Aussee vor seiner Demolierung im Jahre 1887.

Mit den Statuten von 1832 und 1834 nahm die Hofkammer eine zeitgemäße Umtaufung mehrerer Ämter vor. Das Hofkastenamt und Bauamt wurden auf Bau- und Kastenamt umbenannt. Dies geschah in der Amtszeit des Salzoberamtmannes Schiller, in dessen Amtszeit eine rege Bautätigkeit (u.a. Wiederaufbau der Sudhäuser in Ebensee 1835, wie unter Kapitel 15.1 beschrieben wird) herrschte.

Seine große Sorge als Bauherr war eine Verbesserung der schlechten

Wohnungsverhältnisse der Angestellten sowie des schlechten Zustands der Kanzleien. Die gesteigerte Bautätigkeit unter Schiller hat das Hofkastenamt gegenüber dem Bauamt stark zurückgedrängt. Der Bauamtsarchitekt Franz Ferdinand Etangler war 1791 in den Dienst des Salzamtes getreten und hatte sich später als Baureferent mit dem Bauwesen befaßt und hat unter anderem als Architekt Ersprießliches geleistet. Im Jahre 1839 pensionierte er, und der Bauamtsschreiber Emanuel Tschan rückte zum Architekten vor. Er war der letzte Empiriker im technischen Baudienste, von 1851 hatten nur akademisch ausgebildete Techniker Anspruch auf die systemisierte Stelle eines Bauingenieurs.[52]

Hiemit war für die Hochbauten des Salinenwesens eine entsprechende eigene Behörde eingerichtet worden. Die Triftbauten aller Art unterlagen ab 1850 (Teilung Forst – Saline) der Kontrolle der Forstbehörde des Ärars.

Franz Stadler schreibt in seiner Literatur (1988) auf Seite 72 folgendes:

„Die Hofkastenstelle –
Sie war für die Versorgung des Betriebspersonals mit Getreide, Schmalz und anderen Naturalien zuständig. Die Salzfuhrleute nahmen diese als Rückfracht nach Aussee mit und gaben sie beim Speichergebäude neben dem Kammerhof ab. Als die Hofkastenstelle aufgelassen wurde, ***gründete das Salinenpersonal den Konsumverein.*** *“*

Hiemit löste eine damals neuzeitliche Versorgungsmethode – Konsum den Jahrhunderte alten Hofkastenbetrieb als Versorgungsstelle ab. Dies dokumentiert wiederum, daß das „alte Salzkammergut" mit der Umstellung Saline / Forst / Bahn / Kohle / Versorgung usw. innerhalb von ca. 25 Jahren (1850 – 1877) einen Betriebs- und Strukturwandel von nie gekannter Größe über sich ergehen lassen mußte.

Gmunden

Kammerhof Gmunden   *Prillinger*

3.8 Verwaltungsbauten

Über die Verwaltungsbauten wurden wissenschaftliche Arbeiten bzw. Literatur verfaßt. Verweise hauptsächlich auf die Arbeit des DI. Dr. Erich über Baudenkmäler des Salinenwesens sowie auf die Dissertation von Dr. Idam „Gelenkte Entwicklung" und auf die Arbeiten vieler anderer. Werde dieses Kapitel daher im Sinne der Einleitung meiner Literatur behandeln und Hochbauten, hauptsächlich Verwaltungsbauten, die raumgebende Funktion haben, nicht als reine Wirtschaftsbauten betrachten, obwohl sie in ihrer Funktion den Kopfbereich des Unternehmens darstellen. Die Ansprüche und die Tätigkeit in diesen Räumen haben sich jahrhundertelang nicht wesentlich geändert im Unterschied zu allen anderen Wirtschaftsbauten, die im Laufe der Zeit durch Innovationen verbessert wurden, um eine Verbesserung der Arbeitsbedingungen, Erhöhung der Leistungen und damit eine höhere Wertschöpfung für den Eigentümer (Landesfürst oder Staat) zu erzielen.

Bringe nachstehend dazu einige Beispiele dieser Bauten.

Österr. Salinen AG Bad Ischl   *FO/04 Stummer*

Kammerhof Aussee

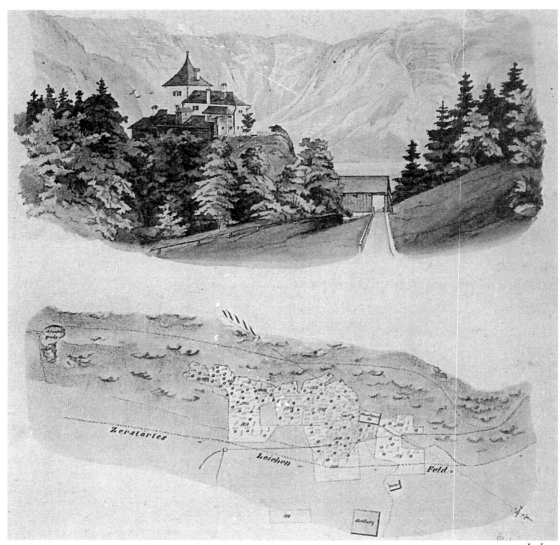

Lehr

Hoch über dem Hallstätter See, in einem schwer zugänglichen Tal, war der Sitz der vorgeschichtlichen Kultur, die den Namen „Hallstatts" trägt. (800 - 400 v.Chr) Links der Rudolfsturm, Sitz der Bergbaubehörde und Wohnstätte des Bergwerksbeamten Johann Georg Ramsauer, der 1846 das Hallstätter Gräberfeld entdeckte. (Aquarell aus dem Grabungsprotokoll Ramsauers, 1846 - 1863)

Häuser für die Forstverwaltung waren ebenfalls ein Bestandteil des Großunternehmens, der mit der Trennung ab 1850 zu den Forstbetrieben des Ärars überging. Diese Bauten beinhalteten außer Büroräumen für den Forstmeister, den Förster und die Forstgehilfen meistens auch noch ein bis zwei Dienstwohnungen.

3.9 Dienstwohnungen und Arbeiterquartiere

Im Salzkammergut war es üblich, daß die hohen Herren ihre Dienstwohnungen hatten, sowohl bei der Saline als auch im Forstbereich. Die Behausungen oder Wohnungen der Arbeiter waren teilweise Privateigentum, die mit Deputaten der Saline gefördert wurden, oder es waren Arbeiterwohnungen des Eigentümers (Saline). Die Problematik des Wohnens, meistens noch mit Kleintierlandwirtschaft, gehört in den Sozialbereich und ist nicht Aufgabe dieses Buches über Wirtschaftsbauten. Da es sich teilweise um formal schöne, landschaftsgebundene Objekte handelt, wird ein Teil dieser mit Bildern präsentiert. Über dieses Thema im globalen Zusammenhang könnte man meines Erachtens nach eine zielführende Arbeit verfassen.

Forstverwaltung MW-Bach (Holzaufzug) *FO/04 Stummer*

Salinenarbeiter Haus in Goisern *Bezirksbuch Gmunden*

Arbeiterwohnhaus in Ebensee *S-A*

Hinweistafel - beim Holzknechtmuseum in Goisern

FO/04 Stummer

Holzarbeit Oberhaus der Bergkirche in Ischl

S-A

3.10 Holzknechtstuben

3x Holzknechtmuseum in Goisern
FO/04 Stummer

Die Anmarschwege von der Behausung zur „Werchstatt" waren zumeist weit und unwegsam. Für den Holzknecht war es unmöglich, an jedem Tag neben der harten Arbeit auch noch die weiten und beschwerlichen Wege zurückzulegen. Gleich in der Nähe ihres Arbeitsplatzes erbauten die Männer deshalb zum Schutz gegen Wind und Wetter eine Hütte, in der sie übernachten konnten. In der Hütte war eine zumeist offene Herdstelle zu finden und der Platz für das bescheidene Nachtlager, denn die Männer kamen am Montag an ihren Arbeitsplatz und kehrten erst am Freitag wieder zu ihren Familien heim. Am ersten Wochentag trug jeder Holzknecht die „Kost" (Nahrungsmittel) für die nächsten fünf Arbeitstage im Rucksack (Wochersack genannt) zur Holzknechtstube.[53]

G. R. Förster schreibt: *"Zur Unterbringung der Holzknechte sind mehr oder minder feste und dauerhafte Unterkunftshütten, ‚Holzknechtsstuben', herzustellen. Gewöhnlich werden Winterstuben oder solche für eine längere Dauer von Jahren aus Mauerwerk oder Holz, leichtere, d.h. Stuben für eine Sommercampagne, ‚Sommersölden', aus leichtem Holzbau mit Rindenbedachung hergestellt. Wir unterscheiden zunächst große ‚Stuben' für die Unterbringung von 18 bis 24 Mann, kleine für 12 Mann, größere 'Sommersölden' für 12 Mann und kleinere ‚Sommer-sölden' für 6 Mann."* [54]

Große Holzknechtstube (18 – 24 Mann): 10 m lang, 8,8 m breit u. 3,5 m hoch, Dachneigung 45°.

Kleine Holzknechtstube (12 Mann): 8 m lang, 7,3 m breit u. ca. 3 m hoch.[55]

Große Sommersölde (12 Mann): 8 m lang, 6,4 m breit u. ca. 2 m hoch.

Kleine Sommersölde (6 Mann): 4,5 m lang, 4,5 m breit u. im Mittel 3,5 m hoch, mit Schleppdach.[56]

Diese Quartiere waren weit weg vom Komfort der heutigen Arbeiterwohnstätten, die von den Betrieben dem Personal zur Verfügung gestellt werden. Der Waschplatz bzw. die Waschzelle der Brunnen vor der Hütte. Das Plumpsklosett war in einem eigenen Häuschen außerhalb der Hütte postiert.

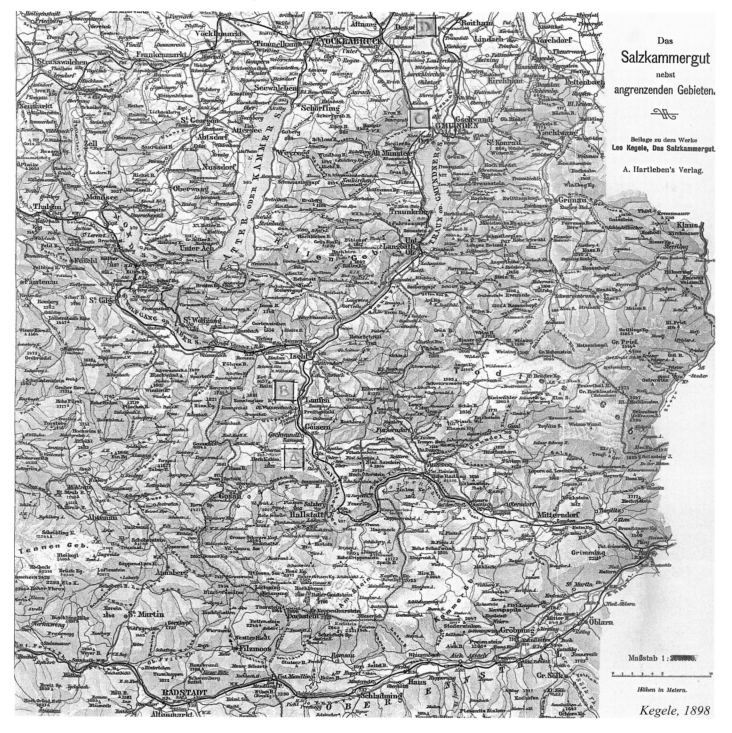

Kegele, 1898

4.0   Wasserbauten für die Schiffahrt

Die Schiffahrt auf der Wasserstraße Traun war zwischen Silvester und 19. März eingestellt. Dies war hauptsächlich wegen der niederwasserführenden Traun (schneebedingt) und weniger wegen der Vereisung notwendig. Beide Umstände jedoch ließen die Schiffahrt in dem vorangeführten Zeitraum ruhen. Der Hallstätter See und der Traunsee wurden in der eisfreien Zeit mit den Salzzillen befahren.[57]

2x Seeklause Steeg (FO/04 Stummer)

4.1   Die großen Seeklausen in Steeg und Gmunden
(siehe „A" und „C" auf der Salzkammergutkarte in Leo Kegele: Das Salzkammergut, 1898)

Eine Seeklause war (ist) eine Schleusenwehr, welche an der Ausflußstelle eines Sees zu dem Zwecke errichtet wird, um denselben zu stauen, bzw. um die dadurch angesammelte Wassermasse für den Trift-, Floß- oder Schiffahrtsbetrieb benützen zu können.[58]
Durch die großen Seeklausen wurde hauptsächlich die Salzschiffahrt gewährleistet. Bei den großen Klausen waren landseitig Nauöffnungen eingebaut, um die Salzzillen, den normalen Flußschiffsverkehr (teilweise Güter- und Menschentransport) sowie die Schiffe des Gegenzuges nicht zu behindern, d.h., daß die Nauöffnung des Klausenwerkes nicht verschlossen wurde.

Die Seeklause in Steeg:
Der Soletransport von der Hallstätter Sudhütte bis Steeg war problemlos, da er sich über den Hallstätter See abwickelte und keinen Unzulänglichkeiten (wie Wassertiefe) ausgesetzt war. Die Windverhältnisse waren ebenso zeitlich und von der Wirkung her gut beherrschbar. Das erste große Problem für die reibungslose Naufahrt war der Seeausfluß und der Traunfluß. In Steeg befand sich ein Salzstapelplatz als Zwischenlage-

rung, um die Naufahrt auf der Traun flußabwärts durch technische Vorkehrungen abwickeln zu können. Bekanntlich sind Salzkammergutseen auch Höhenschwankungen der Wassertiefe unterworfen und nicht nur die Flüsse. So galt es, die bereits unter Königin Elisabeth (um 1311) und unter Albrecht V. (um 1420) errichteten Baulichkeiten den wirtschaftlichen Anforderungen der durch Kaiser Maximilian 1511 befohlenen Umsatzerweiterung der Salzgewinnung und seines Handels entsprechend zu vergrößern bzw. die Frequenz der Schiffahrt auf der Traun zu erhöhen. Dieser Frequenzerhöhung konnte die Sudhütte in Hallstatt nachkommen, da es in ihrer Umgebung noch ausreichend Hallholz zum Schlägern gab. Eine weitere Veränderung des Bauwerks erfolgte durch die Erhöhung der damaligen Seeklause im Jahre 1573 durch Thomas Seeauer. Dieses Werk Seeauers ist bis heute fast gänzlich erhalten und auch durch Handbetrieb noch funktionstauglich. Ein Verbesserungsvorschlag der Klausenfunktion im 18. Jh. durch einen „deutschen Sachverständigen" wurde von den Betreibern der Klause sogleich als ungeeignet erkannt.[59] Die Bedienung und Erhaltung dieser ging von Klausenwärter zu Klausenwärter und hat wahrscheinlich auch so ihren Fortbestand gesichert, da die Voraussetzung eines einmaligen technischen Meisterwerks hohes, nicht allgemeines Fachwissen erforderte. Diese Klause steht heute unter Denkmalschutz, die Baulichkeiten sind gut erkennbar und die relativ neue Brücke über den Traunausfluß gewährt eine sehr nahe Betrachtung dieses Meisterwerks, das aber für den Laien keinen spektakulären Eindruck hinterläßt. Das Haupterfordernis an die Klause war, das Wasser des Sees aufzustauen und bei Bedarf durch Öffnen von Schleusen den Wasserstand des Traunflusses zu erhöhen, um die Schiffe bei Niedrigwasser (Hindernisse wie Furten, seichte Stellen) an den Bestimmungsort Stadl (bei Lambach) gelangen zu lassen und das Salz dort zwischenzulagern und auf andere Zillen einzubringen.

Die Klause hat eine passive und eine aktive Funktion. In der Passivität bringt das Klausenbauwerk oberhalb den Fluß oder den See zur Erhö-

hung des Wasserspiegels, in Steeg etwa 1,60 m gegenüber dem Normal-
stand. Die Aktivität wird durch „die Klause schlagen" oder den „Klau-
senschlag" bewerkstelligt.

Die Klausen haben ein oder mehrere Klaustore, in der Steeger Klause
sind es deren elf.

Aus: „Die Beschreibung der Seeklause" von Rosenauer:

„*Die Hallstätterseeklause ist wie alle derartigen Bauten des holzreichen
Kammergutes aus der damaligen Zeit ein Holzbauwerk. Sie besteht eigentlich aus zwei von einander getrennten Bauten: der ‚Klause' und
dem etwa 40 m flußabwärts gelegenen Gegenwehr, dem ‚Polster'. Die
Klause hat die Aufgabe, das Wasser im See anzustauen, seinen Abfluß
zu sperren und es zu speichern, wenn sie geschlossen ist; oder den Abfluß freizugeben, wenn sie geöffnet ist. Das Anstauen bedingt, daß der
Wasserspiegel auf der Seeseite der Klause höher ist als auf der flußab-
wärtigen Seite. Es übt also das Wasser einen Druck auf die Klause aus
und will sie umkippen oder wegschieben. Es sind ziemlich große Kräfte,
die da wirksam werden, und die alten Wasserbaumeister getrauten sich
nicht einem Bauwerk allein, also hier der Klause, die nötige Wider-
standskraft zuzumuten. Sie ordneten daher etwas unterhalb im Fluß ein
‚Gegenwehr' an, das selbst wieder in geringem Maße stauend wirkt und
so einen Teil jener Drücke aufnimmt, die auf die Klause vom Wasser
ausgeübt werden. Da man im ganzen Salzkammergut Wehre, die verhält-
nismäßig niedrig sind, ‚Polster' nennt, so ist auch hier dieser Ausdruck
üblich. Er ist sehr glücklich gewählt, denn das Bild wird vollkommen
klar, wenn man daran denkt, daß ein Polster dazu dient, einen Teil des
Körpers, den Kopf, etwas höher zu legen als den übrigen Körper. Die
Stelle des Körpers mit dem Kopf vertritt das Wasser, das ja auch Leben
hat.*" [60]

Das Klausenbauwerk hat eine Länge von 110,23 m und ist ein Holzbauwerk, und es wurde Lärche, Tanne, Fichte und Buche verwendet. Selbst-

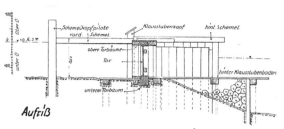

Aufriß

des 8. Tores der Seeklause in Steeg.

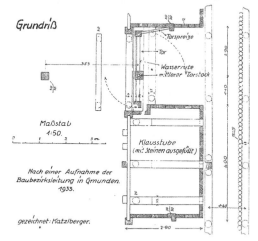

Grundriß

Maßstab
1:50.

Nach einer Aufnahme der
Baubezirksleitung in Gmunden.
1933.

gezeichnet: Katzlberger.

Bezirksbuch Gmunden

Panorama Seeklause im Steeg

2x Plan - Seeklause Steeg   **Depiny 1934**

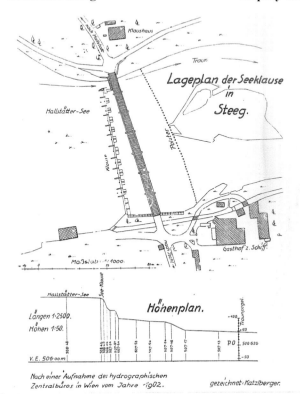

Lageplan der Seeklause
in
Steeg.

Maßstab 1:1000.

Höhenplan.

Längen 1:2500.
Höhen 1:50.

Nach einer Aufnahme des hydrographischen
Zentralbüros in Wien vom Jahre 1902.   gezeichnet: Katzlberger.

verständlich wurde auch Eisen (für Beschläge usw.) verwendet.

Nachstehend eine kurze Beschreibung der Betriebsfunktion:

a)   Öffnen und Schließen der Klaustore kann innerhalb kurzer Zeit erfolgen.

b)   Zum Schlagen sämtlicher 11 Tore ist ein Zeitraum von nur 15 Min. erforderlich.

c)   Das Schließen sämtlicher Tore kann innerhalb von 40 Min. bewerkstelligt werden.

d)   Durch das Öffnen der Klause kann der Abfluß aus dem See um bis zu 35 Sekundenkubikmeter vergrößert werden (der normale mittlere Abfluß aus dem See beträgt 33 Sekundenkubikmeter, d.h., daß eine Verdoppelung der Abflußmenge erfolgen kann, ebenso ist es möglich, einen gewünschten Zwischenwert zu erreichen).

Die Einrichtungen der Seeklause in Steeg bedingen jedoch, daß in den Staumonaten April bis Dezember das Klausen nur dann möglich ist, wenn der Mittelwasserstand um wenige Zentimeter überschritten wird. Bei höheren Wasserständen ist die Klause vom Wasser überflutet und daher unzugänglich. Es mußte deshalb eine strenge Vorschrift eingehalten werden, nämlich die Tore in entsprechendem Maß offenzuhalten, um einem etwa eintretenden Hochwasser kein Abflußhindernis in den Weg zu stellen.

„Um Wasserfahrzeugen bei Niederwasser die anstandslose Fahrt in der Traun zu ermöglichen, werden dann je nach der Tauchtiefe und dem herrschenden Traunwasserstand einige oder sämtliche Tore für eine bestimmte Zeit geöffnet. Dadurch wird ein höherer Traunwasserstand erzeugt. Da alle Wasserfahrzeuge, insbesonders die schwer beladenen, schneller vorwärtsgleiten, als das Wasser selbst – es findet ja gleichzeitig ein Gleiten auf der schiefen Ebene des Flußgefälles statt – so ist es notwendig, dem Fahrzeug soviel Wasser voraus zu schicken, daß es an

seinem Ziel nicht etwa vor dem Klauswasser ankommt. Es wäre sonst wohl dazu verurteilt, irgendwo ländzufahren. Die Erfahrung hat dazu geführt, für eine Fahrt von Steeg bis zum Traunsee etwa 3 bis 4 Stunden vor der Abfahrt Wasser vorauszuschicken. Die benötigte Wassermasse beträgt etwa 450.000 Kubikmeter; ihre Entnahme aus dem See ruft ein Fallen des Seespiegels von etwas über 5 Zentimeter hervor. Der Traunwasserstand hebt sich in der vorhin genannten Zeit in Steeg um 45 Zentimeter, in Ischl um 50 Zentimeter und Ebensee um 35 Zentimeter. Das ist eine ganz beträchtliche Zubuße an Flottwasser für die Schiffahrt." [61]

Klausmeisterhaus

Der Klausmeister und seine Mitarbeiter bewohnten am linken Traunufer nächst der Klause das „Klaushaus". Ein einfaches, in den Bauformen des Kammergutes gehaltenes einstöckiges Gebäude, das einen wohnlichen und freundlichen Eindruck macht. Es ist mit einem auf dem Putz gemalten, farbigen kaiserlichen Adler und mit einem ebenso hergestellten Landschaftsbild mit einem Salztrauner geschmückt. Beide Malereien sind von einem Putzrahmen in den Formen eines ländlichen Barocks umgeben.

2x Seeklause in Steeg

3x FO/04 Stummer

Hallstatterseeseite

Traunabfluss

Die Hauptseeklause in Gmunden:

Wie oben bereits erwähnt, hatte Thomas Seeauer Anregungen und Vorarbeiten für die Errichtung der Hauptseeklause in Gmunden in der 2. Hälfte des 16. Jhs. durchgeführt. Die Hauptseeklause ist an und für sich nicht das Werk Th. Seeauers.

Die Hauptseeklause am Ausfluß der Traun war von besonderer Wichtigkeit unter den Wasserbauten der Schleusen und Wehranlagen. Der Hauptzweck war, den Wasserstand des Traunsees nach Möglichkeit zu regulieren und die Traunschiffahrt von Behinderungen elementaren Ursprungs unabhängig zu machen. Wenn die Schleusen = Klausen geschlossen waren, konnte der Abfluß des Wassers nur über die Wehrkronen erfolgen und der See wurde bis zur Höhe der Wehrkrone aufgestaut. Dies hatte den Vorteil, daß in niederschlagsarmen Zeiten für die Salzschiffahrt das nötige Fahrwasser abgelassen werden konnte, weiters konnte bei Hochwasser**gefahr** die Absenkung des Seespiegels bewirkt werden. Bis zum Anfang des 17. Jh. hatte die Wehranlage keine Schleusen und konnte daher die Traun als Wasserstraße nicht entsprechend regulieren. Es bestanden bis dahin bei der Traunausmündung links und rechts die Mühlwehren der Köstelmühle und des Freisitzes Mühlleiten. Diese reichten mit ihrem Ende bis zur Traunbrücke hinauf und sie besaßen einen Durchlaß für die Schiffahrt. Der Bau einer Hauptseeklause wurde gemäß eines Gutachtens nach dem Muster der Steeger bzw. Hallstätter Seeklause angeregt, und dies wurde am 12. Dezember 1614 an die Hofkammer in Wien weitergeleitet. Ein Gutachten vom 28. Dezember 1615 sprach sich im selben Sinne aus, die Ausführung wurde vorläufig aber hintangestellt. Salzamtleute mit Georg Prugglacher erstatteten am 31. Juli 1629 nochmals einen Bericht an die Wiener Hofkammer zum Zwecke einer Erbauung einer Seeklause. Man argumentierte, daß die Seeklause (Schleusenbau) eine wesentliche Erhöhung der Salzausfuhr bringen werde. Aufgrund dieser Eingabe wurde am 15. September 1629 die Zustimmung für den Bau der Seeklause gegeben, und am 15. November desselben Jahres wurde

Gmunden (1301?) 1354

Seeklause Gmunden als Modell im Schiff-
museum in Grein

H. Hager

Leopold Hilliprandt, Waldmeister aus Ebensee, der Auftrag mit sofortigem Baubeginn erteilt.[62]

Im Winter 1629/30 entstand an der alten vorher erwähnten Schiffsdurchfahrt die erste Seeklause in Gmunden. 1632 erfolgten viele Anfeindungen, durch die Besitzerin der Grafschaft Ort, Salome Gräfin Herberstorff, Frau vom bayrischen Statthalter im „Erzherzogtum Ob der Enns" Adam Graf Herberstorff, der gegen die Bauern Krieg führte (in dieser Zeit war das Salzkammergut an das Herzogtum Baiern verpfändet).

Die neue Klausenanlage bewährte sich derart, daß das Salzamt schon 1643 den Antrag für die Erbauung von zwei weiteren Schleusen in den Wehren der Köstelmühle und des Freisitzes Mühlleiten stellte.

„Daß 1646 Kaiser Ferdinand III. über Vorschlag des Salzamtmannes Prugglacher die Errichtung von fünf ,Schwöll- oder Ablaßthoren in der Mühlleitenwöhr' zur Beförderung des Kammerguets bei Ueberwässern, als auch im Nauführen des Salzes und Gegentreiben der leeren Züllen' anbefahl und daß endlich derselbe Amtmann 1649 die Erbauung einer zweiten fahrbaren Seeklause empfahl."

Diese Projekte kamen jedoch nicht nur Ausführung. 1667 wurde ein neuerlicher Antrag gestellt und dieser nicht realisiert. Auf Befehl Kaiser Leopold I. wurde wiederum eine zweite, fahrbare „Hauptschwöllseeklaus" geprüft. Aufgrund des Ergebnisses dieser Prüfung wurde mit der Errichtung dieser Klause am 22. Oktober 1683 begonnen. Am 12. Dezember 1688 wird bereits die Erfordernis des Baues einer dritten Schleuse durch eine kaiserliche Hauptresolution betont. Dieses Projekt kam aber erst auf Befehl des Kaisers vom 14. Mai 1704 zur Ausführung und dieser Bau wurde durch Thoma Preßl geschaffen.[63]

Die richtige Dosierung der Bewegungsabläufe des Schleusenbauwerkes für die Schiffahrt und des Gegentriebes war sicher nur durch tüchtige und erfahrene Klausenwärter möglich. Große Kenntnisse und Erfahrung über die Witterung und die Hochwassergefahr waren zusätzlich nötig. Diese Wehranlagen bestanden hauptsächlich aus Holz.

Die Wasserstandsregulierung der Verkehrsstraße Traun begann mit den Klausen am Toplitzsee, Grundlsee, Altausseer See, Hallstätter See, Wolfgangsee, Offensee, Langbathseen und endete in Gmunden beim Traunausfluß für das anschließende Fahrwasser auf der inneren Traun.

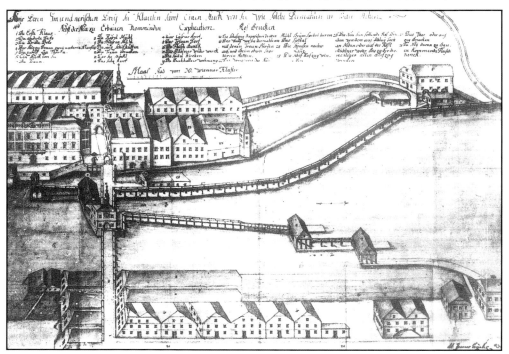

Seeklause in Gmunden

Bezirksbuch Gmunden

(Gmunden – Stadl). Eine vorzügliche Koordination des Ablassens der jeweiligen Wassermengen aus den Seen, entsprechend der jeweiligen Witterung angepaßt, auf der Länge der Traun bis Gmunden, ohne Telefon, Funk und sonstige Kommunikationsmittel der heutigen Zeit zu bewerkstelligen, war sicher eine Meisterleistung. Diese war aber erforderlich, um eine effiziente und kostengünstige Salzschiffahrt zu gewährleisten. Die bauliche Anlage, die in Etappen über fast 90 Jahre von verschiedenen Meistern ausgeführt wurde, ist auch als ganz großes Meisterwerk der Flußbaukunst für damalige Verhältnisse zu betrachten. Habe als Zeitzeuge in den Jahren 1945 bis 1954 (großes Hochwasser) größere Teile des alten Wehrbaues (und Roßbrücke) mit eigenen Augen gesehen bzw. dort teilweise in verbotener Weise Lausbubenstreiche vollführt.

St. Wolfgang 1567

4.2 Kleine Seeklause beim Wolfgangsee

Diese Klause diente hauptsächlich zur Triftung der Hölzer auf der Ischl, es wurden aber weiters unbeladene Zillen, die entlang des Wolfgangsees erzeugt wurden, auch mit dem Schwall nach dem Klausenschlagen nach Ischl geschwemmt bzw. gesteuert.

Diese Seeklause besteht aus Holz. Sieben Kästen bildeten den Grundbau, deren Einfassungen aus einfachen Spundwänden bestanden. Der übrige Raum für die erforderliche Höhe war mit Steinen und Geschieben ausgefüllt. Die Kästen hatten eine Breite von 2,45 m und eine Länge von 4,75 m. Weiters waren vorhanden eine Dielung, eine Schußtenne, Spundsäulen, ein Träger für die fahrbare Brücke. Für den Wasserabfluß dienten sechs kleine Drehtore mit einem größeren Schlagtor. Die Drehtore hatten eine Breite von 2,21 m.[64]

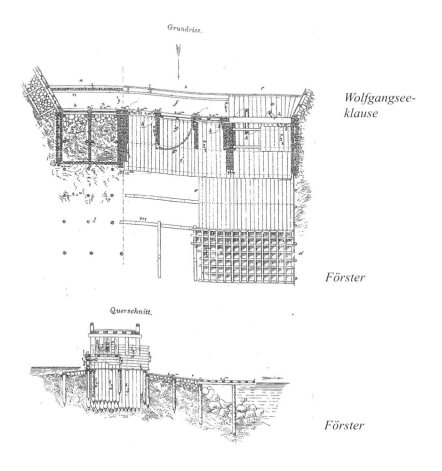

Wolfgangseeklause

Förster

Förster

Bad Ischl

ÖNB

Wilder Lauffen

4.3 Flußregulierungen Wilder Lauffen und Traunfall
(siehe „B" und „D" auf der Salzkammergutkarte in Leo Kegele: Das Salzkammergut, 1898)

Wilder Lauffen

Dieser Wilde Lauffen wurde bereits 1308 bzw. 1311 durch Flußbaumaßnahmen für einen kleinen Fahrkanal einer besseren Schiffbarkeit zugeführt. Hz. Albrecht V. ließ ebenfalls 1416 eine Verbesserung für die Schiffahrt herbeiführen.

Kaiser Maximilian ließ um ca. 1500 eine Gegenzugswinde beim Wilden Lauffen erbauen. Damit war der Zillengegenzug von Gmunden bis Steeg möglich, d.h., daß Nahrungsmittel, Hofkorn, Wein und sonstige Versorgungsgüter von Gmunden bis nach Steeg auf einem Transportmittel = Zille gelangen konnten, ab Ebensee erst jedoch mit Pferdevorspann (Traunreiter).

Um 1552 erbaute Thomas Seeauer einen Schiffahrtskanal 65, der durch größere Sprengungen und Flußbauten errichtet wurde. Darüber, ob es Thomas Seeauer wirklich war oder andere, streiten sich die Gelehrten.[65]

Lehr

Oberer Teil des Traunfalles

Traunfall

Der Traunfall wurde auch als Wilder Fall bezeichnet. Dieser Wilde Fall verursachte die größte Beeinträchtigung der Traunschiffahrt. Sowohl Königin Elisabeth im Jahr 1311 als auch Hz. Albrecht V. im Jahr 1416 entschärften notdürftig durch Baumaßnahmen diesen gefährlichen großen Fall. Der bereits berühmte Thomas Seeauer, der schon die Seeklause errichtet, den Wilden Lauffen bezähmt hatte, wurde mit der Entschärfung des Traunfall-Hindernisses betraut, **ohne jemals selbst** ein so kompliziertes Unterfangen bearbeitet zu haben. Dieser Thomas Seeauer errichtete von 1552 bis 1554 den berühmten „Fahrbaren oder Guten Fall" mit einer Länge von ca. 395,5 m, einer mittleren Breite von 6,1 m und einer Wassertiefe am Beginn mit 0,9 m und am Ende mit 0,3 m als erstes Bauwerk. Für diesen fahrbaren Fall waren große Sprengungen am rechten Traunufer erforderlich, und er bestand aus Hölzern des nahen Fallwaldes.

Eine wichtige Funktion in der Gesamtanlage hatte das 8 m breite zweite Bauwerk, die „Wilde-Fall-Klause", ein durch einen Schütz verschließbarer Wasserablaß. Sie wurde von Thomas Seeauer knapp vor jene Stelle gesetzt, wo die Flußsohle im linken Drittel neben der Talwand abbricht und das Wasser in die Tiefe stürzt. Mit Hilfe des der Höhe nach verstellbaren Schützen konnte das anströmende Wasser im Lauf gehemmt und nach rechts abgedrängt, zugleich aber auch soviel Wasser über den Fall hinabgelassen werden, wie nötig war, um im natürlichen Bett des „Wilden Falles" einen Wasserstand zu erzielen, der ein gefahrloses Aufsetzen des im Fahrkanal herabkommenden Schiffes gewährleistete.

Das rund 200 m lange dritte Bauwerk war das Streichwehr. Es wurde vor die Klippen des von links oben nach rechts unten bis zur Felseninsel verlaufenden Grabenrandes gesetzt, wirkte beruhigend auf den Wasserlauf und sicherte jenen Wasserstand, der nach Öffnen des „Schloßtores" für die Einfahrt in den Fahrkanal erforderlich war.[66]

Die Errichtung dieses Werkes war eine wasserbautechnische Meister-

Im Fall, an dem fluß Draun.

Im Fall, ein wilder und gefährlicher orth zum Schiffen, dadurch die Saltzschiff von Hallstatt paßiren müßen.
1. Drawn fluß.
2. Im alten Fall.
3. Newe fahrt.
4. Fallhäuß.
5. Zeughäus.
6. Fell holtz.

Kupferstich vom Traunfall

Gemeinde Rhoidham

leistung und das Überragendste unter Seinesgleichen, das bis dahin gebaut wurde. Im Schiffsleutemuseum Stadl-Paura steht vermerkt:

„In den Jahren 1552 – 1554 entstand durch den berühmten Forst- und Wassermeister Thomas Seeauer der fahrbare Kanal, der von seinen Zeitgenossen als das wohldurchdachteste und bestausgeführte Flußbauwerk Europas bezeichnet wurde und bis ins 19. Jh. bestand."

Thomas Seeauer hatte diese Pionierleistung ohne anderweitige Unterlagen oder Vorlagen, nur mit seinem Erfindungsgeist und seiner Phantasie, aufgebaut auf seinem praktischen Wissen, vollbracht. Ich erlaube mir einen Ausspruch von Albert Einstein zu zitieren, der einmal von sich gab:

„Phantasie ist wichtiger als Wissen".

Das heißt aber nicht, daß Wissen nicht erforderlich ist, sondern daß die überragende Leistung der Phantasie entspringt und meistens auf einem großen Grundwissen basiert und aufgebaut ist. Das ist meines Erachtens nach alles bei Thomas Seeauer zutreffend. Heute würde man die Bezeichnung „Genie" für solche Könner geben.

*Modell Traunfall
Schiffsleute-Museum*

Traunfall Heute

3x FO/04 Stummer

Ab 1554 bis zur Errichtung der Eisenbahnen in das Salzkammergut waren die Wasserbauten des Thomas Seeauer betriebsfähig (ca. 300 Jahre lang) und wurden nicht mehr verbessert. **Bei großen Hochwässern** wurden diese Anlagen teilweise **schwer beschädigt** [67] und sie mußten aber jedesmal zwangsläufig (um die Goldquelle nicht zum Versiegen zu bringen) wieder errichtet werden. Die durch Thomas Seeauer gut schiffbar gemachte Traun konnte außer dem Salztransport in Richtung Linz (Zizlau) und weiter nach Böhmen als **Gegenzugtransport** (Zillentransport) für Lebensmittel, Wein, usw. ins innere Salzkammergut benützt werden. Dies erforderte daher zusätzlich den Bau von Treppelwegen (Rittwege) zwischen Stadl und Gmunden, auf der oberen Traun waren diese schon früher für diese Erfordernisse errichtet worden.

Thomas Seeauer hatte gleichzeitig mit der Errichtung des fahrbaren Falles in dessen Bereich den Treppelweg (Rittweg) erbaut. Auf diesen 400 m langen fahrbaren Fall mußten die Pferde zweimal umgespannt werden, da auf dieser Flußlänge einmal links und einmal rechts des Kanals die Errichtung des Rittweges nur einmal möglich war. Das Umspannen der Pferde erfolgte über die Pferdebrücken. Der Gegenzug in diesem Bereich erforderte eine große Geschicklichkeit der Schiffsleute und Pferdeknechte wegen der starken Strömung im fahrbaren Fall, und es war außerdem sehr kostspielig und zeitaufwendig.

Modell Traunfall
Schiffsleutemuseum
in
Standl - Paura

FO/04 Stummer

Zusätzlich gab es durch die Fallbezwingung einen weiteren großen positiven wirtschaftlichen Effekt. Die Zillen konnten von Stadl (wo die Ager in die Traun mündet, bei Lambach) wieder zurück nach Steeg gebracht werden, d.h. eine Wiederverwendung war daher des Öfteren gegeben (ca. 4 Fahrten).

4.4   Schifflandeplätze

Es gab folgende Schifflandeplätze:

Grundlsee

Altausseer See

Hallstatt

Steeg – Salzumschlagplatz

Ischl – Schiffslände

Ebensee – Sudhaus Traun

Ebensee – Traunsee (Bahnhaltestelle)

Gmunden – beim Aufsatz

Gmunden – Stadt zweimal (davon einmal Salzumschlagplatz)

Stadl – Salzumschlagplatz

usw.

Auf die außerhalb von Stadl liegenden Schifflandeplätze wie Zizlau, Enghagen usw. wird nicht eigens eingegangen, lediglich die Schiffhütten in Enghagen werden im nachfolgenden Kapitel erwähnt.

Ebensee Landungsplatz
(auch Bahnhaltestelle)

Wiesauer

4.5   Schiffhütten bzw. Salzstadel

Die Schiffhütten hatten folgende Funktion, nämlich das Unterstellen der salzbeladenen Zillen zu gewährleisten. Die Zillen waren abgedeckt, aber es mußte bei längerer Anlegezeit die Durchnässung durch die Witterung hintangestellt werden. Die Konstruktion dieser Stadel bzw. Hütten waren wie damals (und auch heute noch) zimmermannsmäßige Konstruktionen aus Holz mit einem Krüppelwalmdach mit Dach-Holzschindeln. Die Fußschwelle der Hüttenkonstruktion saß auf hölzernen Piloten auf. Diese Piloten wurden mit Handrammen in den Seegrund gerammt bzw. geschlagen. Holzpiloten werden heute noch teilweise für den Schiffhüttenbau verwendet, aber der Trend geht immer mehr zu Betonpiloten.

Schiffhütten in Hallstatt

Schiffhütten in Steeg

Schiffhütten in Ebensee

Schiffhütten in Gmunden

Schiffhütten in Stadl

Schultes schreibt, daß in Stadl 14 Salzschiffhäuser und 2 Salzglet, in welchem 80 Küfel-Naufahrten untergestellt werden können, eine eigenartige Silhouette erzeugen. Man nennt Stadl daher auch „Klein-Venedig." [68]

Diese Anlage ist im Jahre 1831 abgebrannt und nur mehr teilweise wieder aufgebaut worden (wie unter 15.1 beschrieben).

Modell Schiffhütten Anlage in Standl Schiffleutemuseum

FO/04 Stummer

Schiffhütten in Enghagen an der Donau

In Enghagen hatten schon die Römer einen Hafen für Kriegsboote, da dieser Ort in der Nähe der Ennsmündung in die Donau liegt. Er war für die Salzschiffahrt auch ein wesentlicher Hafen, da die Anlieferung nach Mauthausen am linken Donauufer abgewickelt wurde. Mauthausen war der Ausgangspunkt der zweiten Salzstraße über Freistadt nach Böhmen. Hauptsächlich war aber „Enghagen" für das Einstellen der Salzzillen gerichtet, die dann eine Weiterfahrt nach Wien, Preßburg, Budapest usw. beabsichtigten.

Es gab noch vielerlei Standorte von Schiffhütten kleinerer Zahl (Wolfgangsee usw.).

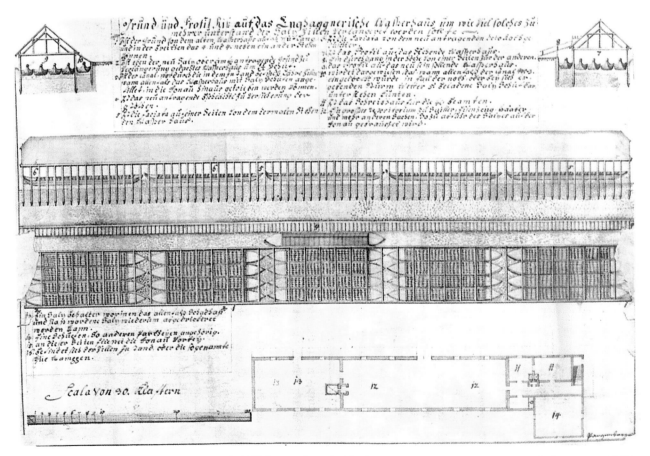

Schiffhüttenanlage in Enghagen   G. Hattinger 1987
(Schuppen)

4.6 „Die Seeauers"

Der wohl genialste Mann unter den Großen der Salinen des Salzkammergutes war Thomas Seeauer (der Alte). Er war auch der erste ganz große „Baumeister" aus zeitlicher Perspektive gesehen. Gleichzeitig zu erwähnen wäre auch sein Sohn Wolf, der sich eher als Umsetzer der Ideen seines Vaters verewigte. Die späteren großen Meister wie J. Khalß (Soleleitungsbau) und S. Spielbüchler (Gosauzwang) sind meines Erachtens aber nicht viel weniger genial als Th. Seeauer gewesen. Thomas Seeauer war nicht nur regional, sondern überregional tätig und vollbrachte dort ebenfalls für damals einzigartige Meisterleistungen. Die anderen oben Angeführten waren hauptsächlich nur im Salzkammergut tätig.

Die nachfolgende Beschreibung bezieht sich hauptsächlich auf die Tätigkeit des Wald, Wehr- und Währmeisters Th. Seeauer einschließlich seines Sohnes Wolf. Aufgrund der großen Leistungen des „Alten" erfolgte die Nobilitierung sowie die Schenkungen, die das Geschlecht der Seeauer schlußendlich zu einem Grafengeschlecht und sie zu reichen und berühmten Salzoberamtmännern in den Kammergütern später machte.

Als Geburtsdatum wird um 1500 angesetzt, der Tod soll ihn erst 1610 ereilt haben, dies dürfte auf keinen Fall stimmen, fest steht jedoch, daß er bei der Verleihung des Adelsprädikates 1582 durch Kaiser Rudolf II. bereits 70 Jahre in kaiserlichen Diensten stand. Er wird noch 1584 und 1586 erwähnt und es wird 1587 aber bereits auf den „seligen" hingewiesen, somit dürfte er doch für damalige Verhältnisse ein wahres Methusalemalter (87 Jahre) erreicht haben.

In den beiden Seeauerischen genealogischen Schriften aus dem 16. Jh. wird wiederholt angegeben, daß Th. Seeauer in technischer Hinsicht Großartiges leistete. Es vollzog sich der Großteil technischer Planungen auf dem Wege kommissioneller Beratungen (Beschauen) an Ort und Stelle, so daß der Schriftenlauf an und für sich schon gering war; zudem sind aus dieser Zeit überhaupt wenige Akten überliefert. Weiters ist überliefert, daß Th. Seeauer der „Alte" andere Pioniertaten wie die Regulierung der Moldau, den Ennsrechen in Großreifling plante und deren Durchführung überwachte, diese jedoch später als diejenigen im Salzkammergut durchführte, das heißt, daß er sein Können im Salzkammergut zuerst erprobt hatte und sicher einige Erfahrungswerte daraus zog.

Die Th. Seeauerischen **Großleistungen**:

1.) Hebung der Seeklause in Steeg 1573

2.) Verbesserung des Wilden Lauffens für die Schiffahrt (wird teilweise von manchen Experten bestritten).

3.) Anregungen und Vorarbeiten zur Hauptseeklause in Gmunden.

4.) Errichtung des fahrbaren Kanals beim Traunfall in Roitham (nähere Beschreibung siehe unter 4.3).

Eine Beschreibung nicht kammergütlicher Wasserbauten (Moldau usw.) ist nicht Thema meines Werkes, was aber die Leistung von Thomas Seeauer nicht unterschwellig mindern soll, des weiteren hatte er viele kleinere Bauten, z.B. die Klause in der Lainau hinter dem Traunsee, errichtet, die nicht besonders erwähnenswert sind.

Erwähnenswert erscheint mir auf alle Fälle, daß Thomas Seeauer und Wolf Seeauer gemeinsam zur **Beratschlagung** der Erbauung des gewaltigen Rechens an der Enns in Kleinreifling berufen wurden! Den Bau dieses Wasserbauwerks leitete allerdings der Wasserbautechniker Hans Gasteiger.[69]

Ebenfalls arbeiteten die Seeauers gemeinsam an der Schiffbarmachung der Mur. Nach dem Tod seines Vaters 1586 (?) setzte sein Sohn Wolf die Arbeiten bei diesem Projekt fort, bis auch dieser 1592 in Graz aus dem Leben schied.[70]

Thomas Seeauer und sein Sohn Wolf werden in den Annalen ab 1560 als fürchterliche Waldfrevler bezeichnet und es kam zu vielen Streitereien mit dem Salzoberamt. Es wurden folgende Delikte gegen diese angeführt:

a) sie „hausten" unwirtschaftlich in den Wäldern,

b) sie griffen Jungholz an,

c) sie schlägerten für das Schiffholz reservierte Forste,

d) sie fälschten Holzmarken und überschritten Schlägerungs grenzen,

e) sie setzten trotz Ermahnungen die Frevelei fort.

Beim Verhör sagte ein Meisterknecht des alten Seeauers, daß dieser wohl ein verdienter Mann des Salzwesens sei, daß es jedoch aber besser gewesen wäre, der Kaiser hätte ihm tausend Gulden bar ausbezahlt, als ihm ein solches Holzen zuzulassen.[71]

Unzweifelhaft ist, daß der „Alte Seeauer" der schöpferische Geist war, während sein Sohn Wolf mehr von dem zehrte, was ihm sein Vater beigebracht hatte.

Klarheit über den Streit zu erhalten, ist praktisch unmöglich, da man nicht weiß, wessen Schreiber mehr Druck ausgesetzt war, und die Geschichtsschreibung damals mit der Wahrheit sicher nicht verheiratet war.

Die „Seeauers" waren Bauern und Holzmeister, zum Unterschied vom höheren gebildeten Bergbeamten, sie konnten nicht einmal lesen und schreiben (dies war dazumal noch bei vielen Einheimischen im Salzkammergut so). Ihre technischen Fähigkeiten beruhen daher nicht auf wissenschaftlicher Überlegung, sondern entwickelten sich aus dem rein praktischen handwerklichen Können.

5.0 Triftbauten und Riesbauten für die Holzbringung

Für die aufwendigen Einrichtungen von Holzriesen, Holzaufzügen, Klausen, Holzrechen und verschiedene Triftbauten usw. wurde von den Forstleuten der Saline in den früheren Jahrhunderten die Methode des Kahlschlages der Wälder angewandt, da die Frequenz der Holzbringung auf das jeweilige Gebiet größer war als bei der späteren Beforstung des Waldes (Schlägerung und Aufforstung in einer naturgerechten Weise).[72] Das Triften fand sowohl auf fließenden als auch auf stehenden Gewässern statt.

Triftanlagen im Bereich des **Ausseer Gebietes (Steirisches Salzkammergut)**

In diesem Bereich wurden folgende Wässer als Triftgewässer genutzt, und zwar

der Augstbach, die Kainischtraun, die Grundlseer Traun, die Altausseer Traun, der Altausseer See, der Toplitzsee und der Grundlsee.

Klausen und Rechen waren errichtet beim Lupitschbach, Trattenbach, Felsenschneise zwischen Kammer- und Toplitzsee, Vorderbach, Hinterbach usw.[73]

Triftanlagen im Bereich des **Verwesamtes Hallstatt**

In diesem Bereich wurden folgende Wässer als Triftgewässer genutzt, und zwar

die Koppentraun, der Waldbach, der Gosaubach mit seinen Nebenbächen, der Leisling- oder Zlambach, der Goiserer Weißenbach mit seinen Nebenbächen, und der Hallstätter See.

Klausen und Rechen waren errichtet beim Leislingbach, Gosaubach, Waldbach, Fischbachklause, Goiserer Weißenbach, Grabenbach, Paß Gschütt usw.[74]

Triftanlagen im Bereich des **Verwesamtes Ischl**

In diesem Bereich wurden folgende Wässer als Triftgewässer genutzt, und zwar

der Rettenbach mit seinen Nebenbächen, die Ischl mit ihren Nebenbächen Schwarzenbach, Kienbach, der Strobler Weißenbach, der Zinkenbach, der Mondsee, Abersee und Schwarzensee.

Klausen und Rechen waren errichtet beim Rettenbach, Jaglingbach, Grabenbach, Sailerbach, Schwarzenbach, Schreinbach, Zinkenbach, Gaisbach, Rußbach, Schoberklause und Ischlrechen usw.[75]

Triftanlagen im Bereich des **Verwesamtes Ebensee**

In diesem Bereich wurden folgende Wässer als Triftgewässer genutzt, und zwar

die Traun, der Traunsee, der Langbathsee, der Langbathbach, der Rinnbach und Lochbach, der Offenseebach, Gimbach und Schwarzenbach, der Karbach und der Lainaubach, der Mitterweißenbach und Nebenbäche, die Triftbäche zum Attersee (Burggraben, Klausbach, Keinbach, Weyreggerbach und Weißenbach), die Aurach und Nebenbäche.

Klausen und Rechen waren errichtet beim Polsterbach, Rinnbach, Langbathbach, Karbach, Offenseebach, Kaltenbach usw.[76]

Triftanlagen im Bereich der **Großen** und der **Wessenaurach**

In diesem Bereich wurden folgende Wässer als Triftgewässer genutzt, und zwar

die Aurach und die Wessenaurach.

Klausen und Rechen waren errichtet beim Weidenbach, Moosbach, Schwarzenbach, Taferlklause (später Nadaskyklause) usw.[77]

Triftanlagen im **Mitterweißenbachtal**

In diesem Bereich wurden folgende Wässer als Triftgewässer genutzt, und zwar der Äußere Weißenbach und der Mittlere Weißenbach.

Klausen und Rechen waren errichtet beim Höllbach, Steinbach, Pöllitz-klause Gimpach, Dürrer Weißenbach usw.[78]

und kleinere Triftgewässer

Es läßt sich auf keinen Fall der Anspruch auf Vollständigkeit der Zahl der jeweiligen Anlagen ableiten, da die Vollständigkeit hievon nicht die Grundlage meines Buches ist.

Die genaue Situation der Triftgewässer ist der Literatur "Forstgeschichte des Salzkammergutes. Eine forstliche Monographie" von Engelbert Koller (Wien, 1970) zu entnehmen. Verweise auf die „Karte der Triftgewässer im Salzkammergut" im Kapitel 5.6 meiner Literatur.

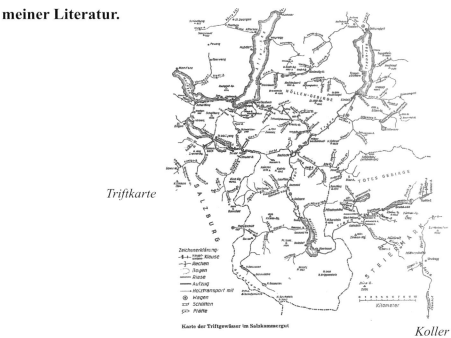

Triftkarte

Karte der Triftgewässer im Salzkammergut

Koller

Dr. Friedrich Morton schreibt: *„Und Bärenkerle halten es aus, im sprühenden Wassergischte die durch eine Klamm herabkommenden Drallinge mit dem Beil zu erfassen und in das ruhigere Gerinne hinauszuleiten. Wieviele Männer haben schon an den Holzriesen den Tod gefunden, wie viele wurden von herausspringenden Drallingen erfaßt und zu Tode gedrückt!"* [79]

5.1 Klausen aus Holz und Stein mit Beispiel Chorinsky-klause

Der Klauskörper bestand aus drei wesentlichen Baulichkeiten, nämlich

1. **dem Klausdamm, durch welchen die erforderliche Aufstauung erzielt wurde.** Es gab verschiedene Klausengruppen wie Erdklausen, Kastenklausen (Holzklausen mit Steinfüllung), Holzklausen, Steinklausen (mit Erd- oder Steinfüllung) und Pfeilerklausen.

2. **Vorrichtungen, um das gesammelte Wasser nach Erfordernis in die Triftstraße (Bach oder Fluß) abzulassen.** Es gab verschiedene Vorrichtungen wie Kanäle zum Ablassen der Seich- und Sickerwässer, Grund- und Kotablaß zwecks vollständiger Entleerung des Klaushofes, Vorrichtungen für den Abfluß des Überfallwassers, Vorrichtungen zum Ablassen des eigentlichen Schwell- oder Triftwassers mit Zapfenverschluß, Zug- und Hebetore sowie Schlagtore.

3. **Bauherstellungen zum Schutze der besseren Erhaltung des Dammkörpers.**[80]

A) Erdklausen

Bei diesen war das Material des Klausdammes aus einer möglichst wasserundurchlässigen Schicht durch gestampfte Anschüttungen das Kriterium.

B) Kastenklausen (Holzklausen mit Steinfüllung)

Diese waren hauptsächlich im Hochgebirge bzw. in den Gebirgstälern verbreitet. Der Körper der hölzernen Klause mit Steinfüllung bestand aus einem System mit Kästen, Quer- und Längswänden.

C) Holzklausen

Die Holzklausen wurden in engen Gebirgstälern, wo die Wände aus steilen und festen Felsen bestehen, ohne eine Steinfüllung eingebaut. Diese Art war kostengünstiger in der Errichtung.

D) Steinklausen (mit Erd- oder Steinfüllung)

Eine dementsprechende Fundierung war notwendig, und der Oberbau war meistens aus Steinen gemauert.

E) Pfeilerklausen

Die Pfeilerklause war eine Verbindung des Stein- und Holzbaues, und es konnten im mittleren Teil des Klauskörpers unterschiedliche Vorkehrungen für den Wasserabfluß angebracht werden, die aus Holz und teilweise aus Stein hergestellt wurden.[81]

Das Schlagtor bei der Klause war wie ein Hebetor aus starken Pfosten mit entsprechender Verstrebung hergestellt und dieses Tor mußte die Fugen möglichst wasserdicht verschließen.

Im Salzkammergut waren fast unzählige kleinere Klausenwerke zum Triften vorhanden. Eine besonders deutliche Darstellung darüber wurde von Engelbert Koller erstellt bzw. gezeichnet.

Die schwierigen Berechnungen für die Klausenwerke wurden von G. R. Förster in seinem Buch „Das forstliche Transportwesen" eingehendst behandelt. Hievon ein Auszug: [82]

Klausen-Berechnung

Förster

Zur Klause am Oberen Weißenbach (Goiserer Weißenbach) wäre folgendes zu berichten: 1809 – 1819 wurde unter der Leitung des Waldmeisters Pfifferling die hölzerne Klause, die nicht mehr zu reparieren war, durch ein Bauwerk aus Stein ersetzt. Es wurde im Jahre 1819 feierlich eröffnet und erhielt den Namen Chorinsky-Klause, weil bei der Eröffnung neben vielen Schaulustigen auch der Präsident der Hofkammer Graf Ignaz Karl Chorinsky anwesend war.[83]

Zu den bevorzugten Ansichten des Salzkammergutes gehörte in der Druckgraphik des frühen 19. Jhs. im Goiserer Tal die Chorinskyklause. Sie wurde seinerzeit zum Ischler Ausflugsbereich gezählt. Der Bekanntheitsgrad als attraktives Bildmotiv ist diesem bedeutenden österreichischen Technikdenkmal bis zum heutigen Tag erhalten geblieben. Der erste, der die Klause in sein graphisches Programm aufnahm, war Jakob Alt (1789 – 1872). Er erkannte früh den Bedarf an wohlfeilen Ansichten aus dem eben in Mode gekommenen Salzkammergutes und brachte bereits 1835 seine lithographische Serie „Vorzüglichste Ansichten des k.k. Salzkammergutes und dessen Umgebungen in Oberösterreich" heraus. Unter den 32 Blättern befinden sich mit den Nummern 17 und 18 die Ansichten „Die Brücke auf dem Wege zur Chorinskyklause" und „Die Chorinskyklause". Die Signatur besagt, daß der Künstler die Motive selbst nach der Natur aufgenommen und eigenhändig lithographiert hat. Somit war ihm das Goiserer Tal gut bekannt.[84]

Chorinskyklause heute

.Ansicht der Chorinsky-Klause.

Chorinskyklause Plan

Förster

Das Schauspiel des Klausenschlagens wird auch heutzutage in den Sommermonaten für die Touristen durchgeführt.

Weidinger

5.2   Kleine Seeklausen beim Grundlsee, Toplitzsee usw.

Diese kleinen Seeklausen dienten hauptsächlich zu Triftzwecken und diese Seen hatten keinerlei größeren Schiffstransport.

Grundlseeklause

Die Grundlseeklause war für das Triften gerichtet, der Schwall wurde für die Grundlsee-Trauntriftung erzeugt. Da der Grundlsee ein stehendes Gewässer ist, wurde vielfach Holztransport mit Holzbögen durchgeführt.

Bei dieser Seeklause sind die beiden Uferfesten und ein Mittelpfeiler aus Quadersteinen erbaut, die zwei großen Hebetore, das Nottor, die Vorrichtung zum Heben des Haupttores sowie die Überdachung des gesamten Baues waren aus Holz hergestellt. Diese Klause wurde in der 2. Hälfte des 19. Jhs. umgebaut.[85]

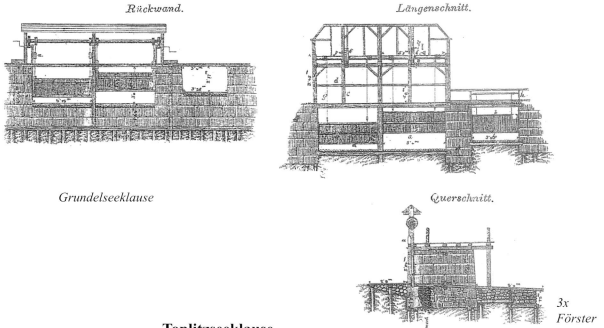

Grundelseeklause

3x Förster

Toplitzseeklause

Die dem Grundlsee flußaufwärts vorgelagerte Toplitzseeklause war in der Konstruktion ähnlich der umgebauten Grundlseeklause. Diese war ebenfalls für das Triften konstruiert.[86]

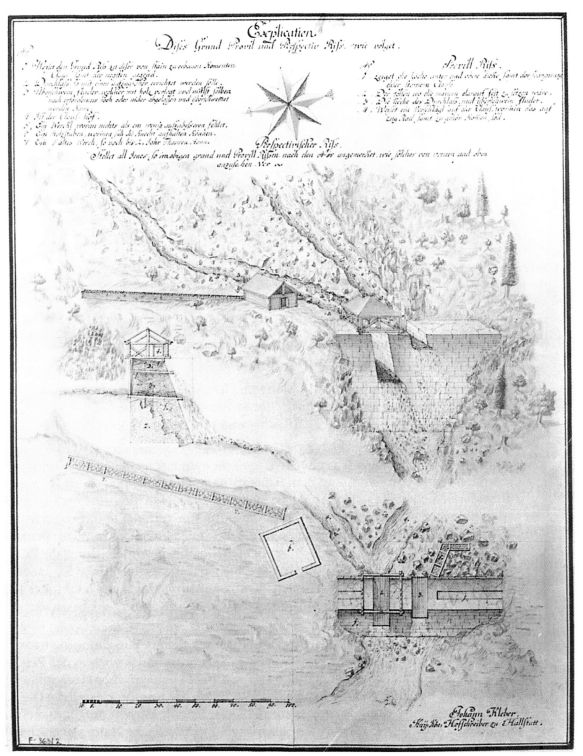

Offenseeklause

G. Hattinger 1987

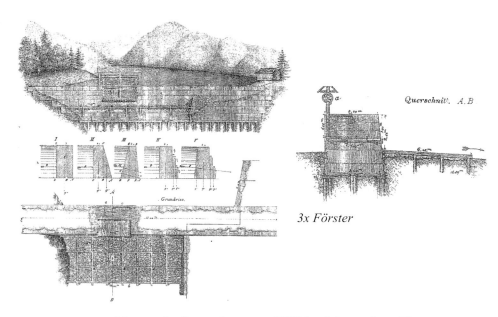

Toplitzseeklause

3x Förster

Um auch die entlegenen Wälder hinter dem Kammersee nutzen zu können, begann man unter Kaiser Maximilian I. im Jahre 1495, einen 97 Meter langen und zwei Meter breiten Triftkanal zwischen dem Kammer- und dem Toplitzsee in den Fels zu schlagen. Er erhielt ebenfalls Klausentore und war 1549 fertig. Der Kanal ist noch erhalten und liegt im Sommer etwa zehn Meter über dem See. Bei Schneeschmelze oder starken Regenfällen steigt der Wasserspiegel des Kammersees jedoch so hoch, daß der Kanal einen Abfluß zum Toplitzsee bildet.[87]

Bei den vielen kleinen Salzkammergutseen war meistens am Ende des Sees und am Anfang des Abflusses ebenfalls eine kleine Seeklause errichtet, und zwar hauptsächlich am Altaussee, Gosausee, Offensee und Langbathsee.

„Lediglich am Abfluß des Ödensees war wegen der hohen Wasserführung die Anlage einer Klause nicht erforderlich. Um zu verhindern, daß sich das getriftete Holz unterwegs an felsigen Uferabschnitten verfing oder an flachen Uferstreifen auf Grund lief, wurden weite Strecken der Flußufer mit waagrecht übereinandergelegten Baumstämmen verbaut.“ [88]

Marktgem. Goisern

Risswerke (Versch. Formen)

5.3   Holzriesen und Holzrutschen

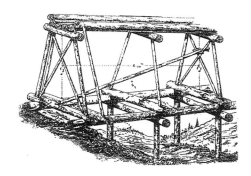

2x Stangen - Holzriese

Unter **Holzriesen** versteht man im Allgemeinen die aus **Holzstangen** oder **Holzstammstücken** halbkreisförmig zusammengefügten Rinnen, in welchen die Hölzer durch selbständiges Gleiten von den Hängen oder Hochebenen nach den Tälern zu den Lagerplätzen oder den Triftbächen transportiert wurden. Im Allgemeinen bestanden die Riesen aus sechs Hölzern, und man unterschied mit Rücksicht auf das Querprofil einer Riese drei Haupttypen wie folgt: ganzgesattelte Riesen, halbgesattelte Riesen und ungesattelte Riesen.

Die Gefällsverhältnisse erforderten wiederum eine Gruppierung von Holzriesen. Es war in Anbetracht des Gefälles bzw. mit Rücksicht auf den hiedurch bedingten Zustand der Riese zu unterscheiden zwischen Trockenriese, Naßriese, Schneeriese, Eisriese. Naturgemäß hatten die Trockenriesen das stärkste Gefälle in Anbetracht des Reibungswiderstandes im Gegensatz zu den Eisriesen, die ein schwächeres Gefälle erforderten.

Weiters unterschied man nach ihrem Verwendungszweck Hauptriesen, Neben- oder Zuriesen, Stückriesen, Abziehriesen.

Wie bei allen Konstruktionen waren die Erfahrungswerte möglichst positiv einzuhalten, jede Über- oder Unterschreitung konnte dem Betriebsablauf hinderlich sein und einen Zeitverlust des Arbeitsganges bewirken (Unwirtschaftlichkeit).

Holzrutsche   *3x Förster*

Die **Holzrutschen** waren normale Holzriesen und unterschieden sich nur durch das zum Bau verwendete Material. Im Klartext waren die Holzrutschen Kanäle oder Gleitrinnen aus **Brettern** und wurden zumeist nur in kurzen Streckenabschnitten eingebaut, hauptsächlich wenn Hölzer durch ein Straßen- oder Eisenbahnobjekt hindurchtransportiert werden mußten oder über einen kurzen, steilen Hang in einen Triftbach gelangen sollten.[89]

2x Rinne im natürl. Gelände

4x Verschiedene Wasserriesen

6x Förster

5.4   Wasserriesen

In den Wasserriesen bewegten sich die Hölzer nicht mehr von selbst, sondern wurden von dem in den Riesen fließenden Wasser schwimmend fortbewegt. Die Wasserriesen blieben unbestritten ein vorzügliches Mittel für die Zwecke der Holzlieferung und sind darum auch in früheren Zeiten in ausgedehntem Umfang zur Anwendung gekommen. Man unterschied zunächst Wasserriesen, die vollständig in das natürliche Terrain eingebettet waren und solche, welche auf künstlichen Unterstützungen, Jochen, über dem Boden hinweggeführt wurden. Die im natürlichen Gelände eingebetteten hatten Ähnlichkeit mit einem Triftkanal, waren auf größeren Ländplätzen von hervorragender Bedeutung und äußerst dauerhaft. Der Unterbau der Wasserriesen, die über dem Boden geführt wurden, ähnelt dem der Stangenriesen aus Holz. Es wurden hiefür Jochkonstruktionen errichtet. Die Gleitrinne besteht je nach Bauart entweder aus behauenen Hölzern, aus Bohlen oder behauenen Steinen. Eine normale Wasserrinne hatte eine Breite von ca. 1,0 m und eine Tiefe von 0,6 m. Eine klassische Wasserrinne war im Mitterweißenbachtal in Verbindung mit dem Holzaufzug.[90]

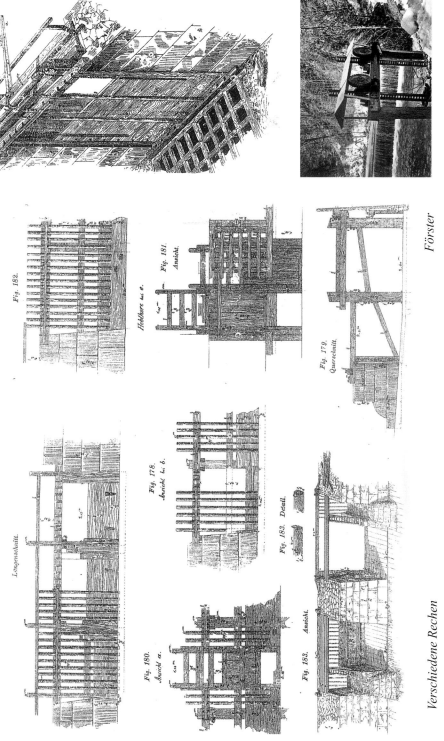

Zinkenbachrechen

Polster bei Zinkenbachrechen
Heute   FO/04 Stummer

Fig. 190.
Ansicht.

Fig. 182.

Fig. 181.
Ansicht.

Hebbare bei e.

Fig. 179.
Querschnitt.

Förster

Längenschnitt.

Fig. 178.
Ansicht bei b.

Fig. 180.
Ansicht a.

Fig. 183. Detail.

Fig. 183.
Ansicht.

Verschiedene Rechen

5.5 Rechen

Unter Rechen verstand man bauliche Anlagen bzw. Vorkehrungen, die das lose schwimmende Triftholz an einem bestimmten Punkte der Triftstraße (Bach oder Fluß) sammelten und von wo das Holz landwärts weitertransportiert wurde. Ebenso wurden solche Vorkehrungen auch für eine Richtungsänderung herangezogen. Man nannte diese auch Holzrechen oder Fangrechen bzw. Fanggebäude. Es gab zwei Hauptgruppen, und zwar den **Fangrechen** und den **Abweisrechen**. Der Fangrechen wurde meistens senkrecht zum Stromstrich oder unter einem spitzen Winkel aufgestellt. Es gab **gerade Rechen, schiefe Rechen, gebrochene Rechen und Sackrechen.**

Die Fangrechen waren teilweise so konstruiert, daß sie außer der Holzansammlung noch das Ansammeln bzw. das Schwellen des Wassers zuließen. Man unterschied wiederum Fangrechen ohne Schwellung und Fangrechen mit Schwellung oder Schwellrechen.

Zusammenfassend unterschied man im Allgemeinen:

a) Hauptrechen

b) Vorratsrechen

c) Kohlungsrechen (für Holzkohle)

d) Notrechen

e) Senkholzrechen

f) Schutzrechen.

Nach der baulichen Herstellung wurde folgend unterschieden:

zerlegbare Rechen wie schwimmende Rechen u. feststehende Rechen, **stabile Rechen**, die ausschließlich aus Holz oder aus Stein und Holz sind. Des weiteren mußte beim Bau dieser Anlagen noch folgendes berücksichtigt sein: die Breite des Triftbaches, das Gefälle der Triftstraße, die Größe der Wassermassen, allgemeine Standortsituation für den Fangrechen, Erfordernis und Größe und Beschaffenheit des Rechenhofes, das angrenzende Gelände, Lage der Ländplätze, eigentlicher Zweck der Re-

Ischlrechen

G. Hattinger 1987

chenanlage, Funktionsdauer des Rechens, Stellung des Rechens gegen den Stromstrich, die Folgen eines Rechendurchbruches, die Beschaffenheit des Untergrundes, die Verhältnisse des Eisganges, die Dimensionen der Trifthölzer, die Menge des Triftholzes, die Dauer der Anlage, das verfügbare Material, die verfügbaren Mittel, die Beschaffenheit des verfügbaren Materials, ob Flößerei oder Schiffahrt gewährleistet sein mußte und schlußendlich waren auch Rechts- und Eigentumsverhältnisse des öfteren maßgebend für den Bau an sich, für gewisse Rücksichtnahmen, die sich in der Konstruktion oder dgl. auswirkten.

Es gab Fangrechen **mit Stauvorrichtung** und **ohne Stauvorrichtung**.[91] Weiters gab es noch Korbrechen, Bockrechen mit Holz als Beschwerungsmittel, Bockrechen mit Stein als Beschwerungsmittel und Bockrechen ohne Beschwerung, bewegliche Bockrechen, Bockrechen auf stabilen Grundpfählen.

Schwimmende Rechen mit schwimmender Spindelvorrichtung, stabile Abweis- und Fangrechen, stabile Staurechen.

Rechenanlagen im Ausseer Gebiet

Oberhalb der Sudhäuser bestanden Rechen, die das von der Klause weggetriftete Holz auffingen, außerdem bestanden bei allen Triftgewässern Rechen wie Augstbachrechen, Außenwerkrechen usw. usw.[92]

Rechenanlagen im Hallstätter Gebiet

Bei der Zlambachmündung, der Trauneinmündung und der Mündung des Gosaubaches in den Hallstätter See wurde das angeschwemmte Holz unter Zuhilfenahme des „Bogens" gesammelt und dann nach Hallstatt geflößt. Etwa zwei bis drei Dutzend Baumstämme wurden im Halbkreis nahe der Mündung des Baches im See zusammengehängt, sodaß sie einen Halbkreis bildeten. In diesen Bogen ließ man die Stämme hineinschwimmen. Hatte sich im Bogen genügend Holz gesammelt, so wurde dieser auch uferseitig geschlossen.[93]

Verweise auf die gegenüberliegende A4-Farbkopie.

Der Ischlrechen war in unmittelbarer Nähe der Kaiservilla und ist heute nur mehr in Reststücken erhalten.

Rechen im Ebenseer Gebiet

Es bestanden bei allen Triftgewässern Rechen wie Langbathrechen, Khollstattrechen, Rindbachrechen usw. usw.

Rechen im Wessenaurachgebiet

Es bestanden Rechen am Burggraben, am Kienbach und am Dürren Weißenbach.

Genauere Angaben können der nebenstehenden **„Karte der Triftgewässer im Salzkammergut"** (E. Koller, 1970) entnommen werden.

5.6   Holzbeförderung auf stehendem Gewässer der diversen Salzkammergutseen

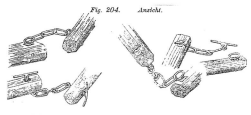

Holzbogen-Detail   Förster

Grundlsee   Stadler

Habe als Zeitzeuge seit 1944 bis ca. 1960 zwei verschiedene Holztransporte auf dem Traunsee miterlebt. Vorrangig der Transport des Holzes, das nicht über eine Straße, sondern nur über den See an Land gebracht werden konnte mittels Holzbogen, der einen Außenring von einer größeren Menge schwimmenden Holzes darstellte, dieser wiederum von einem Motorschiff (vor der Dampfschiffahrt natürlich mit geruderten Plätten) an das andere Ufer geschleppt wurde. Dabei handelte es sich meistens um Blochholz von mehr als 4 m Länge. Das Holzaus- bzw. Holzauflandziehen wurde durch Pferde oder mittels Traktor bewerkstelligt und abtransportiert (günstiger Fall in Traunkirchen Sägewerk direkt beim See). Ebenfalls kann ich mich noch sehr gut erinnern an den Holzbringungsbetrieb über eine Holzriese bei der Lainaustiege (Ostufer Traunstein), die direkt das Holz in den Traunsee beförderte. Diese Riese war aus Holz, hatte einen entsprechenden Höhenunterschied und das Eintauchen des gleitenden Holzes in den See erzeugte jedesmal eine Riesenfontäne, die am Westufer des Traunsees in Traunkirchen relativ gut sichtbar war. Der Transport von kürzerer Holzware (kein Hallholz mehr seit 1877) wurde mittels Motorplätten über den See durchgeführt. Das Holzbogenziehen durch Ruderfahrzeuge ist sowohl vom Grundlsee[94] als auch vom Hallstätter See [95] für den Salinenbetrieb auf Bilddokumenten festgehalten und bleibt daher für die Nachwelt nachvollziehbar.

Holztransport in stehenden Gewässern   *S-A*

5.7 Länd- und Aufsatzplätze

Zu den natürlichen Eigenschaften eines Ländplatzes, man sprach auch von Lagerplatz oder Holzgarten, zählt man jene Fläche, welche zur Aufbewahrung entweder der zu Land zugeführten oder zu Wasser beigebrachten Hölzer ständig diente. Die Holzgärten, die per Schlitten oder per Rad mit Hölzern beliefert wurden, erforderten nur einen ausreichenden Raum (Fläche) mit einer möglichst guten Förderung der Austrocknung des Holzes (nicht windgeschützt). Die Bestückung der Ländplätze mußte so erfolgen, daß jederzeit das natürlich getrocknete Holz abtransportiert werden konnte.

Bei Ländplätzen, wo die Hölzer zu Wasser antransportiert wurden, mußten folgende Eigenschaften beachtet werden, wie die räumliche Ausdehnung des Ländplatzes, das Zubringen der Hölzer aus den Fanggebäuden, tunlichst hochwassergeschütztes Terrain, frei und offen liegender Platz, damit die Austrocknung der durch das Triften nassen Hölzer rasch erfolgen konnte.[96]

Bei den Ländplätzen, die an den Seeufern und an den Flüssen lagen, waren Flußuferverbauungen vorgelagert.

Allgemein für die Ländplätze war noch notwendig ein möglichst guter Transportwegeanschluß.

Land- und Aufsatzplatz (Ebensee)

OÖ-LM

6.0 Uferschutzbauten und Wehren

Die Wehren gehören zu den Schwellwerken wie die Klausen. Es gab eine temporäre Wehr sowie eine stabile Wehr.

Am Traunfall gab es die berühmte Streichwehr, die das Wasser zum Fall bzw. Klausentor hinsteuerte. Die Angaben über die Wehren usw. sind in den Punkten 6.2 bis 6.3 beschrieben.

6.1 Roithamer Wehr

In der Ortschaft Roitham, unterhalb des Traunfalles, stand vor mehr als 300 Jahren an der Traun eine Mühle, die Aumühle. Im Jahre 1601 wurde sie erbaut, zugleich mit der hiezu nötigen Stauwehre, die je einen Durchlaß für die Hin- und Rückfahrt der Salzschiffe besaß. Im Jahre 1625 wurde sie an den kaiserlichen Traunfallmeister Georg Laimer verkauft, dieser baute die Mühle aus und übergab sie seinem Sohne zur Nutznießung.

Die Roithamer Wehr war für die Schiffahrt seit jeher ein gefürchtetes Hindernis gewesen. Im Wasserbeschau-Protokoll vom Jahre 1625 wird sie als hochschädlich bezeichnet, *„weilen sie zum Nau- und Gegenfahren also hoch und unbequem, daß ohne Schaden schier niemand durchkommen mag. Es macht alleweil so hohe Haufen, man kann kein Fährten richten noch zumal ersinnen, daß nit die Zillen oder das Gut Schaden nähme. Die Mühl, darzu dies Wasser erhoben wird, ist nit den hundertsten Teil des Schadens wert, der der Schiffahrt daraus erwachst, mann soll die Wehr wegnehmen.“* [96]

Daß dies damals nicht durchgeführt wurde, wird wohl in der Person des Besitzers seinen Grund gehabt haben. Die Instandhaltung der Wehre hatte freilich das Salzamt immer abgelehnt. Es kam daraufhin langfristig zu Streitereien zwischen dem Salzamt und dem Mühlenbesitzer. Das Stift Lambach erwarb die Mühle darauf im Jahre 1664, diese wurde jedoch nicht eigengenutzt, sondern verpachtet. Über die Pflicht der Wehrerhal-

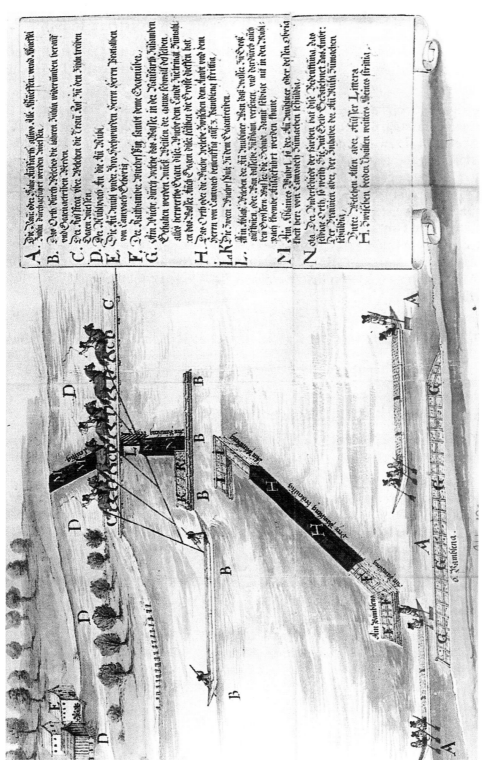

Roithamerwehr 1669

G. Hattinger 1987

tung machte sich der damalige Abt Plazidus anscheinend keine Sorgen, war ihm doch von früher her bekannt, daß kaiserliche Fallarbeiter des öfteren an der **Roithamer Wehr** beschäftigt waren, und hatte er über eine diesfällige Anfrage die Antwort des Salzamtmannes Achaz von Seeau in Händen, **das sei Sache des Fallmeisters**, eine Auskunft, die man bei dem Stand der Dinge auslegen konnte, wie man wollte. Dieses Schreiben war die stärkste Waffe des Abtes im späteren Kampf mit dem Salzamtmann, der seine zu wenig überlegte Äußerung oft zu bereuen hatte. Es kam daraufhin zu fruchtlosem Schriftwechsel und persönlichen Auseinandersetzungen zwischen dem Salzamt, der Hofkammer und dem Stift Lambach. Die Hofkammer entschied sich am 11. Jänner 1670 für die Abtragung der Wehr, und der Salzamtmann Achaz von Seeau ließ daraufhin die Arbeiten hiefür beginnen.

Und nun geschah das Unerwartete: Der so kluge Abt Plazidus verlor alle Überlegung und griff zur Gewalt. „*Nachdem die kaiserlichen Arbeiter bei einbrechender Nacht des heiligen Lichtmeßfestes von der Wehr gingen, des Abtes Leute ganz unverhofft zugefahren, die von uns geschlagenen Stecken neben dem Hauptstecken, worauf der Hayschlegel und Mandl gestanden, ganz gewalttätig zertrümmert, zerfetzt, mit einem Wort kaiserliche Arbeit totaliter ruiniert haben.*" [97] Am 11. Februar störten die Klosterleute die Abtragungsarbeiten nochmals, dann aber, als der Salzamtmann die gerichtliche Klage erhob, über deren Ausgang kein Zweifel bestand, besann sich der Abt und gab Ruhe. Am 17. März 1670 war die Wehr zur Gänze entfernt und der Schiffahrt an dieser Stelle freie Bahn geschaffen. Die Mühle verlor mit der fehlenden Wehr auch das Wasser. Abt Plazidus stellte nun an das Salzamt Ersatzansprüche und erklärte sich später auch bereit, die Aumühle gegen eine andere betriebsfähige Mühle umzutauschen. Es kam zu weiteren Differenzen, schlußendlich bekam das Salzamt Gmunden die nutzlose und daher wertlose Aumühle.

Ing. C. Schraml schreibt im „Heimatgau" (14. Jg. 1933), S. 40:
„*Und doch hatte das Salzamt im langen Streite den größten Erfolg. Die*

Roithamer Wehr war gefallen, die Traunschiffahrt von einem großen und gefährlichen Hindernisse befreit und die an dieser Stelle unvermeidbaren Verluste an Schiffen und Salz blieben nunmehr für alle Zeit erspart. Dies erreicht zu haben, war der Mühe des Kampfes wert und gereicht Achaz von Seeau zum bleibenden Verdienste." [97]

6.2 Kleinere Wehren und Uferbauten

Obere Traun von Steeg nach Ebensee

Die Steegklause ist unter Kapitel 4.1 bereits beschrieben worden, ab dieser befinden sich flußabwärts bis Ebensee 7 Wehre, die Pölster genannt werden und Grundwehren auf Pfählen sind, die den Fluß in schiefer Richtung kreuzen. Sie lieferten Wasser für neun Triebwerke und hießen der Reihe nach: Der Granitzpolster, der Eislpolster, der Goisererpolster, der Dallhamerpolster, der Weißenbachpolster, der Teufelmühlpolster, der Hutmannpolster. In dieser Flußstrecke liegt der Dolomitriegel, genannt der Wilde Lauffen, der von Thomas Seeauer entschärft wurde (darüber gibt es einen Expertenstreit).[98]

Auf dieser Strecke waren am Beginn des 19. Jhs. viele Regelungsbauten vorhanden, die aus Holz und Steinen erstellt waren.

Neweklowsky schreibt: „Sie erstreckten sich damals bereits mit so wenigen Unterbrechungen parallel zum Ufer, daß man annehmen konnte, die Traun fließe zwei Drittel ihrer Länge zwischen Ischl und dem Traunsee zwischen künstlichen Ufern. Die Ufereinfassungen, die sich hauptsächlich an jenen Stellen befanden, wo die Straße unmittelbar den Fluß berührte, bestanden aus Stämmen, die mit geringer Böschung übereinandergelegt waren und landeinwärts von hölzernen Ankern gehalten wurden, die mit schwalbenschwanzförmigen Zapfen zwischen zwei solchen Stämmen eingriffen." [99]

Größere Wehranlagen waren außerdem noch die Zinkenbachwehr, im südlichen Wolfgangseegebiet gelegen, die Langbathwehr in Ebensee usw.

Polster beim Zinkenbach

FO/04 Stummer

Innere Traun von Gmunden nach Stadl

Auszug aus der Informationsbroschüre „Die Traun" des Schiffsleutemuseums in Stadl Paura [100], zur Verfügung gestellt von **J. Meggeneder:**

Wehren (auch Wühr, Wöhr, Mühlwühr usw.)

„Die Wehren der Oberen Traun wurden Polster genannt und tragen die Namen wie Görbpolster, Granitzpolster, Eislpolster usw. Die Wasserbauten der Inneren Traun wurden als Wehren bezeichnet, wie Jodlauerwehr, Pfandlwehr, Rothgrubenwehr, Blasbalgwehr, Herrenwehr, Stadlwehr usw. Auch nach der Bauweise wurden sie unterschieden, wie Senkwehr, Zinkenwehr, Grundwehr, Plankenwehr, Schragenwehr, Brustwehr, Einschlagwehr, einfache Wehr, Doppelwehr usw.

Sehr unterschiedlich waren die diversen Einbauten und Bezeichnungen, dies trifft mitunter auch auf die Schreibweise zu. Um nur einige zu nennen: Schlachten, Sporne, Wehrwerke, Quadersteinwerke, Rauhwerk, Steinkästen, Steinmaden usw."

Entlastungsgerinne

„Dockenbaum mit aufgesetzten Docken und vorgesetzten Brettern (Steeg). Das Bimmet ist ein Holzbeschlag, bestehend aus dicken Laden, die auf die Grundbäume aufgenagelt wurden. Das Bimmet schließt flussabwärts an den Dockenbaum an."

Flossgasse-Seeklause in Gmunden   Prillinger

Flossgassen

„oder Flößl, an der Oberen Traun heißen sie Spitz, Naufahrtspitz – flußabwärts, Gegenfahrspitz – flußaufwärts."

Schleudern

„Aus zwei langen Bäumen und drei kurzen Hölzern bestehend, wie ein Dreieck zusammengezimmert, mit Ketten und Seilen in einer Floßgasse oder an einem seitlichen Wasserverbau angehangen. Bei Krümmungen

	re - li	Fluss-KM
Seeklause Gmunden	re - li	73,0
Treppelwegbrücke	Mi- li	73 - 72,85
Kösslmühle	links	72,9
Kurzmühle	rechts	72,9
Gogimühle od Asteckermühle	links	72,4
Voglsangmühle	rechts	72,4
Goglmüllerleiten	links	72,3 – 72,1
Voglsangleiten	rechts	72,3 – 72,0
Fraschstein	Mitte	71,95
Eisener Gehsteg	li - li	71,85
Im Zinnen	Mitte	71,5 - 71,4
Hackerpoint	rechts	71,4
Blahwehr	rechts	71,2
Theresienthal Baumw.-Spinnerei	links	70,9
Kramerwiese	rechts	70,6 - 70,4
Sauschneiderstein	links	70,15
Mitterau	Mitte	69,9 - 69,7
Hamstockmühle	rechts	69,1
Dürnauwiese	links	68,6 – 68,3
Kainzmüllerwiese	links	67,9 – 67,6
Kainzmühle	links	67,6
Raitlmühle	rechts	67,4

Auflistung aller Wasserbauten und Flurbezeichnungen d. Traun v. Gmunden bis Stadl (siehe nächste Seite)

		Fluss-KM
Reinthaller Holzschleiferei	rechts	66,4
Bruckmüller Riesen	links	66,0
Bruckmüller	links	65,8
Bruckmüllerfach	rechts	65,7
Oberer und Unterer Schabstein	links	65,2
Schosdillwerk	links	65,1
Tanzermühle	rechts	65,0
Hilprechtinger Riesen	links	65,0
Wirtsleiten	rechts	65 – 64,7
Herrnfach	links	64,8
Überreitbrücke	v.re - li	64,7
Bruckmüllerpoint	links	64,7 – 64,6
Kohlwehr Riesen	rechts	64,5
Kohlwehr - Lassawehr	li - re	64,4 – 64,2
Weber in der Traunleiten	rechts	63,8
Stelzmüllerbrand	links	63,6
Lichtenthalleiten	rechts	63,6
Traunleiten	rechts	63,3
Steirermüllerwehr	li - re	63,2 - 63,1
Steirermühl Papierfabrik	rechts	63,0 - 62,3
Fleischhackerwehr	links	62,5
Ehrenfeldwehr	links	62,4
Kalkofen	links	62,2
Oberes Gschröff	li - Mi	62,0
Mittleres Gschröff	Mitte	61,8
Auinger Wehr	rechts	61,5
Schönwies	rechts	61,4 – 61,0
Unteres Gschröff	links	61,3
Jodlriesen	links	61,1
Mairfach	links	60,8
1. Gottsnamwehr	rechts	60,65
Weisse Riese	rechts	60,6
2. Gottsnamwehr	rechts	60,6
Klacklwehr	links	60,5

		Fluss-KM
Linke Wallonawehr	links	60,3
Rechte Wallonawehr	rechts	60,3
Fallwald	rechts	60,3
Gitschhoferwehr	links	60,15
Huemerkössl	links	60,0
Huemersteinkasti	Mitte	60,0
Huemerkastlwehr	rechts	60,0
Siebenbrunnerbachl	links	59,9
Blahwehr	links	59,85
Rabenstein	Mitte	59,85
Trogstein	rechts	59,8
Traunfall	li + re	59,5 – 58,9
- Wildfallklause	links	59,5
- Wildbach	links	59,5 – 58,9
- Fallwehre	Mitte	59,5 – 59,4
- Wildfall	Mitte	59,35
- Naufahrt- Fahrkanal	rechts	59,3 – 58,9
- Mühlbach	rechts	59,3 – 59,2
Linkes Langwerk	links	58,9 – 58,7
Rechtes Langwerk	rechts	58,9 – 58,7
Im Schlier	links	58,5
Grabnerwegwehr	rechts	58,4 – 58,3
Grabnerwiese	rechts	58,3 – 58,2
Hindlfach	links	58,2 – 58,0
Hindlwehr	rechts	58,1
Im Hindl	links	58,0
Maierriesen	links	57,7 – 57,6
Maierfach	links	57,65
Gegenfahrtspitz	rechts	57,6
Aumühle	rechts	57,6
Ledererfeld	rechts	57,6 – 57,4
Lederersteg	re + li	57,4
Fallriesen	links	57,1
Langfach	li - Mi	56,7 – 56,1
Hoferriesen	links	56,1
Hillingerwehr	links	55,9
Hillinger Kalkofen	links	55,8
Häuslwäsch	rechts	55,6
Stöttingerfach	links	55,6
Im Bloder	links	55,5 – 55,4
Bloderriesen	links	55,2

Kemettinger Wehr	li - re	54,5 - 54,2
Kemetmühle	rechts	54,2
Im Zotti	links	54,0
Linkes Zottlfach	links	53,9 - 53,7
Rechtes Zottlfach	rechts	53,8
Schernfach	Mitte	53,6
Jodlau	links	53,4
Jodlauerwehr mit Gegenfahrtspitz	rechts	53,4 - 53,3
Seppenau	rechts	53,3
Kaltwasserwehr Krumpe Schlacht	links	53,2
1. Pfandlwehr	links	53,2
2. Pfandlwehr	links	53,1
3. Pfandlwehr	links	53,0
Im Pfandl	links	53,0
Pfandlgegenfahrspitz	rechts	53,0
Pfandlfach	rechts	53,0
4.Pfandlwehr	rechts	52,9
Rotgrube	links	52,9 - 52,6
Rechte Rotgrubenwehr m. Gegenfahrt	rechts	52,7
Linke Rotgrubenwehr	links	52,6
Steinkastl	rechts	52,6
Blasbälgwehr	links	52,4
Blasbalgstein	links	52,4
Bildstein	links	52,3
Linkes Herrenwehr	links	52,2
Rechtes Herrenwehr	rechts	52,2
Hühnersteigwehr	links	51,9
Hirschenschleuder	rechts	51,8
Diebshaus	links	51,6
Windschleudern	links	51,4
Radiberg	links	51,1
Altaussringer	rechts	50,9
Tonimannau	links	50,8
Schöringwehr	links	50,7
Riesenberg	links	50,7
Müllerau	rechts	50,7 - 50,4
Radlbergriesen	links	50,6
Sonnwirtswiese	links	50,3 - 50,1
Sonnwirtslacke	links	50,1
Sperneite	rechts	50,1 - 49,8
Leierbachwehr	links	49,9 - 49,8
Leierbach	links	49,8 - 49,4
Friedlau	Mitte	49,8 - 49,5
Hundsbergschopf	rechts	49,5
Aerarische Stadlwehr	Mitte	49,4 - 49,3
Stadl.Spinnerei Wehr, Naufahrt,Kanal	rechts	49,3
Stadlmitterau	Mitte	49,3 - 49,0
Treppelweg Kay	rechts	49,2 - 49,0
Guglnandlfach	links	49,0
Aerarischer Einschlagplatz	rechts	48,9 - 48,8
Einschlagwehr	rechts	48,8 - 48,7
Zinkenwehr	rechts	48,65
Senkwehr	rechts	48,5
Grenze d. Inneren zur Äußeren Traun	li - re	48,6 - 48,5

mußten die naufahrenden Schiffe daran anfahren und wurden dadurch wieder in die gerade Fahrtrichtung geschleudert."

Hiezu ist zu bemerken, daß der Zillenführer große Kenntnis über die Strömung und dem damit verbundenen Anfahrtswinkel haben mußte und bei einem schlechten Manöver Gegensteuerungen vollbringen mußte.

Fachln

„Einzelne Wasserbauten der Inneren Traun wurden als Fachln bezeichnet (Zottlfach, Schernfach). In erster Linie traf dies aber für die Äußere Traun zu und zuständig dafür waren ausschließlich die Fischer. Arbeiten an der Äußeren Traun nannte man daher auch Fischerarbeiten. Diese Flussstrecke war in 31 Orte oder ‚Gestätten' eingeteilt. Stecken wurden in einer Linie eingeschlagen und mit Felbergerten (Weidenruten) verflochten bzw. gereist. Mit der Reisgabel oder Reisfurkel wurden die Reiser bis auf den Grund hinabgestoßen.

Fangfach oder ‚die Zwiegeigen', Verkehrtes Fach, Sperr- oder Schwellfach, Streichfach, Doppeltes Fach oder gebürstetes Fach, Wurffach, Stützenfach usw.

Stärkere Fächer nannte man Haiderfächer, deren Stecken oder Pfähle wurden mit einem Hayschlägel oder ‚Hojer' eingerammt. An der Inneren Traun baute man auch Gegenfächer, diese waren vom Ufer schräg flussaufwärts gerichtet. Die geschlagenen Stecken wurden dabei mit Laden, Halbbäumen u.dgl. benagelt. Manche Einbauten in den Fluss nannte man Sporne (Schiffländesporn, Narrensporn)."

Die **Auflistung** (Fotokopie, vorige Seite) aller Wasserbauten und Flurbezeichnungen mit Angabe der Flußkilometer der Traun von Gmunden bis Stadl aus der o.a. Broschüre:

6.3   Uferschutzbauten, Parallelwerke u. Querbauten usw.

Parallelwerke

Es gibt verschiedene Parallelwerke wie Erdwerke (Dämme), Faschinen-, Holz- oder Steinbauten, diese dienten zum Schutze einer bedrohten Uferstrecke eines Baches oder Flusses. Die Parallelwerke sind hauptsächlich an jenen Triftbachstellen notwendig, wo infolge des Bachbettverlaufes das Ufer unmittelbar vom Stromstrich getroffen wurde und diese Querströmung tunlichst abgelenkt wurde. Ein direkter Uferschutz wurde durch die Parallelwerke erzielt oder er brachte eine gewisse Profilierung des Bachbettes und damit die Verminderung von Geschiebeablagerung. Ebenfalls wurde das Ufergelände durch die Parallelbauten gegen die Einwirkungen des Wassers abgesichert. Das hatte ebenfalls zur Folge, daß eine für das Triften nachteilige Bachbettverbreiterung entstand.[101]

Verschiedene Parallelwerke als Uferschutzbauten an Triftbächen waren **Uferschutzbauten aus Faschinenmaterial**, sie bestanden entweder aus Flechtzäunen, aus Packwerke aus Faschinen (sog. Staudendämme), oder aus Senkfaschinen und Sinkwalzen,

Uferschutzbauten aus Holz, sie bestanden entweder aus Rauhbäumen oder aus Bürstenwehr, od. Plankenwehr, od. einfacher Holzwehr, od. Doppel- oder Kastenwehr,

Uferschutzbauten aus Stein, sie bestanden aus Steinwurf, od. Steindämmen mit Faschinenbettungen, od. Steindämmen mit Holzeinbauten, od. Kiesbäumen mit Bruchsteinpflaster, od. aus behauenen Steinen (Quaderwerk).[102]

Querbauten

Die Querbauten führten zu einer entsprechenden Festigung der Bachbettsohle, bei genügender Anzahl zu einer Verbesserung der Bachbettsohle, eine Hintanhaltung einer Verlandung führte zu einer gewollten Gefälleminderung, bei schalenförmigem Profil wurde der Stromstrich

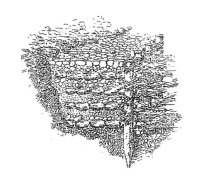

Einwandiger Staudamm

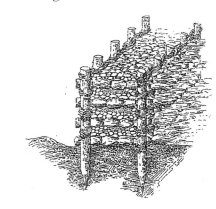

4x Förster

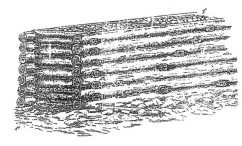

Doppel- oder Kastenwehr

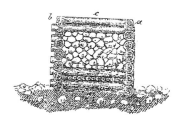

Köberl

„Ischl Stromauswärts"
mit Uferverbauung
Links u. Rechts d. Traun

zur Mitte des Baches geleitet (richtungsbindend).

Die Querbauten wurden in die beiderseitigen Ufergelände eingebunden und hatten dammartigen Charakter und bestanden entweder aus Faschinen, Holz oder Stein.[103]

Die einfache Holzwehr (Krainerwerk, Bergwehr)

Eine Anzahl von aufeinandergelegten Stämmen, die z.T. unter sich und z.T. mit dem Ufergelände durch Querhölzer oder Inschlösser verbunden waren, nannte man die einfache Bergwehr. Die Inschlösser werden in Abständen von 2 m eingelegt und erhalten je nach Beschaffenheit der zu verbauenden oder zu schützenden Uferstrecke eine Länge von 2 – 4 m. Die Wandbäume bestehen aus Baumstämmen bis zu einer Länge von 13 m und einem Durchmesser am Zopf (geringster Durchmesser) von 20 – 28 cm. Die Befestigung der Bäume untereinander erfolgt mit Lärchennägeln.

Nach der Errichtung der Wand wird der Zwischenraum zwischen dem Ufergelände und den Baumstämmen mit Steinen oder Geschiebe hinterfüllt. [104]

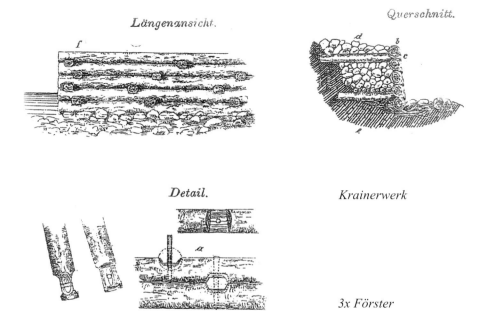

Längenansicht.

Querschnitt.

Detail.

Krainerwerk

3x Förster

6.4   Wildbachverbauungen

Mittel und Verbauungen gegen die Verheerungen durch Wildbäche

Verbauungen kamen zur Anwendung, wo die Gefahr von Terrainbrüchen bestand, die die Triftbauten und Straßen gefährdeten. Bauwerke, die zur Absicherung der Bachsohle dienten, waren Querbauten, die meistens senkrecht auf den Stromstrich gestellt waren und von einem Ufer zum anderen hinüberreichten. Ihre seitlichen Widerlager ruhten in den beiderseitigen Ufergeländen. Zweck war entweder die Fixierung der Bachbettsohle oder die entsprechende Hebung dieser. In bautechnischer Richtung waren die unterschiedlichen Bauwerke unterteilt in

a) Grundschwellen

b) Schalenbauten

c) Talsperren.

2x Förster

Die Grundschwellen hatten den ausschließlichen Zweck, die Bachsohlen vor Tieferlegung zu schützen. Die Grundschwellen waren aus Holz, Stein und Holz oder ausschließlich aus Steinen hergestellt.[105]

Die Schalenbauten der Bachsohlen verfolgten einen doppelten Zweck: die Verhinderung einer Sohlenvertiefung und den möglichst raschen Abtransport der vom Bach mitgeführten Geschiebe. Es gab Schalenbauten aus Faschinenmaterial, weiters welche aus Holz und Schalen aus Stein.[106]

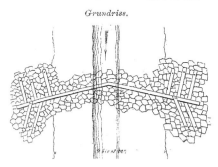

Thalsperre aus Holz

Talsperren waren Bauten, die das Gefälle eines Wildbaches verringerten, um größtenteils der zerstörenden Kraft des Wassers entgegenzuwirken, andererseits, damit die Bachbettsohle einer Erhöhung zugeführt wird. Diese Talsperren waren nicht nur zum Schutz der Bachsohle eingebaut, sondern es wurde dadurch auch eine Bildung eines neuen Bachbettes erzeugt.

Es gab Talsperren aus Faschinenmaterial mit gebundenen Faschinen, weiters mit einfachen Flechtzäunen und mit doppelten Flechtzäunen mit Geschiebefüllung. Es gab Talsperren aus Holz und aus Stein. Bei Holz- und Steinsperren ist die Wirkung die gleiche, nur letztere waren mit Rücksicht auf ihre größere Dauerhaftigkeit den ersteren vorzuziehen, obwohl auch Talsperren aus Holz eine lange Lebensdauer haben und wenn nicht eine zu große Abnützung durch das Geschiebematerial geschieht.[107]

Seit dem 14. Jh. wurden im Salzkammergut Holzschlachten, Steinkästen und Klausen für die jeweilige Holztrift errichtet, die auch gleichzeitig einen Uferschutz darstellten. Die durch Jahrhunderte ausgereiften Bautypen wurden schlußendlich von der Wildbachverbauung der 2. Hälfte des 19. Jhs. übernommen, spätestens nachdem die Kunststraße zwischen Traunkirchen und Ebensee 1861 errichtet und die Kronprinz Rudolfbahn im Jahre 1877 eröffnet wurde.[108]

6.5   Lawinenverbauungen

Um Lawinenstürze und ihre nachteiligen Folgen zu vermeiden, war die Errichtung von Lawinenschutzbauten erforderlich, und zwar gegen

a) die Verwüstung von Waldbeständen,

b) um die Bodenverhältnisse so zu stabilisieren, daß eine Wiederaufforstung gegeben war, da durch abgehende Lawinen der Boden meistens stark beschädigt wurde,

c) um das Bett der Triftbäche vor dem Abgang von Lawinen zu schützen.

Vom Standpunkt der Lawinenverbauung bzw. um die forstlichen Transportwege zu schützen, mußten die Verbauungen hauptsächlich gegen die abstürzenden Schneemassen, die weiters eine Menge von Stein- und Felstrümmern in das Bett des Triftbaches zwangsläufig führten, errichtet werden.[109]

Es gab folgende Verbauungsarten:

a) Bauten zur Festigung und Bindung der Lawine an der Abbruchstelle,

b) Bauten, die eine Ableitung der Lawine bezweckten. Man sprach von einem Leitwerk, das unmittelbar an der Abbruchstelle oder in der Gleitbahn der Lawine situiert war,

c) Bauten zum Schutze verschiedener Objekte (wie Holzriesen, Rechen usw.).

Es wurde weiters unterschieden zwischen Lawinenverbauungen aus Holz, weiters aus Holz und Eisen und aus Stein.

Bei Holzlawinenverbauungen gab es wiederum welche mit Pfahlwerk, mit Flechtwerk, mittels Schneebrücken und die Verbauung mit Doppelsäulen und Querhölzern.[110]

Unter Lawinenverbauungen aus Holz und Eisen verstand man ein System von eisernen Säulen, an welche vertikale und horizontale Hölzer befestigt waren. Man sprach bei solchen Bauten von Schneekorb, bei Absicherung gegen Steine von einem Steinkorb. Hiebei unterschied man zwischen liegenden und stehenden Körben.[111]

Lawinenverbauungen aus Stein waren hauptsächlich oberhalb der Baumgrenze errichtet. Man verzichtete deswegen auf Holzeinbauten, weil das Holz aus den tieferliegenden Wäldern geschlagen hätte werden müssen und dies den natürlichen Schutz des Bannwaldes vermindert hätte.[112]

Lawinenverbauungen als Leitwerke dienten, um die Lawinen aus ihrer natürlichen und ständigen Bahn abzuleiten, um damit einen unschädlichen Lawinenabgang herbeizuführen. Diese Anlagen wurden hauptsächlich zur Absicherung von Forstwegen, Straßen, Ortschaften oder der von Menschenhand errichteten Bauobjekten gebaut. Die Leitwerke bestanden entweder aus Holz oder Stein.[113]

Diese Art von Lawinenschutzbauten wurden erst im 19. Jh. errichtet, um die in dieser Zeit wider die Natur vorgenommenen Bebauungen abzusichern.

Einer der ältesten Schutzbauten dieser Art ist die Lawinengalerie bei der

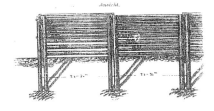

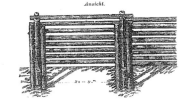

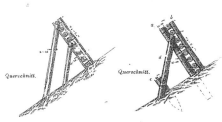

Lawinenverbauung aus Holz u. Eisen
4x Förster

Kunststraße zwischen Traunkirchen und Ebensee, die um 1860 gebaut wurde.[114]

Im Volksmund spricht man vom „großen Lawinendach" und von den „kleinen Lawinendächern".
Lawinenunglücke werden unter dem Kapitel 15.5 beschrieben.

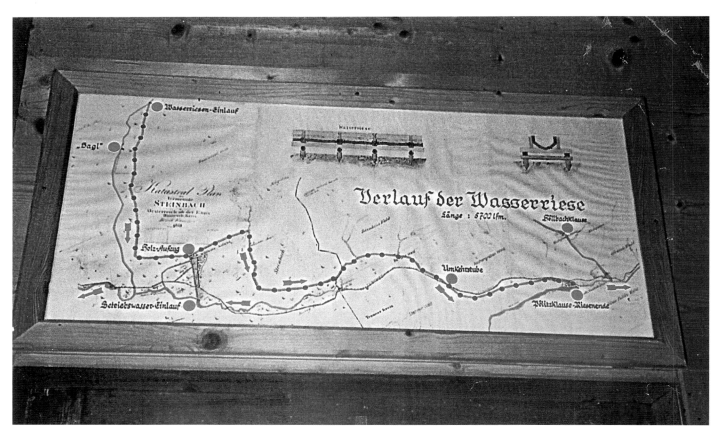

Wasserriese Chimbach Plan   *FO/04 Stummer*

3x Modell Holzaufzug
Heimatverein Steinbach/ Attersee

3x FO/ Stummer

7.0   Holztransportanlagen

Damit sind rein mechanische Transportmittel für Holz gemeint, die keinerlei primären Tätigkeit von Mensch und Tier bedurften. Die Antriebskraft wurde meistens von Wasserrädern übertragen, teilweise wird in der alten Literatur von Drahtseilaufzügen gesprochen.

7.1   Holzaufzug Mitterweißenbach

Erbaut 1722, Betriebsende 1871.

Die gesteigerte Salznachfrage ab Ende des 17. Jh. erforderte immer mehr Brennholz. Da die Reserven im Trauntalbereich immer weniger wurden, versuchte man, im Attergau Ersatz zu finden. Schiffsholz wurde schon ca. zwei Jahrhunderte über die Ager nach Stadl gebracht. Das Holz wurde über den Attersee bis nach Weißenbach mittels Schiffen, Holzlagen usw. gebracht und dann leicht bergwärts im Weißenbachtal bis zur Wasserscheide hin zur Traun befördert. Von dort wurde das Holz Richtung Traun getriftet. Diese Transportwege, Transporteinrichtungen, Pferdematerial reichten nicht aus, den erforderlichen Bedarf zu decken.[115]

Es wurde daher versucht, mit Hilfe der Natur über eine technische Aufzugsanlage das Problem wesentlich zu verringern. Es gelang schlußendlich, ein epochales technisches Meisterwerk zu konstruieren und zu erbauen, die Natur trug durch den glücklichen Umstand, daß das Gimbachbett ca. 51 m höher als die Aufzugsbasis liegt und dessen Wasser bis zur Schwaigbauernklause im natürlichen Gefälle abfließt, ein wesentliches Maß bei. Diese Klause liegt auf der Wasserscheide zwischen der Traun und dem Attersee, und von diesem Punkt aus konnte das Holz durch eine normale Triftung zur Traun gebracht werden. Die Ersparnis der Wegstrecke von der Aufzugsbasis bis zur Schwaigbauernklause auf dem normalen Straßenweg bedeutete ca. die Hälfte der Fahrzeit eines

Pferde- oder Ochsengespannes vom Attersee aus beginnend. Noch ein wesentlicher Vorteil war, daß durch die Wegstreckenverkürzung der Transport des Holzes zum Aufzug daher verdoppelt wurde und das Holz beim Aufzug bis zum Transport über diesen zwischengelagert wurde. Auf der oberen Aufzugsplattform mußte das über den Aufzug transportierte Holz nur mehr in die Wasserriese des Gimbaches geleitet werden, um bis zur Schwaigbauernklause hingeschwemmt zu werden.

Da dieses Meisterwerk fast allen Salzkammergutbewohnern unbekannt ist, möchte ich die Konstruktion aus der Literatur „Der Hallholzaufzug im Weißenbachtal, Gemeinde Steinbach/Attersee" von Oberforstrat DI Bitterlich zitieren:

Der Hallholz-Aufzug

bestand aus verschiedenen Teilen; diese waren:

1. *Die im Äußeren Weißenbach befindliche 13 m lange, 7 m breite und 3,3 m hohe Steinkastenklause als Wasserfang für den Antrieb des Wasserrades.*

2. *Der von dort inmitten des Holzlagerplatzes verlaufende 400 m lange, 1,25 m breite und 1,6 m tiefe, mit Holzwänden und Boden ausgekleidete Kanal für die Wasserzufuhr zur Talstation des Aufzugwerkes.*

3. *Das dort eingebaute unterschlächtige hölzerne Wasserrad mit einem Durchmesser von 5 m und einer Breite von 1,25 m, bergseits und talseits drehbar.*

4. *Der darunterliegende Ablaufkanal in abflußfördernder Bauweise auf eine Länge von 200 m, um die geringe Fallhöhe des Betriebswassers nicht durch Rückstau nachteilig zu beeinträchtigen.*

5. *Die das Wasserrad von beiden Bewegungsseiten umfassende, groß ausgelegte Fluderanlage mit einem Wasserfassungsvermögen von 74000 Litern.*

6. *Die vor jeder Betriebsseite des Wasserrades eingebauten beiden Schützen sowie eine nächst dem Auslauf befindliche Schleuse zum*

Entleeren der gesamten Anlage im Falle ihrer Stillegung.

7.   *Die in den Fludern eingebauten Rechen, von wo das ange-schwemmte Hallholz stückweise zu den Beladerampen dirigiert werden konnte.*

8.   *Die beiden Beladerampen, im Niveau der Fludersohle gelegen, um das Beladegut ohne viel zu heben auf den Wagen zu bringen.*

9.   *Die beiden vierrädrigen Wagen mit Rungen, einer talseitigen Stützwand für die rd. 1,2 rm fassende Ladung und einem kurzen Seilstück zur Befestigung am großen Zugseil.*

10.   *Die den Beladerampen vorgelagerte 1 m starke und 6,5 m lange Wasserrad-Welle zum Auf- bzw. Abspulen des aus Hanf gefertig-ten, ca. 4 bis 5 cm dicken Zugseiles mit einer dreifachen Fahr-bahnlänge, insgesamt rd. 270 m.*

11.   *Die beiden nebeneinander auf Jochen liegenden, rd. 89 lfm langen, mit 83 % ansteigenden Fahrbahnen, zwischen denen sich insge-samt rd. 260 Stufen befanden, um der Bedienungsmannschaft zwischen Tal- und Bergstation eine Begehung zu ermöglichen. In jeder Fahrbahnmitte waren in größeren Abständen kleine dreh-bare Walzen angebracht, die ein Durchhängen der dort laufenden schweren Seile verhindern.*

12.   *Die Bergstation mit horizontal gestalteten Entladerampen, die von den steil verlaufenden, 51 m senkrecht überwindenden Fahrbah-nen bogenförmige Übergänge aufwiesen.*

13.   *Die wasserdichte, schalenförmige, bergseits der Entladerampen vorbeiführende, auf Jochen ruhende, insgesamt 6 km lange und ca. 80 cm breite Wasserriese. Sanft geneigte Gleitflächen, in die-se führend, erleichterten es, das abgeladene Holz stückweise ins Wasser einzubringen.*

14.   *Die oberhalb des Fahrbahnendes bergseits der Riese befindliche Umlenkscheibe mit einer der Seilführung angepaßten Schrägnei-gung.* [116]

Die starke Steigerung des Salzabsatzes nach den Franzosenkriegen erforderte, daß noch mehr Wald für das Hallholz geschlägert wurde. 1834 bezog das zuständige Verwesamt in Ebensee 6400 Klafter Hallholz, 1848 waren es bereits 7200 Klafter, ca. ein Fünftel des jährlichen Gesamtbedarfs dieses Verwesamtes.

Da bei der Pfannenheizung Trauntaler Kohle in der zweiten Hälfte des 19. Jahrhunderts in Verwendung kam, wurde den Brennholzbezug aus dem Attergau für die Sudhäuser in Ebensee entbehrlich. Der Holzaufzug, der fast eineinhalb Jahrhunderte gute Dienste geleistet hatte, war nun überflüssig geworden, wurde mit den zugehörigen Bauten abgetragen, die Klausen und Schwemmkanäle ihrem Verfall überlassen. Der Heimatverein Steinbach am Attersee errichtete durch Herrn Rudolf Gebetsroither auf Anleitung, Planbeistellungen, Konstruktionsüberwachung durch Herrn DI Bitterlich in den 80er Jahren des 20. Jhs. ein Holzknechtmuseum, in dem dieses technische Meisterwerk als Modell im Maßstab 1:10 seit dieser Zeit, jedoch nur in den Sommermonaten, im Schaubetrieb bewundert werden kann.[117]

**Es wird in diesem   Zusammenhang
auf das 2. Titelbild mit Text verwiesen.**

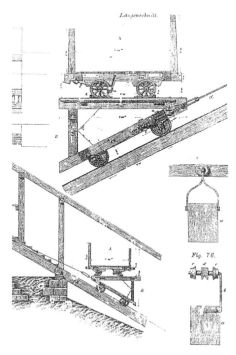

Drahtseil - Wagerl

Längenschnitt.

Fig. 76.

Förster

7.2   Holzaufzug Aurachtal

Baujahr frühestens 1716, jedenfalls dürfte er vor oder gleichzeitig mit dem Weißenbachaufzug errichtet worden sein, Umbau 1879, Betriebsende konnte nicht eruiert werden. Beide Aufzüge waren Meisterwerke ihrer Art. Der Aufzug in Aurach hatte eine Länge von 65,08 m und überwand einen relativen Höhenunterschied von 37,75 m. *„Ihrem Wesen nach besteht diese Seilbahn oder ‚der Holzaufzug‘ aus zwei parallelen, gleichförmig geneigten hölzernen Fahrbahnen, auf denen sich zwei Wagen an einem Drahtseil abwechselnd auf- und abwärts, und zwar derart bewe-*

gen, daß, während der beladene Wagen nach aufwärts fährt, gleichzeitig der entladene niedergeht." Die gesamte Anlage bestand

- a) aus der unteren Station samt dem Motor (zwei unterschlächtige Wasserräder)
- b) aus der Fahrbahn
- c) aus der oberen Station und den Fahrmitteln
- d) aus der Rollbahn, mittels welcher die emporgehobenen Hölzer bis unmittelbar zu den Zainstätten überführt wurden.

„*Die Zuleitung des Wassers wird über die zwei große Schützen e bewerkstelligt, während unter Einem die Bewegung der Trommel auch durch den Bremsbalken c nach Erfordernis geregelt werden kann. Durch das Einströmen des Wassers, und zwar abwechselnd von links und rechts, wird auch die Trommel abwechselnd nach vor- und rückwärts gedreht und hiedurch keine rotirende, sondern nur einfache Bewegung des Drahtseiles erzielt.*" [118]

Der **Aufzug im Aurachtal** wurde in der Literatur als Gastach Aufzug angeführt, die Konstruktion desselben ähnelt dem von Mitterweißenbach.[119]

*Aufzug
Aurachtal Panorama*

Bezirksbuch Gmunden

8.0 Straßenbau und Wasserstraßen (Wege)

Land-Wege bzw. Land-Straßen werden in den Kapiteln 8.2 und 8.3 genauer beschrieben. Als zusätzliche Aufzeigung einer Straße, die von überregionaler Bedeutung war, ist die Straße mit dem Scharflingpaß vom Mondseegebiet nach Fürberg am Wolfgangsee zu nennen, wie vorher unter Kapitel 3.6 beschrieben.[120]

Wasserstraßen ermöglichen auf fließendem oder stehendem Gewässer eine Schiffahrt und daher auch Flößerei, keinesfalls sind damit Triftbäche oder –anlagen beinhaltet. Das sind im Salzkammergut die schiffbare Traun (mit Hindernissen) von Steeg bis Ebensee (Obere Traun), von Gmunden bis Stadl (Innere Traun) und von Stadl bis Zizlau (Äußere Traun). Auf den Seen des Salzkammergutes, soweit sie an eine Landverkehrsverbindung anschließen, wurde ebenfalls Schiffahrt betrieben.

Karte von Oberösterreich

Wasserstrasse Traun

Aussee - Steeg -
Ischl - Ebensee
Gmunden - Stadl
Zizlau

zur Donau

8.1 Römerstraßen

Die Römerstraßen, die später teilweise als Salzstraßen zur Verwendung kamen, werden nur kurz behandelt, aber sie gehören teilweise zu den

Handelswegen des steiermärkischen Salzes und teilweise zu den obderennsischen Landwegen.

Lamer schreibt:

„Aus römischer Zeit stammt auch jener alte Handelsweg, der durch Münzfunde belegt ist und der später als ‚Salzstraße' Berühmtheit erlangen sollte. Er führte aus dem Tal der Traun beim heutigen Bad Goisern den Leislingbach aufwärts, lief an der Pötschenwand entlang nach Lupitsch, folgte in östlicher Richtung ungefähr dem Trattenbach und überquerte beim heutigen ‚Gasthof zur Mühle' (Puchen Nr. 20) die Altausseer Traun. Von da an läßt sich die Trasse des alten Verkehrsweges zumindest ungefähr auf heutigen Straßen verfolgen. Über Obertressen führte der Weg zum östlichen Ende des Chlumeckyplatzes, überquerte beim Haslauer Steg die Grundlseer Traun, folgte der Alten Salzstraße, überschritt den Radlingpaß und führte dann entlang der alten Landstraße über Bad Mitterndorf hinunter ins Ennstal, wo er in die Römerstraße mündete, die von Virunum (bei Klagenfurt) über den Pyhrnpaß nach Ovilava (Wels) führte." [121]

Im Raume Ischl ist auch ein geeigneter Hinweis auf eine Römerstraße.

Lipp schreibt:

„Ich war nicht der Erste und Einzige, dem es die Römerstraße angetan hatte. In einer unvergleichlich dichten, jeden von der schrägen Septembersonne beschienenen Moospolster auskostenden Sprache, ist hundert Jahre vorher Adalbert Stifter mit seinem Tiburius vom Waldsteig, das ist offenkundig zunächst der Fahrweg vom Badeort links der Traun nach Lauffen bis auf die Höhe des heutigen Jagdstandbildes und dann, dem Soleleitungsweg sich anvertrauend in die weiter oben einmündende ‚Römerstraße' abgewichen, bis er schließlich nach abenteuerlicher Wanderung wieder im Bereich der Wiesen und Felder, nahe dem Dorf Ahorn, jenem ‚Erdbeermädchen' begegnete, das ihm Wegleitung und Schicksal werden sollte." [122]

Bei o.a. Jagdstandbild handelt es sich um das von Kaiser Franz Josef I.

In der Literatur der neuesten Römerforschung in Österreich bzw. Oberösterreich sind genügend Vermerke über das Leben der Römer im Salzkammergut (auch in Hallstatt), vor allem die Straße von Mitterweißenbach nach Weißenbach am Attersee und entlang des Attersees sowie die Straßen im Raume Gmunden, zu finden.

8.2 Salzstraßen

Als Salzstraßen wurden, wie unter 8.1 bereits erwähnt, die Römerstraßen miteinbezogen. Das steiermärkische Salz wurde fast ausschließlich auf Land-Straßen an die Handelsplätze bzw. Absatzgebiete transportiert. Die Ausscheidung der zu Kommerzialstraßen erklärten Hauptverkehrsadern von den untergeordneten übrigen Fahrwegen in den beiden Kammergütern hatte eine Umstellung auch im Straßendienst des Salzoberamtes und der Salinenverwaltungen zur Folge. Über Befehl des Kaisers vom Jahre 1832 verblieb die Erhaltung der Salinenstraßen im obderennsischen und steiermärkischen Salzkammergut beim Salzoberamt. Noch im ersten Drittel des 19. Jhs. hatte das Salzamt die in seinem Bereiche gelegenen Straßen selbst zu erhalten, vor allem die wichtige Verbindung zwischen den zwei Kammergütern von Ebensee nach Lauffen über den Pötschenpaß nach Aussee und ostwärts bis ins Ennstal. Die Kosten der Erhaltung für diese Straße hatte das Verweseamt Ebensee von Ebensee bis zur Pötschenhöhe zu übernehmen. Das Hallamt in Aussee hatte die **Fortsetzung der Salzstraße** zu erhalten, die von der Grenze (Pötschenpaß) nach Aussee über den Radling nach Mitterndorf und Klachau bis ins Ennstal führte. Weiters waren von diesem Hallamt noch die Instandhaltung des Koppenweges, der Straße zu den Torffeldern in der äußeren Kainisch und die nach Altaussee und auf den Salzberg, dann die Straße von Aussee zum Fachwerk der Grundlseer Traun und vom Gasteig nach Grundlsee.[123] Die zweite Hauptstraße im inneren Kammergut,

Siegel

*Bad Aussee
ca. 1290*

Aussee, Lamer

welche durch das Gosautal Richtung Salzburg führte, war als Kommerzialstraße teilweise nur 15 Fuß breit und damit zu wenig ausgebaut. Die Hofkammer wollte 1840 dieser Straße den Charakter einer Kommerzialstraße aberkennen und sie als öffentlichen Gemeinde- und Manipulationsweg der Saline zurückgeben.[124]

8.3 Forststraßen

Die ehemaligen Waldwege oder Waldstraßen I. und II. Ordnung werden heute als Forststraßen bezeichnet.

Förster schreibt:

„Die Waldwege sind in vielen Fällen Concurrenzanstalten der Wasserstraßen und berufen, diese zu ersetzen oder zu ergänzen, je nachdem sich die Verhältnisse des Holztransportes zu Wasser mehr oder minder günstig gestalten. Wegeanlagen werden erst dann von Bedeutung, wenn sie ein Waldgebiet netzartig überziehen und solchergestalt das Ausbringen der Forstproducte aus allen, selbst den entlegensten Theilen des Bringungsgebietes ermöglichen." [125]

Den lokalen Verhältnissen hatte sich jede Wegeanlage mit den vorhandenen wirtschaftlichen Zuständen anzupassen, d.h., der Hauptzweck eines bequemen, möglichst kurzen, sicheren und dauerhaften Waldweges mußte erreicht werden. Erschwerend hiefür waren oft die fremden Eigentums- und Rechtsverhältnisse.

Bezüglich der Trassierung gab es mehrere Kriterien, die beachtet werden mußten. Es wird stellvertretend nur ein Punkt zitiert:

„11. Sind Wildbäche, die mit ihren häufigen Ausbrüchen und Muhrgängen die Sicherheit einer Wegeanlage gefährden, zu verbauen oder mittelst hoher und auch entsprechen weiter Objecte zu übersetzen. Selbst in letzterem Falle ist es immerhin zweckmäßig, wenn kurz oberhalb des Objectes auf einer Stelle der treffende Wildbach durch einen Querbau (Thalsperre) abgeschlossen wird. ..." [126]

Siehe Talsperren wie bereits gemäß Kapitel 6.4 beschrieben.

Den Bau und die Instandhaltung führten normalerweise die Holzknechte des jeweiligen Reviers durch.

8.4 Kunststraße Traunkirchen – Ebensee

Es konnte kein Fremder bis zur ersten Hälfte des 19. Jhs. unkontrolliert das Salzkammergut bereisen, er mußte beim Salzamt in Gmunden oder Hallstatt seinen Paß vorweisen. Gemäß Reformationslibell von Ferdinand III. (1656) und Leopold I. (1659) wurde nur ganz ausnahmsweise die Genehmigung zur Ansiedlung im Salzkammergut erteilt. Es gab aus verständlichen Gründen keine große Eile, das obere Traungebiet durch den Bau von Straßen zu erschließen. Karl VI. gab erst wieder Anweisung, den Fahrweg Ischl – Ebensee in besseren Zustand zu versetzen. Die Strecke Ebensee – Traunkirchen wurde fast ausschließlich mittels Schiffen bewältigt.[127]

Um 1850 erfuhr auch die Verbindung mit dem oberen Trauntal dadurch eine wesentliche Verbesserung, daß 1856 mit dem Bau der Kunststraße Traunkirchen – Ebensee, der schon 1835 ganz ernsthaft geplant, aber wieder fallen gelassen worden war, begonnen und das schöne Werk 1859 (1861) aus Staatsmitteln vollendet wurde. Es wurde außerdem auch eine Dampflokomotivbahn Gmunden – Ischl sowie eine Pferdeeisenbahn Ebensee – Ischl geplant und genehmigt. Diese kamen nicht zur Ausführung, wie in Kapitel 14.1 beschrieben. Das nämliche Schicksal widerfuhr auch dem seitens des Verwaltungsrathes der Kaiserin Elisabeth-Westbahn 1872 geplanten Unternehmen, das Südende des Traunsees durch eine schmalspurige, am rechten Ufer desselben hinziehende Bahnlinie an die altbestehende Strecke anzugliedern.[128]

Der Bildhauer dieses Löwen hat auf dessen Zunge vergessen und beging daraufhin Selbstmord (siehe Inschrift am Löwendenkmal).

Löwendenkmal
zw.
Traunkirchen u. Ebensee

Krackowitzer

In den Fünfzigerjahren und Sechzigerjahren des 19. Jahrhunderts fuhr der Kurier bzw. die Postkutsche zweimal in der Woche von Gmunden vom Seebahnhof nach Traunkirchen. Dieses Gefährt wurde auf ein Trajektboot geladen und nach Ebensee gerudert. Von dort ging die Post hauptsächlich direkt nach Ischl zur Kaiservilla, um Kaiser Franz Josef I. die Korrespondenz zu übergeben bzw. zu übernehmen.

ÖNB

Jakob Alt
Traunkirchen mit dem Traunstein 1817

Es wird noch darauf hingewiesen, daß ich das Ereignis von 1859 (1861) in meiner Zusammenfassung und Schlußfolgerung unter Kapitel 16.0 der Bedeutung entsprechend würdige.

8.5 Wasserstraße Traun und div. Salzkammergutseen

Die Traun ist ein Wildwasserfluß und war seit Urzeiten bis ca. 1300 durch seine vielen Hindernisse ein kaum wirtschaftlich gut nutzbarer Wasserweg für schwere Transportschiffe. Der Wasserweg Traun begann in Steeg (Seeklause) und führte über den Wilden Lauffen nach Ebensee, weiters der Seeweg über den Traunsee nach Gmunden, Hauptseeklause, dann traunabwärts über den Traunfall nach Stadl. In diesem Bereich war die Wassertiefe der Traun durch Menschenhand beeinflußbar. In Stadl mußten die Salzzillen umgeladen werden, weil die Wassertiefe der Äußeren Traun seichter war und ein Schwellen der Traun nicht mehr zielführend war. Die Wasserstraße Traun mit allen ihren Einflüssen wurde mehr als ausreichend literarisch und auch wissenschaftlich bearbeitet. Eine neuerliche Recherche finde ich meinerseits nicht zielführend und da es auch nicht zu den Grundlagen meiner Literatur zählt, sondern nur die entsprechenden Wirtschaftsbauten. Trotzdem erlaube ich mir darauf hinzuweisen, daß der in dem Reiseführer von J. A. Schultes, M. Drs. und Professors an **der k. baierschen Universität zu Innsbruck**, „Reisen durch Oberösterreich, in den Jahren 1794, 1795, 1802, 1803, 1804 und 1808" enthaltene Artikel „*XIII. Brief. Traunfahrt von Gmünden nach dem Stadel, und vom Stadel in die Ziselau an der Donau*" als „herrlicher" Bericht aufscheint.[129]

Die Salzkammergutseen wurden bis zum Jahre 1839 nur durch Zillen und Boote, die mit Hand gerudert wurden, befahren. Der Verkehr auf dem Traunsee war vorher hauptsächlich das sogenannte „Urfahr" (Überfuhr). Es gab ein kleines und ein großes Urfahr (Personen und Güter). Die „Urfahrsgerechtigkeit", also die Konzession zur Beförderung von Menschen, Tieren und Waren hatten das Kloster, die Herrschaften Ort und Ebenzweyer, der ‚Wirt am Stein', die Posttaverne und die Fuderführer aus Hallstatt und Ischl. Das Amt versah ein „Urfahrmeister". Zum Beginn des 19. Jh. kam die Überfuhr nach Gmunden auf einen Gulden.

Ebenseer Kabel
Fährt am Traunsee

2x Krackowitzer

Dampfboot Sophie 1839

1839 wurde das erste Dampfboot auf einem Binnensee in Europa, und zwar die „Sophie" auf dem Traunsee, in Betrieb genommen.

Dies leitete eine spätere Motorisierung u. dgl. der Seenschiffahrt ein.[130]

8.6 Der Gegentrieb und seine baulichen Vorkehrungen (wie Treppelwege entlang der Traun, Ager und Alm)

Gegentrieb auf der Traun?

Schiffsleutemuseum, Stadl

Ausrüstungsgegendstände für Schiff, Pferd u. Reiter   FO/04 Stummer

Der Gegentrieb von Gmunden nach Steeg seit 1500 war durch den Einbau einer Gegenzugswinde mit entsprechender Baukonstruktion beim Wilden Lauffen auf Anordnung Kaiser Maximilians durchgehend möglich, d.h., daß der Gegentrieb durch die Errichtung des fahrbaren Kanals ab ca. 1565 von Stadl aus mit Zillen über die Innere Traun, über den Traunsee, über die Obere Traun bis Steeg möglich war. Der Gegentrieb, der ursprünglich von Menschenhand gezogen wurde, wurde aber sehr bald durch Pferde bewerkstelligt. Die echte Annahme der Gegentriebmöglichkeit im Traunfallbereich wurde aber noch lange Jahre hinausgezögert, und zwar bis ca. 1600, zum Leidwesen des Salzamtes.[131]

Für den Gegentrieb waren je nach Zillengröße fünf bis neun Pferde notwendig, um beim Gegenzug die auf den Zillen geladenen Nahrungsmittel wie Hofkorn, Wein usw. stromaufwärts zu bringen. Die Bauern, die den Gegenzug abwickelten, wurden im Bereich der Inneren Traun Fallbauern (Traunfall) genannt.[132]

Herr J. Meggeneder vom Schiffsleutemuseum erzählte mir, daß der Treppelweg selten eine befestigte Anlage entlang des Flusses war, sondern teilweise nur mit dem Streifbaum (damit sich das Zugseil nicht verhängt) versehen war und streckenweise die Pferdeknechte mit den Pferden im Flußbett des nahen Ufers ritten.

Die Gegenzüge (ohne Pferde) mußten in Gmunden von der Roßbrücke in Richtung Traunsee über ein Zillenwindenwerk [133] hochgezogen werden, ebenso war die in Lauffen von Kaiser Maximilian befohlene Zillenwinde nur für den Gegenzug notwendig.[134]

Schiffmann

2x Lehr

Beschreibung des Treppelweges am fahrbaren Kanal

Der Treppelweg entlang des fahrbaren Kanals beim Traunfall wurde bereits unter Kapitel 4.3 beschrieben. Der Einsatz von Pferdegespannen wurde durch die sog. Fallbauern getätigt. Je nach der Zillengröße war die Pferdebespannung ausgerichtet.[135]

Umspannen bei der Roßbrücke beim Traunfall

wurde ebenso schon unter 4.3 erläutert.

Übersetzen über die Traun mit Pferdeplätte

Bei normalem bzw. niedrigem Wasserstand der Traun konnten die Pferde, wenn der Wechsel des Treppelweges aus naturbedingten Geländegegebenheiten von einem Ufer zum anderen notwendig war, das Wasser des Traunflusses direkt durchwaten, bei höherem Wasserstand, aus welchen Gründen auch immer, wurde mittels einer Roßplätte übergesetzt.[136]

Pferdeübersetzplatte

Der Gegenzug von Stadl nach Gmunden wurde mit dem Bau der Pferde-Eisenbahn von Linz nach Gmunden 1836 teilweise eingeschränkt. Der Gegenzug von Gmunden über Ebensee, Ischl nach Steeg wurde erst 1861 mit der Eröffnung der Kunststraße zwischen Traunkirchen und Ebensee ebenfalls eingeschränkt. Mit der Eröffnung der Kronprinz Rudolfbahn am 23.10.1877 wurden die Gegenzüge und die Zillenfahrt im Salzkammergut beendet und nur mit kleineren touristischen Fahrten fortgesetzt.

Baulichkeiten für den Gegenzug waren im wesentlichen teilweise die Treppelwege, die Streifbäume, die Brücken für das Übersetzen des Flusses und im speziellen beim Traunfall und selbstverständlich auch Roßställe, die aber fast immer bei privaten Bauern vorzufinden waren.

Gmunden

ÖNB

Ferdinand Runk
Ansicht des Stadtplatzes in Gmunden,
um 1810

1. Rabl: Salztransport von Ebensee nach Gmunden über den zugefrorenen Traunsee am 7. Feruar 1830

ÖNB

8.7 Wasserverkehrsweg am zugefrorenen Traunsee und Hallstätter See

Der Traunsee ist aufgrund seiner topographischen Gegebenheit der tiefste See Österreichs mit einer max. Tiefe von 191 m. Die Windverhältnisse im Winter, hauptsächlich der Oberwind, verursachen eine unruhige Seeoberfläche. Diese Umstände gewährleisten, daß dieser See nicht allzu oft zur Gänze zugefroren ist und eine tragbare (zumindest für Menschen) Eisdecke hat. Kann als Zeitzeuge zwei Winter anführen, wo der See dementsprechend zugefroren war, dies war nämlich in den Jahren 1947 und 1963. 1963 landete eine Cessna vor dem Gmundner Hauptplatz auf dem zugefrorenen See, ebenso fuhren PKWs zwischen Schloß Ort und dem Hauptplatz zum Vergnügen über den See.

Im Jahre 1740 war der See ebenfalls zugefroren. Die Salzschiffahrt war normal zwischen Silvester und 19. März eingestellt. Es geht jedoch aus den Annalen hervor, daß in diesem Winter von Ebensee nach Gmunden eine Schiffahrtsrinne durch das Eis geschnitten oder geschlagen wurde, um das Salz mit Zillen transportieren zu können.[137]

Vielfach war der Hallstätter See am 19. März noch zugefroren und es mußte aus wirtschaftlichen Gründen der Salztransport auf dem See stattfinden. Hiefür wurde eine Schiffahrtsrinne, wahrscheinlich ähnlich wie beim Traunsee Ende Februar 1740, aus dem Eis geschnitten.[138]

Überquerungen von zugefrorenen Gewässern durch Menschen gehen weltweit wahrscheinlich bis zu den Anfängen des homo sapiens zurück. Warum Salz transportiert wurde, geht aus den Aufzeichnungen nicht hervor, jedenfalls wäre der Transport von Fuhrwerken über den See aufgrund der geringen (für den Traunsee üblichen) Eisstärke nicht sinnvoll gewesen. Die Tonnage einer Zille lag bei etwa 30 Tonnen, daher war auch von dieser Seite ein Fuhrwerkstransport zeitlich und von den Kosten unwirtschaftlich.[139]

Bohren der Holzstämme für die
Solenleitung

S-A

9.0 Soleleitungen

Die Soleleitung von Ischl nach Ebensee führte zum Teil über landwirtschaftlichen Nutzgrund und war in einer entsprechenden Tiefe verlegt. Rohrgebrechen waren daher schwer feststellbar und es die Soleverluste waren relativ hoch. Um diese zu verhindern, überlegte das Salzoberamt, statt der Holzröhren solche aus Glas zu verwenden und verhandelte darüber mit der Glashütte Schlegl im Mühlviertel. Zu einer Ausführung dieses Projekts kam es nicht, dagegen erwies sich der Vorschlag des Oberhüttenmeisters Schmitt, in die Leitung eine große Anzahl von Meßstellen einzubauen, als zielführend. Auf Grund von vielen Proben wurde ermittelt, daß die Meßtröge ein verläßliches Mittel zur Aufdeckung von Strehngebrechen waren (Näheres in Kapitel 9.4).[140]

Als Holzmaterial für die Soleleitung wurde Fichten- oder Tannenholz verwendet. Die Verlegung bzw. tiefe Einbettung im landwirtschaftlichen Nutzgrund (Wiesengrund) verlangte tadelloses Holzmaterial und veranlaßte daher das Verweseamt Ischl 1819, nachdem die Messung der Sole schon zielführend war, 1000 Lärchenbloche von weit her, nämlich von Burgau am Attersee, anzutransportieren und einzubauen.[141]

Für die Errichtung der Soleleitung von Hallstatt über Ischl nach Ebensee waren viele kleinere Bauwerke notwendig, wie Böschungsmauern, Bachüberbrückungen, kleinere Aquädukte, Aufschüttungen usw. Ebenfalls mußte im Bereich Hallstatt nach Ischl teilweise die Trasse aus dem Felsen herausgesprengt werden. Der Gosauzwang wird im Kapitel 9.3 gesondert beschrieben. Für die Erhaltung der klaglosen Funktion der Soleleitung war die Instandhaltung sowie die Reparatur der Leitungstrasse bei Hochwässern, Schneelawinen usw. laufend notwendig.

S-A

Zusammenbau der Solenleitung

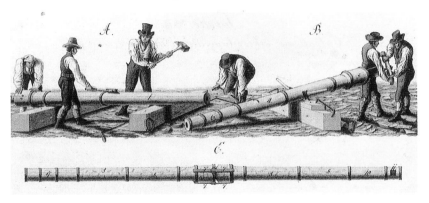

9.1 Soleleitung Aussee – Kainisch usw.

Um das Jahr 1200 kam es zu einer deutlichen Zunahme der erzeugten Solemenge, die in den kleinen Sudpfannen am Augsbach nicht mehr zeitgerecht bewältigt werden konnte. Man war nämlich bei den Bergstollen auf ein außerordentlich reiches Salzlager gestoßen. Weiters ging der Waldbestand in der Umgebung zur Neige und der Holztransport aus den entfernten Wäldern war nur mit großer Mühe und kostenintensiv zu bewerkstelligen. Man entschloß sich daher im Jahre 1215, in der waldreichen Gegend von Lupitsch eine weitere Siedeanlage zu bauen. Der Transport der Sole über eine Entfernung von ca. 2 –3 km war das Hauptproblem. Dies zu lösen war eine zwingende Maßnahme. Es gelang später jedoch, die Probleme, hauptsächlich technischer Art, im unwegsamen Gelände zu bewältigen. Es wurde daher vom Ahornberg- und Moosbergstollen eine ca. 3 km lange Leitung aus ausgehöhlten Baumstämmen, die mit einem Holzpfosten (Brett) abgedeckt waren, nach Vorderlupitsch gebaut, wo in der Nähe des Lupitschbaches die neuen Sudpfannen entstanden.
Die ca. 3 km lange schon bestehende Soleleitung, die in Lupitsch endete, wurde um 1265 über Reitern nach Aussee verlängert und später in das Gebiet der heutigen Unterkainisch weitergeführt. Diese Soleleitung war ca. 10 km lang.[142]
Bei diesen Soleleitungen handelte es sich zweifelsohne um die ersten ihrer Art im Salzkammergut.
Im Jahre 1616 wurde die Soleleitung von den Bergwerken in Altaussee zu den Siedeanlagen im Markt Aussee erneuert. Wahrscheinlich wurde diese Erneuerung nach dem Konstruktionsprinzip der Hallstatt – Ischl – Ebenseer Soleleitung durchgeführt, da diese bereits einige Jahre in Betrieb war und gute Dienste leistete.

Es gibt eine Originalkarte mit Ortsdarstellungen aus der Zeit um 1725. **Stadler schreibt**:

„Die Soleleitung ist lagemäßig auf einer großen Karte dargestellt mit der Bezeichnung ‚Sultzstrenn'. Vom Salzberg bis zu den Marktsudhäusern sind 5600 Holzrohre mit 10 Schuh Länge angemerkt und bis zum Kainisch-Sudhaus weitere 756. In den Gefällebereichen scheinen jeweils kleine Auslaufbehälter aus Holz mit der Bezeichnung ‚Sultzstuben' auf. Bei dieser Bauart konnte der Druck in den Rohren nicht hoch ansteigen und daher war auch die Rohrbruchgefahr nicht sehr groß. Ob es damals zur Kontrolle der Solemenge schon Durchlaufmeßtröge gab, ist nicht feststellbar. Auf der Strecke vom Salzbergwerk nach Lupitsch waren stellenweise auch kurze Felslagen ein Hindernis. Für die Leitung mußten an diesen Stellen Kerben ausgeschlagen werden. Es ist daher der alte Soleleitungsweg stellenweise noch im Gelände erkennbar." [143]

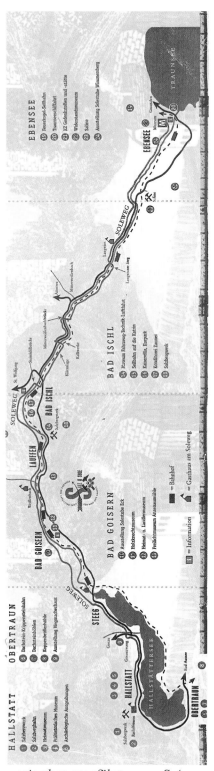

9.2 Soleleitung Hallstatt – Ischl – Ebensee

Der immer mehr steigende Salzbedarf in Böhmen und Schlesien (nach 1526) führte dazu, daß die Salzerzeugung in Hallstatt den Bedarf nicht mehr decken konnte und weiters die Waldungen um den Bereich Hallstätter See, Gosau usw. u.a. auch durch den Kahlschlag (Waldraubbau, Seeauer usw.) und die fehlende Aufforstung bzw. die forstliche Bewirtschaftung der vorhandenen Flächen einen Engpaß für die Hallholzbeistellung für die Zukunft erwarten ließen. 1563 wurde in Ischl der erste Bergwerkstollen geschlagen und 1571 das erste Salz im Pfannhaus gesotten.[144]

Dies war schlußendlich auf lange Sicht nicht ausreichend, und man überlegte aufgrund der vielen Waldungen im Ebenseer Bereich - teilw. Mitterweißenbachgebiet, Offensee- und Langbathseebereich, der Forste in der Rindbacher Umgebung und nicht zuletzt der Waldungen des Klosters Traunkirchen, Gmunden, Ort, Traunsteingebiet, die die Holzbringung über den Traunsee von Norden nach Süden (Ebensee) gewährleisteten, diesen fehlenden Bedarf dort abzudecken. Ein Pfannhaus bzw. Sudstätten waren aufgrund der zentralen Lage von Ebensee der bestmögliche Standort hiefür.

Aufgrund dieser Überlegungen sprach Kaiser Rudolf II. am 16. Oktober 1595: *„Also befehle ich, führt die Sole dem Walde nach, wenn der Wald rar wird in den Bergen."* [145]

Der Bau bzw. die Ausführung einer Soleleitung wurde zuerst von Hallstatt bis Lauffen, dann bis nach Ischl und im darauffolgenden Jahr mit deren Fortsetzung bis nach Ebensee umgesetzt. Der Sohn von Thomas Seeauer, der berühmt-berüchtigte Wolf Seeauer, ist im Vorstadium für diesen Leitungsbau vorgesehen gewesen, hatte gute Aussichten für den Auftrag, hätte diesen gern übernommen, dies kam jedoch nicht mehr zustande, da er zwei Jahre früher, 1593, verstarb. Der Bau der Soleleitung wurde dem Ischler Bergmeister Hans Khalß am 17. September 1593 übertragen, dieser erklärte sich bereit, anstelle des vorangeführten Verstorbenen den Bau zu übernehmen unter der Bedingung, daß ihm die Auswahl der Arbeiter überlassen werde und gleichzeitig die wöchentliche Lohnauszahlung für diese zuverlässig ist. Des weiteren verlangte er die Zusicherung, seine Brüder und seine Söhne miteinbeziehen zu dürfen. Die Soleleitungsrohre waren 3 m lang und aus Fichte oder Tanne. Für die ca. 40 km lange Soleleitung (mehrröhrig), den sog. Strehn, benötigte man 13.000 Fichten bzw. Tannen und er wurde 1604 fertiggestellt. Die Soleleitung hatte auf der ganzen Länge (ausgen. Talsenke Gosaubach) ein natürliches Gefälle. Das war eine Grundvoraussetzung für die Funktion dieser. Die Sudhausanlage in Ebensee wurde 1607 in Betrieb genommen. In den verschiedensten Publikationen, besonders der Tourismusbranche, wird diese Leitung als die älteste Pipeline der Welt bezeichnet, dem ist entgegenzuhalten, daß im 13. Jh. bereits eine Rinne mit Abdeckung (kein Rohr) vom Moosberg zum Pflindsberg und weiter nach Lupitsch bestand. Diese wurde über Reitern nach Aussee verlängert.[146]

Man kann mit ziemlicher Sicherheit annehmen, daß die heute noch seit 1597 bestehende Soleleitung (jedoch andere Rohrmaterialien wie Eternit und auch schon Kunststoff) von Hallstatt nach Ebensee wohl die älteste ununterbrochen funktionierende Pipeline der Welt sein wird. Eindeutig steht fest, daß es sich um eine große Pionierleistung der damaligen Zeit handelt.

In ihrer Anlage war die Gesamtsoleleitung gut durchdacht und funktionierte ca. 50 Jahre klaglos. Mit der Zeit setzte jedoch eine Verwahrlosung ein und diese stellte eine Visitationskommission im Jahre 1654 fest.[147]

Johann Steiner schreibt 1820 in seinem „Reise-Gefaehrte durch die oesterreichische Schweiz": *„Nach hergestellter Soolenleitung oder Sulzstrom – ein wahres Riesenwerk, dem in einer Länge von 4 Meilen viele Hindernisse im Wege standen, durch festes Beharren seines Erbauers aber glücklich überwunden, und dadurch äußerst beträchtliche Ersparungen erzielt wurden – mußte Christoph Hayden, Salzamtmann, und Zacharias Khuttner den Ueberschlag auf Erbauung des Pfannhauses zu Ebensee verfas-*

sen, worauf im Jahr 1604 zum Baue desselben geschritten und nach dessen Vollendung, am 8. Februar 1607, das erstemal Salz gesotten wurde." [148]

Erstaunlich ist, daß **Johann Steiner** schreibt: „*Nach denen diesem Mandat vorausgegangenen Proben einer Soolenleitung und gefundener Ausführbarkeit, wurde zu dieser Soolenleitung, aber Anfangs von Ischl nach Ebensee, geschritten; im Jahre 1613 aber auch von Hallstadt bis Ebensee vollendet.*" [149]

Hingegen schreibt **Schraml**: „*Nach längeren Verhandlungen ordnete Kaiser Rudolf II. am 16. Oktober 1595 die Ausführung der Leitung von Hallstatt zuerst bis Lauffen und dann bis nach Bad Ischl an und befahl im darauffolgenden Jahre deren Fortsetzung nach Ebensee.*" [150]

Schraml verweist auf S.O.A. Bd. 16.

Habe diese Angabe nicht überprüft, gehe aber mit an Sicherheit grenzender Wahrscheinlichkeit davon aus, daß Schraml, der ja alles genauestens überprüfte, die richtigen Bauetappen anführte. Weiters war Schraml ein Mitglied der obersten Stufe des Salinenwesens, und Johann Steiner war Forstmann in Mondsee, der sicher nicht diesen Zutritt zu den Akten hatte. Außerdem verweist er auf keine Literatur. Auch Steiners Theorie ist nicht ganz unlogisch, er führt als erste Bauetappe Ischl – Ebensee an, das Sudwerk in Ebensee wurde mit Ischler Sole versorgt, und die zweite Bauetappe ist von Hallstatt nach Ischl gewesen und die Fertigstellung dieser Etappe ermöglichte eine Solenversorgung nach Ebensee aus dem Hallstätter Bergwerk.

Andere Autoren beschränken sich jeweils auf die Angabe, daß im Jahre 1595 bis 1604 die Soleleitung von Hallstatt über Ischl nach Ebensee errichtet wurde.

Die Schwachstelle der Soleleitung war jedoch die Überquerung in der Talsenke des Gosaubaches. Die Sole fiel in den Rohren ca. 43 m steil herab und mußte ungefähr dieselbe Höhe wieder steil hochgedrückt werden, um über die weitere Trassierung nach Ischl im natürlichen Gefälle zu fließen. Die

*Soleitung im Wald. Felsenbereich
v. Stützmauer*

3x FO/04 Stummer

Rohrleitung mußte praktisch drucksicher gehalten werden, das speziell bei den Rohrverbindungen und bei den Rohrknicken, die aus Holz bestanden und mit Eisenringen verstärkt wurden. Das Holz erwies sich auf Dauer als zu schwach und die häufigen Reparaturen waren in Anbetracht des steilen, felsigen Geländes auch sehr kostspielig. Trotzdem funktionierte die Soleleitung ohne Gosauzwang von 1600 bis 1657, d.h. durch die Errichtung einer Brückenkonstruktion mit Sprengwerken wurde die Schwachstelle der Soleleitung entfernt, da die Soleleitung dann im natürlichen Gefälle von einem Bergrücken zum anderen geführt wurde.[151]

Die Herstellung der Rohre aus Fichte oder Tanne war deswegen zielführend, da Hartholz vom Gewicht und daher für den Transport und den Einbau ungünstiger war, weiters war die Menge von Hartholz in der entsprechenden Qualität auch nicht vorhanden.

Besonders möchte ich auf die diesbezügliche, auf dieser Seite dargestellte Zeichnung aus der Manipulationsbeschreibung von 1817 hinweisen, die eine meines Erachtens nach sehr gute Veranschaulichung der Bearbeitung der Holzstämme aufzeigt.

Die Soleleitung war der Lebensnerv oder die Nabelschnur des Ebenseer „Pfannhauses bzw. der Pfannhäuser". Der Bau dieser Soleleitung ermöglichte erst den Pfannhausbau in Ebensee, das mit keinem unmittelbaren Bergwerk in Verbindung stand (da das Ischler Bergwerk bereits in ca. 17 km Entfernung liegt). Das Ebenseer Salzsudwerk war der größte Salzerzeugungsbetrieb in der österreichischen Monarchie.[152]

Die Soleleitung von Hallstatt bis nach Ischl ist, wie vorher erwähnt, noch voll funktionsfähig. Das Rohrleitungsmaterial für die Soleleitung wurde in den letzten Jahrzehnten durch modernere, qualitativ bessere und länger haltbare Rohrleitungsma-Plastik usw.) sukzessive ersetzt.

*Ausgediente Holzrohre der Soleleitun v 1975
H. Hager*

9.3   Gosauzwang – Aquädukt für die Soleleitung

Der Gosauzwang war das bedeutendste Bauwerk im Zuge der Soleleitung und bedurfte einer ganz besonderen Obsicht, nicht nur wegen des hölzernen Oberbaues mit den gewaltigen Ensbäumen, sondern auch die Quaderpfeiler mußten in gutem Zustand erhalten werden. Am Gosauzwang wurden größere Reparaturen in den Jahren 1782, 1805, 1811 und 1813 durchgeführt. Obwohl die Arbeiten sehr schwierig waren, ging die Durchführung trotzdem entsprechend schnell vor sich, damit die Unterbrechung der Soleleitung nur auf wenige Tage beschränkt sein mußte.[153]

Kegele schreibt: „*Einige hundert Schritte hinter Gosaumühl passieren wir einen großartigen Aquäduct, den Gosauzwang, das ist die Solenleitung, welche, von hochaufstrebenden Pfeilern getragen, im Jahre 1757 von dem Hallstätter Arbeiter Josef Spilbicher quer über das Thal gebaut worden ist. Hier, an der Ausmündung des Thales, treten die dasselbe zu beiden Seiten begleitenden Felsrücken sehr nahe zusammen; es ist dies eine Erscheinung, der wir bei sehr vielen Alpenthälern begegnen.*" [154]

Josef Spielbüchler war der Erbauer dieses in allen Belangen großartigen Bauwerkes. Die technische Verbesserung der alten Soleleitung wurde vorher bereits beschrieben.

Die Sole fließt über die Rohrleitungen (damals aus Holz) am südlichen Talübergang in eine Solenstube auf die Brücke, anfangs mit dem südlichen Widerlagermauerwerk, nachfolgend über fünf Pfeiler aus Quadersteinmauerwerk und über das am Ende liegende nördliche Widerlagermauerwerk wiederum in eine Solenstube mit dem Ausfluß bzw. Abfluß in Richtung Bad Ischl. Die Brücke über die Pfeiler und Widerlagermauern war eine Holzkonstruktion, die sowohl für die Rohre als auch als begehbare Brücke konstruiert war. Diese Konstruktion wies zwischen den Pfeilern und den Widerlagern eine Verstärkung durch Holzspreng-

ÖNB

Benedikt Piringer
Gosauzwang mit der Salzleitung, 1821

werke auf. Die Brückenerbauung mit natürlichem Gefälle beendete die kostspielige und reparaturanfällige Soleleitungsführung hinunter zum und über den Gosaubach. Die Brücke wurde Ende des 20. Jhs. in ihrer Konstruktion und ihrem Aussehen den neuzeitlichen Erfordernissen angepaßt. Die hölzernen Sprengwerke wurden nicht mehr erneuert. Man kann sagen, die neue Konstruktion entspricht einem heutigen modernen Talübergang, d.h., das Erscheinungsbild ergibt auch eine gut gelungene architektonisch-ingenieurmäßige Konstruktion.

Gosauzwang 2001

Diese Fotos zeigen das neue Soleleitungstragwerk (ingenieurmäßige Konstruktion) mit den alten Pfeilern und den nicht geschlossenen Löchern der alten Sprengwerke.

2x FO/04 Stummer

Ikonographie über das Bild des Gosauzwanges von Jakob Alt (1810)

Jakob Alt
Lehr

Bei diesem Landschaftsbild wurde der Standort so gewählt, daß die Brücke nicht in ihrer ganzen Länge und nicht mit allen Pfeilern sichtbar ist. Das hat zur Folge, daß sich der Gosauzwang auf diesem Bild harmonischer in die Landschaft einfügt. Ebenfalls ist die Fasselsäge durch Bäume großteils verdeckt. Die Wehranlagen des Gosaubaches machen einen interessanten optischen Eindruck. Das Grün der Bäume und der Bewaldungen ist mit einer zarten, gedeckten Farbe wiedergegeben. Im Vordergrund ist Leben durch eine Frau mit zwei Tieren dargestellt. Der Gosaubach hat eine bewegte Oberfläche und ist türkis dargestellt. Das Firmament ist teilweise durch Wolken bedeckt. Das gesamte Bild hinterläßt einen sehr beschaulichen, ruhigen, friedlichen Eindruck vom Landleben und wiederspiegelt die damalige „Zeit". Das konstruktive Bauwerk der Brücke ähnelt einer Aquäduktanlage aus früheren Zeiten. Weiters erzeugt dieser hochliegende Talübergang eine schöne Kombination zwischen Natur und Technik, d.h., man kann von einem schönen landschaftsgebundenen Bauwerk sprechen, das im Salzkammergut damals und auch heute nicht seinesgleichen hat.

9.4 Wärmestuben und Meßanlagen

*Solestube in Weissenbach (Goisern)
FO/04 Stummer*

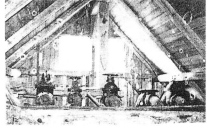

„Solestube in der Goff"　S-A

Je schneller die Fließgeschwindigkeit der Sole, umso geringer ist die Gefahr des Einfrierens. Im Bereich Hallstatt vom Rudolfsturm bis nach Ischl war und ist das natürliche Gefälle größer als das im Talboden zwischen Ischl und Ebensee. Dem Manko wurde durch Wärmestuben, die in genügender Anzahl vorhanden waren, entgegengewirkt.[155]

Die gesteigerte Soleabgabe erforderte eine Verstärkung der Rohrleitungen im Jahre 1793. **Schraml schreibt:**

„Eine länger dauernde Unterbrechung des Soleabflusses durch äußere Einflüsse kam nur einmal, im Jahr 1800, vor. Damals war die Kälte so groß und anhaltend, daß die in der Sole enthaltenen Nebensalz, Glaubersalz und Gips auszuscheiden begannen und die Leitung verstopften, so zwar, daß in der Hinlauf-Solestube bei Goisern überhaupt keine Sole mehr ausrann. Dieser Unfall gab wahrscheinlich Anlaß zum Bau von Solewärmstuben längs der ganzen Leitungsstrecke." [156]

Auf der ganzen Leitungsstrecke vom Rudolfsturm bis zur Ischler Teilstube konnte die Sole nicht gemessen werden. Verluste waren daher nur schwer auffindbar. Der Oberhüttenmeister Schmitt beantragte 1769 die Einschaltung von 53 Meßtrögen in die gesamte Soleleitung von Ebensee nach Ischl, bis dahin war so etwas im Salzkammergut nicht bekannt.[157]

Im Jahre 1838 führte das Salzoberamt eine Abänderung in der Verrechnung ein, und zwar anstelle des Eimers den Wiener Kubikfuß als Maßeinheit. Trotz aller Verbesserung der Meßtröge benützte man die Angaben der Meßtröge längs der Soleleitung nur dazu, die Dichtheit derselben zu prüfen und allfällige Gebrechen zu erkennen. Die Hauptschuld an der Unklarheit in der Solezumessung lag an den Meßtrögen, die trotz aller Verbesserungen ihre Aufgaben um das 1850 nicht restlos erfüllten, man baute daher für den beständigen Druck gewisse Vorkehrungen ein. Man verwendete die sog. Zimenttröge.[158]

„Eine andere, im Kammergut nur versuchsweise angewandte Meßvor-

richtung war der vom bayrischen Obersbergrat von Baader konstruierte Hydrograph, ein Kipptrog mit zwei Abteilen, in welche die Sole abwechselnd ein- und ausfloß, je nach der Stellung einer durch Schwimmer bewegten Schaukel, die auch die Abflußventile selbsttätig öffnete und schloß und ein Zählwerk betätigte." [159]

Zum Betrieb und Instandhaltung der Soleleitungen seit ca. 1600 mußten bis zur neueren Rohrtechnik und eventuellen Verlegemaßnahmen sehr viel Arbeit und Material beigestellt werden.

Schraml schreibt:

„Kleinere Gebrechen, durch schadhafte, fehlerhaft verlegte oder schlecht überdeckte Röhren, Steinschlag oder Windbruch hervorgerufen, waren natürlich häufig und verlangten eine ständige Überwachung und Instandhaltung." [160]

Messeinrichtungen
4x FO/04 Stummer

10.0 Schiffsbau

Das nötige Schiffsbauholz (die „Wänd- und Bodenhölzer", wie auch die „Kipfen") lieferten die Waldungen der Klöster Traunkirchen und Krems- münster, die Herrschaften Ort, Scharnstein, Kammer und Wildenstein. Für die letztere galt aber die Bestimmung, daß die Bürger von Gmun- den ihren diesbezüglichen Bedarf nur aus den Wäldern unterhalb des mitteren Weißenbaches (der „Goff") beziehen durften, während die von dort traunaufwärts gelegenen Waldungen den Salzfertigern von Hallstatt, Lauffen und Ischl vorbehalten blieben. Es durfte nur Tannen- und Fich- tenholz zum Schiffbau verwendet werden, Eiben, Ahorn, Eschen usw. zu verwenden war strafbar. Die vorgenannten Wälder unterlagen auch einer Schonung wegen des Kipfenbezuges, weil jene aus jüngeren Stämmen gehackt werden, die man samt den Wurzeln ausgräbt. Die Arbeiter bzw. Erbauer der Salzschiffe nannte man Schiffwerker. Mit diesem Handwerk verwandt war das der „Zillenflicker" oder „Zillenschopper", denen nur die Ausbesserung schadhafter Schiffe oblag.[161]

„Ursprünglich baute man die Schiffe nur aus gehacktem Holze, wozu nur ausgesucht schöne Stämme geeignet waren. Wegen des ungeheuren Holzverbrauches versuchte man bereits um die Mitte des 17. Jahrhun- derts an der Traun geschnittenes Holz zu verwenden, von dem man nur die halbe Menge benötigte. Nach den guten Erfahrungen, die man damit machte, wurde bald das gehackte Holz vom Ladwerk verdrängt, und es erfolgte an der Traun der Bau der Schiffe zum größten Teil aus dieser Materialart." [162]

Hager schreibt:

„Entlang der ganzen Traun und auch an allen Salzkammergutseen gab es 170 Schiffbauplätze." [163]

Außerhalb der Salzstraße waren dies der Wolfgangsee und der Attersee, jedenfalls wurden Schiffe für allerlei Nutzzwecke wie Salzschiffe, Personenschiffe, Kriegsschiffe (siehe Kapitel 10.3) usw. in allen Größen im Salzkammergut gebaut.

Es ist mir bei meinen Recherchen gelungen, einen Typenplan für den Schiffsbau ausfindig zu machen und dieser wird auch unmittelbar miteinbezogen.

Typenplan bzw. Peospekt eines Schiffbauplatzes 1815

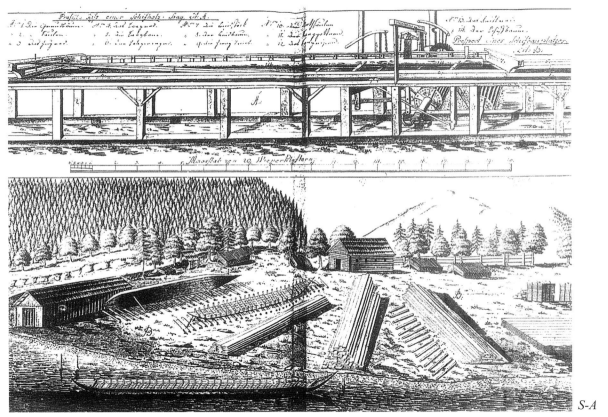

Welche Schiffe (Zillen) wurden für den Salztransport hauptsächlich gebaut bzw. eingesetzt?

6er Zillen (Abmessungen ca. 30,0 m x 3,5 m x 1,5 m)

7er Zillen (Abmessungen ca. 34,0 m x 3,5 m x 1,5 m)

Die Schiffe wurden aus Weichholz (Fichten oder Tannen) gebaut, die Verwendung von Hartholz war streng verboten.

10.1 Zillen für den Salztransport

Für die obere Traun von Steeg bis Gmunden waren eigene Zillen bzw. Schiffsgattungen nötig.

Gmunden war ein Salzumschlagplatz, und das Salz wurde auf andere Zillen bzw. Schiffe übertragen, die der Fahrt über den Traunfall standhielten und die man auch Fallzillen nannte. In Stadl mußte ebenfalls umgeladen bzw. abgeschiftet werden, da die Äußere Traun eine seichtere Tiefe aufwies.

Gotteszeilzillen und Herrenfuderzillen wurden in Hallstatt gebaut. Wir treffen weiter Handler- oder Mautamt-Zillen, dann Fallzillen, mit denen man 1 bis 2 Jahre über den Traunfall fuhr, um sie dann als ausgediente Zillen zu verkaufen oder als Schiftzillen auf der Äußeren Traun zu gebrauchen und endlich als Hingeberzillen ein letztes Mal mit Salz nach Niederösterreich oder weiter zu führen und dort zu veräußern.

Die Salzzillen auf der Traun unterschied Krackowizer nach der „Weite" in Vierer-, Fünfer-, Sechser-, Siebner-, Achter- und Zehnerzillen oder nannte sie kürzer Viererl, Fünferl oder Fünferin, Sechserin, Siebnerin, Achterin, Zehnerin. Diese Bezeichnungen kommen, wie aus Salzfertigerakten aus dem 16. Jahrhundert im Gmundner Stadtarchiv hervorgeht, von der ursprünglichen Gepflogenheit her, einen Schiffboden aus 4, 5 oder mehr, jeweils einen Werkschuh breiten Bodenhölzern zusammenzufügen.[164]

Die Sechserinnen und Siebnerinnen waren die gebräuchlichsten Salzschiffe. Mit ihnen wurde das kleine Küfelsalz von den Fertigern und später von dem Großkufenhandelsamt in Gmunden traunabwärts verführt und gelangte in die Donau. Die Abmessungen hatten sich gegenüber den oben angegebenen Maßen wieder geändert, und es war in späterer Zeit eine Sechserin 16 Klafter lang und 10 bis 12 Schuh breit, 18 Klafter lang und 12 bis 13 Schuh breit war eine Siebnerin.

Das Salz auf der Traun führte man mit Sechserinnen und Siebnerinnen bis in die Sechzigerjahre des 19. Jahrhunderts hinein, später verwendete man sie zur Verführung der Bruchsteine aus den Granitbrüchen an der Donau zu den Regelungsbauten am Strom, wozu man Siebnerinnen bis in die Fünfzigerjahre des 20. Jahrhunderts noch verwendete.

Aberseerinnen waren Siebnerinnen, die am Abersee oder Wolfgangsee gebaut und auf dem bei hohem Wasser mit leeren Schiffen befahrbaren Ischlfluß unbeladen nach Ischl gebracht wurden.[165]

„Beim Transport ab Gmunden war das in 4 Abteilungen gelagerte Salz mit Teerplachen zugedeckt. In Stadl wurden die Schiffe mit Brettern eingedeckt, und zwar derart, daß in der Mitte zwei Kobel und vorne und hinten je ein nach vorne, bzw. hinten abfallendes Schußdach errichtet wurden. Die Vierzehner waren 14½ Schuh weit und 42 Zoll tief. Der Preis betrug 500 bis 600 Kronen, die Ladung auf der Inneren Traun 300, auf der Donau 800 Zentner. Die Zurichtung bestand in einem Kobel in der Mitte und je einem Schußdach vorne und hinten. Die Zwölfer waren 14½ Schuh weit, 36 Zoll tief und kosteten 450 Kronen. Sie trugen ab Gmunden 250, auf der Donau 450 bis 500 Zentner. Die Zurichtung erfolgte wie bei den Vierzehnern. Die Trauner hatten beiderseits je eine Feil.“ [166]

Reliefbild einer „bedeckten Siebnerzille“
Klausenwärterhaus in Steeg

FO/04
Stummer

155

10.2 Zillen für den Personentransport

Zillen, die für den regelmäßigen Personentransport auf den Seen verwendet wurden und teilweise auf der Traun schwammen, sollen keiner näheren Betrachtung unterzogen werden, da sie nicht dem Großunternehmen Salzkammergut in ihrer Betriebsfunktion dienten. Die Zillen des Gegenzuges waren Salzschiffe oder Schiffe in schlechtem Zustand, die nicht mehr so schwer beladen werden konnten und von den Pferden stromaufwärts gezogen wurden.

10.3 Tschaiken und Zillen für die Kriegsführung gegen die Türken

Die Herstellung der Tschaiken (auch Nassadistenschiffe genannt) ist den meisten, auch gut versierten Menschen im Salzkammergut dem Namen nach, in ihrer Art und daß sie hauptsächlich im Raume Gmunden gebaut wurden, völlig unbekannt. Werde deswegen etwas genauer darauf eingehen. Die Gmundner Schiffe wurden in früherer Zeit aber nicht nur allein zur Ausfuhr von Salz und anderen Frachtgütern verwendet, sondern häufig auch vom kaiserlichen Hofe und der Armeeleitung benötigt. So erging am 8. und 12. September 1614 der Befehl an das Salzamt in Gmunden, 10 gute, gerechte Siebnerinnen samt 50 Schiffleuten nach Linz zu schaffen, um den Hofstaat des Kaisers Matthias donauabwärts zu bringen. Dieselbe Behörde mußte im Juli 1653 40 – 50 Zillen zur Reise des Kaisers Ferdinand III. von Regensburg nach Wien beistellen. Der Gmundner Schiffe bediente man sich im Kriege zum Transport von Truppen und Proviant sowie auch für den Brückenbau.[167]

Das Salzamt hatte 1656 ein großes Sägewerk in Viechtwang in Pacht genommen, welches seinen Holzbedarf aus den Waldungen von Kremsmünster, Scharnstein und Grünau deckte.

Der Besitzer der Schiffssäge in Viechtwang, Herr Drack, erklärte mir im Jänner 2004, daß es sich hierum um seine Säge handelt.

„1594 beschwerte sich der Abt von Kremsmünster, daß aus seinen Wäldern heuer an die 2700 Stämme des schönsten, jungen und besten Holzes gefallen und ‚dieses meines Gotteshauses bestes Kleinod dermaßen durchgraben und solche Schaden darin geschehen, darüber die Holzknechte selbst, und wer es sieht, Erbarmnus hab'.“ [168] Das Holz mußte nunmehr von den Scharnsteinschen Forsten bezogen werden, obwohl man dem Kloster Kremsmünster versprochen hatte, es mit dem Kipfengraben soviel als möglich zu verschonen.

Der Verkauf von gebrauchten Salzzillen war reglementiert und wurde vom Salzoberamt kontrolliert.
Der Umschwung in der Gebarung mit den gebrauchten Salzschiffen trat erst um die Mitte des 18. Jahrhunderts ein, als die Türkenkriege vorüber waren und die Verhältnisse in Ungarn sich gefestigt hatten. Zwar blieb das Oberste Schiffamt noch immer der Hauptabnehmer, doch mehrten sich die Fälle, daß das Angebot die Nachfrage überwog.

Im Kammergut zählte selbstverständlich der Schiffbau in erster Linie der Salzverfrachtung, mit deren Entwicklung er fortschritt. Nicht viel geringer aber war seine Bedeutung auch für das Kriegswesen jener Zeit. Die fortwährenden Kriege der österreichischen Hausmacht in dem wirtschaftlich noch unerschlossenen Ungarn mit seinen großen Flüssen erforderten ununterbrochen Nachschübe von Truppen, Proviant und Kriegsgeräten aller Art, die nur auf dem Wasserwege möglich waren, dann auch Schiffbrücken und Kriegsschiffe. Die meisten Schiffbauer von Österreich waren im Salzkammergut beheimatet, so war dieses die berufene Stätte, von der aus die Schiffe zur Unterstützung der kaiserlichen Armee nach Ungarn abgingen. Es gibt eine relativ genaue Aufzeichnungen über die Menge der Schiffslieferungen:

Beginnend 1558 mit dem Bau und Lieferung von 70 Streitschiffen aus Gmunden. Die nachfolgenden Schiffslieferungen bestanden aus Nassadistenschiffen, ganzen Tschaiken sowie halben Tschaiken, Zillen aller Art für Transport und Brückenbau usw. und wurden in regelmäßigen Abständen für militärische Zwecke bis zum Jahre 1747 angefordert. Der Einsatz war hauptsächlich in Ungarn auf der Donau und Theiß, weiters in den Schlachten von Peterwardein und Belgrad usw.[169]

Schraml schreibt:

„Zu den 4000 in den Akten aufgezählten, meist großen und schweren Schiffen kamen noch viele Hunderte von Salzzillen, die nach Entleerung ihrer Fracht vom kaiserlichen Schiffamt angekauft und militärischen Zwecken zugeführt wurden. Unbekannt ist auch die Zahl der Kriegsschiffe, die in den niederösterreichischen Staatsforsten und in den ausgedehnten Waldungen Ungarns im Liptauer und Tatragebiet von oberösterreichischen Schiffwerkern gebaut worden sind. Schiffbauer und Schopper aus dem Kammergut hielten den gewaltigen Schiffspark der in Ungarn kämpfenden kaiserlichen Armeen instand, und oberösterreichische Schiffleute hatten die Führung der Fahrzeuge inne.“ [170]

Ritter von Arneth schreibt betreffend die Schlacht bei Belgrad:

„Am Abende des 13. Juli 1717 brach urplötzlich ein so furchtbarer Orkan über Belgrad und dessen Umgegend herein, daß die Brücken über die Donau und Save fast ganz zerrissen und viele der Schiffe, aus denen sie erbaut waren, von der Strömung fortgetragen wurde. Andere Schiffe, mit Proviant und Pulver beladen, scheiterten. Eine türkische Halbgaleere mit drei Kanonen wurde an die kaiserlichen Tschaiken getrieben.“ [171]
O.a. „viele der Schiffe" sind Salzschiffe wie Sechser- oder Siebnerzillen gewesen.

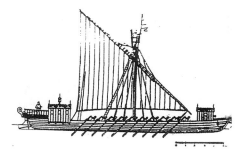

"Prinz Eugenius, der edle Ritter,
Wollt' dem Kaiser wiederum kriegen
Stadt und Festung Belgerad;
Er ließ schlagen einen Brucken,
Daß man kunnt' hinüber rucken
Mit der Armee wohl vür die Stadt."

Kaiserliche Halbtschaike 1771

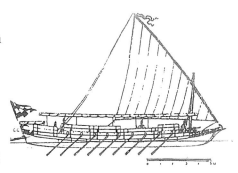

Unterlagen aus der Bibl. v. Oberst A.D.
Dr. Bruno Koppensteiner Salzburg

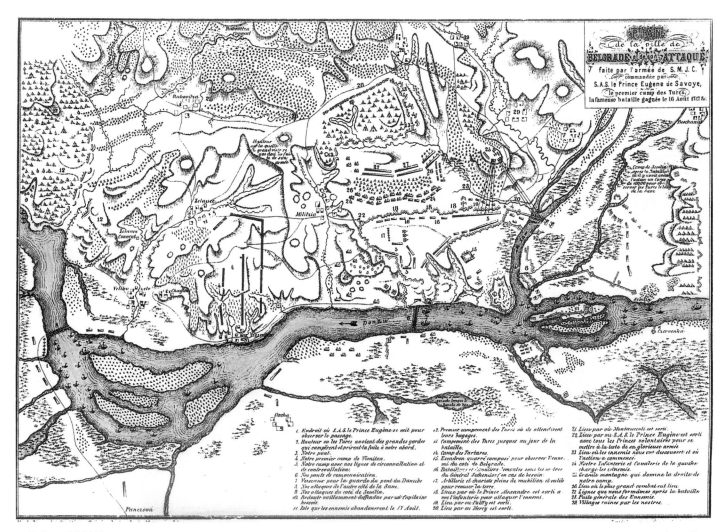

Belgrad 1717   Arneth

11.0 Bedeutung wirtsch. Konkurrenzunternehmen u. Umstrukturierung des eigenen Unternehmens ab 1810

Von Anfang an war das Großunternehmen ab 1311 in stetiger Konkurrenz zu den Salzerzeugern Hallein (Salzburg) und Reichenhall (Baiern). Es kam ja sogar zu kriegerischen Auseinandersetzungen mit Österreich, siehe Kapitel 1.2. Jedenfalls war die Spannung zwischen den Salzburger Erzbischöfen und den Habsburgern teilweise sehr vehement. Dies gipfelte in schwer möglichen Grenzübertritten für beide Seiten, hauptsächlich im Wolfgangseegebiet und Paß Gschütt (Gosau). Es lag daher in den Absichten beider jeweiligen Landesfürsten, für seine Salzwirtschaft Vorteile und Privilegien zu schaffen, siehe u.a. Kapitel 1.3, 2.0, 2.1 und 2.2. Zwischendurch gab es jedoch Phasen, wo der Salzburger Erzbischof sehr wohl mit dem Römisch-deutschen Kaiser und Landesfürsten des Salzkammergutes gemeinsame Sache machte bzw. der Erzbischof dem Kaiser aushalf, siehe u.a. Kapitel 2.2, 15.4. Ein einmaliges Ereignis dürfte nach der Einverleibung des Mondseelandes mit St. Wolfgang im Jahre 1506 die sofortige Verpfändung dieses durch Maximilian I. an den Salzburger Erzbischof Leonhard von Keutschach (1495 – 1519) gewesen sein.

Selbstverständlich lief eine wirtschaftliche Schwächung des Konkurrenzunternehmens wie z.B. des Fürsterzbistums Salzburg der eigenen Wertschöpfung nicht zuwider. Hiezu ein Beispiel aus dem 18. Jh., wo es schon intensive Finanzierungen und Abwicklungen gab.

Der Großhandel der Stadt Salzburg nahm am Anfang der Neuzeit aufgrund der verkehrsstrategischen Zentrallage eine erfolgreiche Entwicklung. Diese Entwicklung war ab dem 16. / 17. Jh. beeinträchtigt worden durch die Verlagerung regionaler Schwerpunkte des internationalen Handels weg vom venetianisch-levantinischen Raum hin zu den europäischen Atlantikküsten, wodurch die Bedeutung des Salzburger Tauernüberganges relativiert wurde, andererseits durch die Bestrebungen der habsburgischen Wirtschafts- und Zollpolitik zur Umlenkung wichtiger Handelsströme auf österreichisches Territorium.

Dirninger schreibt:

„Dies begann 1554 mit der Errichtung eines hohen Zolls an der Kärntner Grenze am Südfuß des ins Land Salzburg führenden Katschbergs in Kremsbrücke. Dessen Zweck war die Bevorteilung der nach Norden führenden Verkehrswege über Tirol (Brenner) einerseits und über die Steiermark andererseits gegenüber der Salzburger Tauernstraße. Diese Bestrebungen wurden im 18. Jahrhundert mit entsprechenden zollpolitischen Maßnahmen fortgesetzt und erreichten im Grenzzolltarif für Innerösterreich von 1766 einen Höhepunkt. Die darin für die Tauernstraße enthaltene erhebliche Benachteiligung wurde von dem 1775 für die deutschen Erbländer errichteten Zolltarif übernommen. Ein wichtiges Motiv dabei war der Aufbau Triests zum führenden Hafen der Monarchie. In diesem Zusammenhang ging es vor allem um die Verringerung der Bedeutung Venedigs als mediterranes Handelszentrum."[172]

Aus der Zoll- und Mautsituation ergaben sich auch andere Aspekte, die nicht aus einer wirtschaftlichen Zielsetzung des Erzstiftes Salzburg entsprangen.

„Halbilitationsschrift
Dirninger"

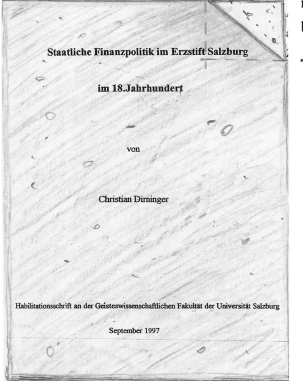

Staatliche Finanzpolitik im Erzstift Salzburg

im 18.Jahrhundert

von

Christian Dirninger

Habilitationsschrift an der Geisteswissenschaftlichen Fakultät der Universität Salzburg

September 1997

Und Dirninger schreibt weiter:

„In diesem Sinne erzwang Österreich in der Folge des Ausbaues seines Straßennetzes, speziell der Verbindung nach Triest, von Salzburg im Verlauf des 18. Jahrhunderts die Verbreiterung wichtiger Durchzugsstraßen sowie die Anlage von Kunststraßen mit Unterbau. Ebenso machten die in Bayern ab 1722 vorgenommenen Straßenerweiterungen entsprechende Maßnahmen in Salzburg notwendig, wollte man eine stärkere Abwendung des Verkehrs von den salzburgischen Straßen vermeiden." [173]

Hiemit wurden die Handelswege bzw. -straßen der Baiern und Tiroler nach Triest über Salzburger Hoheitsgebiet im Sinne Österreichs verbessert, und als Fazit kann gesagt werden: Österreich schuf sich einen Vorteil auf Kosten von Salzburg, das u.a. auch dessen eigener Wirtschaft nützte (ähnliche Situation heute der Transitverkehr im Inntal).

Durch die Franzosen- und Baiernkriege, unter denen das Salzkammergut finanziell schwer gefordert wurde, weiters die Nahrungsmittelknappheit und andere kriegsbedingte Umstände war es unbedingt erforderlich, gewisse Mißstände, die aus der Not geboren waren und dem Großunternehmen direkt oder indirekt in vielerlei Hinsicht schadeten und deren Beschreibung ich nicht als Gegenstand dieses Werkes betrachte, abzuschaffen bzw. Reformen einzuleiten, die aus dieser Misere herausführten. Weise darauf hin, daß verschiedene Straßenarten unter dem Hauptkapitel 8.0 beschrieben wurden, und es wird auch zulässig sein, einmal aufzuzeigen, daß das Konkurrenzunternehmen Salzburger Salz auch einmal für die Habsburger dienlich waren. Die Habsburger haben ja aufgrund der schlechten Beistandshilfen der deutschen Fürstentümer sehr viel für Krieg und Frieden im Heiligen Römischen Reich Deutscher Nation aus eigener Tasche zahlen müssen.

11.1 Unternehmensreformer Salzoberamtmann Schiller (1824 – 1844)

Am 17. Februar 1824 wurde Hofrat Franz Ferdinand Schiller von der „Hofkammer für Münz- und Bergwesen" zum definitiven Salzoberamtmann berufen. Damit begann die „Ära Schiller", welche insgesamt eine stürmische Aufwärtsentwicklung und einen enormen technischen Fortschritt des damals größten Unternehmens (außer landwirtschaftliche Großbetriebe) der Monarchie brachte. Er leitete das Salzoberamt zwanzig Jahre lang und war der bedeutendste Reformer des Salinenwesens im 19. Jh., sowohl in technischer als auch in organisatorischer Hinsicht. Er ließ die letzten Überreste der mittelalterlichen Sudhäuser abtragen und neue Salzsudstätten (Pfannhäuser) in Ischl, Ebensee und Aussee erbauen. In Ebensee wurde 1848/49 ein neues Werk erbaut, das seinen Namen trug. 1840 wurde er in den Adelsstand erhoben wegen seiner bedeutenden wirtschaftlichen Umsetzung für den Staat.

Zu den Aktivitäten Schillers zählen:

Vorrangig die Reform des Salzoberamtes in verwaltungstechnischer Hinsicht, die auf heftigen Widerstand bei den Mitarbeitern stieß.

Die Zusammenlegung des Salzamtsbezirks Aussee mit dem Salzamtsbezirk Gmunden im Jahre 1826.

Durch die Einführung des Salzfreihandels wurde der staatliche Salztransport aufgelassen.

Der überhöhte Personalstand mußte abgebaut werden, das von den Arbeitern mißbilligt wurde, da es viel Elend und soziale Härten hervorrief. Der Personalstand betrug im Jahre 1824 in Hallstatt 1066, in Ischl 800 und in Ebensee ca. 1600 Arbeiter. Schiller setzte bis 1827 eine entsprechende Personalreduktion durch und versuchte, die überzähligen Arbeiter in andere staatliche Bereiche und Gegenden zu transferieren. Für die Zukunft schlug er zur Vermeidung des zu großen Personalstandes der Hofkammer einen „Sozialplan" vor, um einer großen Not im Salzkammergut vorzubeugen.[174]

In diesem Zusammenhang verweise ich auf das Kapitel 15.1, wo die Problematik einer kriminellen Arbeitsbeschaffung im Salinenbereich vorliegen kann.

Während der Amtszeit von Hofrat Schiller gab es eine überaus rege Bautätigkeit, was hauptsächlich auf seinem guten Verhältnis zu seinen Vorgesetzten in Wien beruhte, die ihm trotz großer Geldknappheit immer wieder die geforderten Geldmittel zur Verfügung stellten. Hievon betroffen waren sowohl Neu- und Umbauten bei den Salinenerweiterungen als auch Baumaßnahmen im Forstwesen. Weiters war ihm die Verbesserung der Wohnverhältnisse seiner Mitarbeiter ein besonderes Bedürfnis. Der Neubau eines Amtshauses in Gmunden (am Klosterplatz in Traundorf) 1838 sowie das Amtsgebäude der nachmaligen Forstverwaltung Traunstein wurden auf seine Initiative errichtet. In diesem Zusammenhang verweise ich auch auf die Beschreibung im Kapitel 3.7. 1845 schied Schiller krankheitshalber aus dem Dienst und verstarb 89jährig im August 1861.[175]

Abschließend erlaube ich mir festzustellen, daß Hofrat Schiller als Salzoberamtmann aufgrund seiner Fähigkeiten, Weitblicks, Menschenkenntnis und Durchsetzungsvermögens sicher der größte wirtschaftliche Reformer des Großunternehmens Salzkammergut war.

Weiters verweise ich auf das Kapitel 15.1 über die These der eventuellen Brandstiftungen.

Hofrat Franz F. v. Schiller

S-A

11.2 Ausscheiden des Forstwesens aus dem Salinenbetrieb

Die Salzkammergutforste wurden im Jahre 1850 kurz nach der Revolution von dem Salinenwesen wirtschaftlich getrennt. Die fachliche Trennung erfolgte jedoch erst 1851. Jedoch erst 1868 erfolgte die vollständige Trennung, d.h., daß die Forste damit selbständig waren.[176]

Dieses Jahr 1868 ist auch ein Eckpunkt in der Geschichte des Groß-unternehmens Salzkammergut, da das Forstwesen jahrhunderte-lang zwecks besserer Koordinierung und Holzbedarfes der Saline angegliedert war. Sie waren aber weiterhin beide im Eigentum des damaligen Staates. Das Jahr 1877 brachte für das Großunterneh-men Salzkammergut, durch die Änderung der Beheiz- und Trans-portstruktur einen großen Wendepunkt.

12.0 Eisenbahnbau
(Pferde-Eisenbahn – Dampfeisenbahnen)

Mein Großvater wurde 1868 in Traunkirchen geboren, das Elternhaus steht unmittelbar an der ehem. Kronprinz Rudolfbahn. Nach den Erzählungen meiner Großmutter (1877 – 1968) hatte der Großvater mit seinen älteren Brüdern durch das Halten der Schwellennägel bei der Befestigung der Schwellen beim Bahnbau indirekt mitgeholfen. Sie wurden für diese Beihilfe – ein Kind schafft das am Boden Knien leichter – geringfügig entlohnt, auf jeden Fall hatte er seine Freude dabei. Ähnliche oder bäuerliche Arbeit war in der „guten alten Zeit" eine Selbstverständlichkeit. Ebenfalls erzählte die Großmutter von der Arbeitslosigkeit, nach der Fertigstellung der „Salzkammergutbahn" im Oktober 1877, der Schiffer, Flößer, Fuhrwerker usw., die allmählich durch Arbeitsplätze bei neuen technischen Gegebenheiten gemildert wurde. Die Salzschiffahrt kam durch die Eisenbahn gänzlich zum Erliegen. Die Umstellung des Brennmaterials von Holz auf Kohle bei der Salzerzeugung, ebenfalls eine Folge der Eisenbahn, wurde durch Verwendung der Hölzer für andere Absatzmärkte wie Hausbrand, Bauholz usw. kompensiert, die Forstämter unterstanden schon ab 1850 nicht mehr der Saline. Die vorangeführten Aussagen betreffen hauptsächlich das Allgemeine der Kronprinz Rudolfbahn.

Schwellenzwischenlagerung während der Bauzeit in Ebensee

Ch. Hager

F. J. von Gerstner

F. A. von Gerstner

2x Aschauer

Ch. Hager

12.1   Pferde-Eisenbahn Budweis – Linz – Gmunden

Der uralte Traum einer Verbindung der Salzgewinnstätten nach Böhmen durch ein einziges Transportmittel konnte mit der Eröffnung der Pferde-Eisenbahn 1832 Budweis – Linz und 1836 Linz – Gmunden fast gänzlich erreicht werden, da lediglich die Strecke zwischen den Sudhäusern Ischl und Ebensee nach Gmunden durch die Salzschiffahrt auf der Salzstraße Traun nach wie vor herhalten mußte.

Diese Bahn war eines der bedeutendsten und kühnsten Unternehmen der frühen Industrialisierung in Europa und war gleichzeitig die erste in Kontinentaleuropa.

<u>Franz Josef</u> Ritter von <u>Gerstner</u>, geb. 1756, studierte in Prag Mathematik. 1789 wurde er bereits ordentlicher Professor für höhere Mathematik an der Prager Universität. F. J. v. Gerstner hatte bis 1811 den ersten Eisenbahnentwurf ausgearbeitet und schlug damals eine gemischte Verbindung zwischen Schiffahrt und Eisenbahn vor.

Sein Sohn <u>Franz Anton</u> Ritter von <u>Gerstner</u>, geb. 1796, gest. 1840 in Philadelphia, studierte in Prag Philosophie, Technik und Maschinenbau. Er erhielt 1817 eine Lehrkanzel am Polytechnischen Institut in Wien. In den Jahren 1822, 1826 und 1829 unternahm er in Hinblick auf das Eisenbahnprojekt seines Vaters Studienreisen nach England. Nachdem er 1824 die Erteilung eines Privilegiums für eine Pferde-Eisenbahn erhielt, legte er seine Professur nieder und widmete sich ganz dem Eisenbahnbau. Jedenfalls war man sich in Österreich der ungeheuren Bedeutung dieser Bahnlinie von Budweis bis Gmunden bewußt. Diese Bahnlinie bewirkte neben der Traunschiffahrt einen gleichzeitigen Transport des Salzes aus dem Salzkammergut.[177]

Über die Verkehrsleistung der Linie Budweis – Linz – Gmunden schreiben Pfeffer u. Kleinhanns:

„Das wichtigste Frachtgut war das Salz, wenn auch der Anteil der Salzfracht, der 1832 67 v.H. der Gesamtfracht ausmachte, infolge der Zu-

Gmunden, Stadtplatz 1845

nahme der übrigen Frachtgüter allmählich zurückging. Er betrug auf
der Budweiser Linie 1835: 57 v.H., 1840: 44 v.H., 1848: 38 v.H., auf
der Gmundner Linie 1835: 75 v.H., 1840: 69 v.H., 1848: 64 v.H. Die
Bahn verfrachtete außer kleineren Mengen Halleiner Salz, die auf dem
Wasserweg in Linz ankamen, bis zu vier Fünftel der Gmundner Salzer-
zeugung.“ [178]

Linzer Donaubrücke   Aschauer

Reisewagen   Ch. Hager
Hannibal

Bahnhof
Alt-Lambach

Ch. Hager

12.2   Pferde-Eisenbahn – Gebäude für den Bahnbetrieb

Die Baulichkeiten sind teilweise noch gut erhalten bzw. für andere Zwecke umgebaut worden. Ich zeige nur einige Abbildungen von der Bahnstrecke zwischen Lambach und Gmunden auf. Dieses Kapitel wird hauptsächlich durch die Bebilderung illustriert, hauptsächlich vom Gmundner
Bereich (Traundorf, Engelhof usw.).

12.3 Pferde-Eisenbahn –
Bahntrassen, Gleiskörper, Transportmittel usw.

Dieses Kapitel wird ebenfalls mit Bildern illustriert, da die Pferde-Eisenbahn ja nur Mittel zum Zweck war für den Transport und nicht dem Großunternehmen Salzkammergut unterstand und auch dieses nicht Ei-

Gütertransport
Feiler

Salztransport
Feiler

Wels, Pferde-
bahnstrecke (m.
Dapflokomotive)

H. Hager

12.4 Pferde-Eisenbahn – Umstellung auf Dampfbetrieb

Um 1850 wurden Überlegungen angestellt, bei der ersten österreichischen Eisenbahngesellschaft Dampfbetrieb auf ihren Strecken einzuführen. Am 1. September 1859 nahm die Elisabethbahn den Verkehr zwischen Linz und Lambach auf. Schon am 1. März 1855 war der Lokomotivbetrieb im Güterverkehr zwischen Linz und Traundorf (Endstation in Gmunden) aufgenommen worden. Am 1. Mai 1855 folgte der Personenverkehr. Die Pferdebespannung wurde noch ein ganzes Jahr beibehalten. Erst ab 1856 konnten alle Züge der Linz – Gmundner Strecke mit Dampflokomotiven gezogen werden. Lediglich den Stadtverkehr in Gmunden zwischen Traundorf und den Magazinen am Rathausplatz besorgten weiterhin die Pferde. Hiebei ist noch zu erwähnen, daß der Pferdebahnbetrieb auf der Strecke Linz – Budweis bis zur Auflassung dieser Strecke 1872 stattfand.[179]

12.5 Dampfeisenbahn Lambach – Gmunden

Nach der Errichtung der Elisabethbahn 1859 wurde von dem neu errichteten Bahnhof Lambach ein 3,5 km langes Verbindungsgleis zu der nunmehrigen Station Alt-Lambach der ehemaligen Pferde-Eisenbahn geschaffen. Das Kaiserpaar konnte dann von der Elisabethbahn über die Stationen Alt-Lambach, Haidermoos, Roitham, Traunfall, Steyrermühl, Laakirchen, Oberweis, Mosham, Engelhof bis nach Gmunden-Traundorf und später Gmunden-Seebahnhof gelangen.[180]

Die Dampflokomotivstrecke Linz – Gmunden auf der ehemaligen Pferde-Eisenbahn wurde erweitert von Traundorf zum neu errichteten Seebahnhof, und der Güterverkehr wurde am 15.8.1870 und der Personenverkehr am 24.9.1871 aufgenommen. Die Station Traundorf wurde hiemit aufgelassen

In Gmunden wurde dann ein Schiff bestiegen, der Traunsee nach Süden bis Ebensee überquert, um anschließend mit Pferdekutschen nach Ischl zu kommen. Durch die Eröffnung der Kronprinz Rudolfbahn konnten das Kaiserpaar, der Hofstaat, die Künstler, das Großbürgertum und andere Sommerfrischler von Wien mit der Eisenbahn direkt in das innere Salzkammergut und das Ausseer Land fahren. Somit wurde für das Salzkammergut das Tor zum heutigen Tourismus geöffnet.

Gmunden - Endstation Pferdeeisenbahn Salzschiffahrt Steeg - Gmunden

Ch. Hager

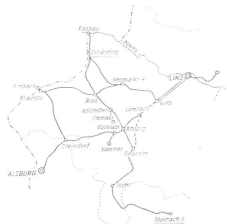

OÖ Eisenbahnnetz um 1880
Aschauer

Freiher v. Scharz   Aschauer

Bahnhof Attnang - Puchheim
Ch. Hager

12.6 Dampfeisenbahn – Kronprinz Rudolfbahn von Stainach / Irdning – Aussee – Ischl – Gmunden – Attnang / Puchheim nach Schärding

„Mit Reichsgesetzblatt Nr. 104 erging am 27. Mai 1875 die Konzession für eine eingleisige Hauptbahn von Stainach-Irdning über Gmunden und Attnang-Puchheim, Ried im Innkreis und Schärding an die Kronprinz Rudolf-Bahngesellschaft auf die Dauer von 90 Jahren. Von Achleiten (Holzleithen) war eine Nebenbahn nach Thomasroith und von Ebensee eine Schleppbahn zu den Salinen und zum Traunsee zu errichten." [181]

Im Juni 1875 wurde die kommissionelle Begehung der Bahntrasse abgeschlossen und es konnten daher die Aufträge bis Jahresende an die Baufirmen des Karl Freiherrn von Schwarz und der Brüder Klein vergeben werden.

Für die Errichtung dieser Bahnstrecke wurden folgende Baumaßnahmen durchgeführt: „Die Bauarbeiten setzten 1876 an mehreren Stellen gleichzeitig ein. Bis zu 6000 Arbeiter, zumeist aus Italien und Südtirol stammend, mußten das schwierige Werk vollbringen. Die Strecke hatte immerhin in mehreren Abschnitten ausgesprochenen Gebirgscharakter, 11 Tunnels mit einer Gesamtlänge von 3600 m, rund 10 größere Brücken und zahlreiche Stützmauern waren herzustellen. Für den Materialtransport dienten rund 24 km Rollbahngleise." [182]

Bereits am 2. September 1877 wurde der nördliche Teil der Strecke, und zwar von Attnang nach Schärding, feierlich eröffnet. Am 23. Oktober 1877 wurde die Strecke Attnang-Puchheim vollendet und dem Verkehr übergeben.

Die kurze Bauzeit unter diesen schwierigen Umständen wäre auch heute nicht einfach einzuhalten.

Mit Eröffnung dieser Bahnlinie geht das „alte" Großunternehmen Salzkammergut zu Ende. Ab diesem Zeitpunkt gehören gewisse Berufe wie Salzschiffer, Salzfertiger usw. im Salzkammergut, weiters der Salzumschlagplätze in Steeg, Gmunden und Stadl mehr oder minder der Vergangenheit an. Neue Berufe entwickeln sich bei der Eisenbahn, vom Bahnhofsvorsteher über den Zugsführer, Lokführer, Schaffner zum Streckengeher, Oberbauarbeiter usw. Bei diesem Kapitel werden nur ganz wenige Baulichkeiten bebildert.

Sonnsteintunnel Nordpoertal   *Ch. Hager*

Ischl - Bauarbeiten/Eisenbahn-
brücke 1877

Ch. Hager

Mit der Eröffnung dieser Bahn am 23.10.1877 begann ein völlig neuer Abschnitt in der Geschichte der Saline im Salzkammergut.

Vom Hallholzaufsatz und Bahnwesen im SAlzkammergut ob der Enns

OÖ-LA

13.0 Brennmaterialien für die Salzerzeugung

Obwohl es über das Thema des Brennmaterials neben dem Salzbergbau und Salztransport auf der Traun umfangreiche Literatur gibt, wird dieses Thema jedoch ansatzweise erwähnt, da dessen Transportmöglichkeiten und Aufbringung in den vorher angeführten Kapiteln teilweise integriert sind und die Beschreibung der Brennmaterialien einen Zusammenhang für das Ganze erbringen soll.

13.1 Holzgewinnung

Holz als Brennstoff wurde Hallwid genannt und war seit der Salzgewinnung aus Sole über die Sudhäuser jahrhundertelang das einzige Feuerungsmaterial. Holz war im Salzkammergut ausreichend vorhanden – soweit es nicht durch schlechte Forstwirtschaft geschmälert wurde. Über die Notwendigkeit des Heranziehens verschiedener Forstreviere wurde früher schon sehr viel und genau recherchiert. Jedenfalls waren rigorose Bestimmungen zur Einhaltung der Forstverordnungen = Libelle Selbstzweck zur Erhaltung und zum Betrieb des Salinenwesens. Holz wurde ausschließlich als Brennstoff bis zum Anfang des 19. Jhs. im Salzkammergut verwendet. Wie in den nachstehenden Kapiteln 13.2 und 13.4 beschrieben ist, wurde ab diesem Zeitpunkt teilweise mit Torf und Kohle als Ersatzbrennstoff die Überbrückung zum späteren reinen Kohlenbrennstoff (1877) hergestellt. Über die Holzforstwirtschaft (Brenn-, Bau-, Schiffholz usw.) gibt es schon sehr ausgereifte Erkenntnisse, und da es sich um keinen Wirtschaftsbau handelt, werde ich nicht näher darauf eingehen, aber ich weise darauf hin, daß die Umstellung auf Kohle sehr wohl eine **Veränderung der Wirtschaftsbauten bzw. der Betriebseinrichtungen** zur Folge hatte, z.B. bei den Sudhäusern usw. Die Holzrechen, Triftbauten, Salzzillen usw. gehörten ab diesem Zeitpunkt mehr oder minder der Vergangenheit an, die k.k. Forstwirtschaft (Ärar) und die Österr. Bundesforste konnten den Betrieb teilweise weiterführen (ausgen. Salzzillen), aber das Triften war hauptsächlich für das Hallholz aus ca. 2 m langen Stämmen bestimmt. Die staatliche Forstwirtschaft mußte daher ab diesem Zeitpunkt neue Verbrauchermärkte erschließen.

13.2 Torfabbau

Nach Torfvorkommen wurde sowohl im obderennsischen als auch im steiermärkischen Salzkammergut jahrelang gesucht. Es wurden nur geringfügige Vorkommen gefunden, ausgen. im Ödenseebereich.

Bei den obderennsischen Salinen hat die Hofkammer von der Torfheizung Abstand genommen nach den unbefriedigenden Erklärungen, welche die Verwesämter in Hallstatt und Ischl über die noch mögliche Torfgewinnung im Jahre 1844 abgaben, in Aussee jedoch bestand sie auf der Weiterverwendung von Torf zur Dörrung sowohl wie zum Sud.

Das große Torflager am Ödensee stellte für das Hallamt in Aussee eine ergiebige und günstig liegende Abbaustätte dar, in der der Torf billig gestochen und zu den Pfannhäusern in Kainisch gebracht werden konnte. Aufgrund seiner Reinheit und Heizkraft konnte er, mit Holz gemischt, auch zum Sud verwendet werden. Der Grund, warum Torf nur einen sehr geringen Anteil am gesamten Brennstoffverbrauch (ca. 2000 Zentner im Jahr) einnahm, lag darin, daß die Herrschaften Pflindsberg und Hinterberg größere Holzmengen liefern konnten, als das Hallamt benötigte.

„Einmal war es nahe daran, die Torferzeugung stark zu vermehren. Im Jahre 1844 hatten die Schürfungen auf der Töltschen und dem Rötelstein die Hoffnung erweckt, so reiche Eisenerze aufzuschließen, daß sich deren Verhüttung lohnte. Diese würde aber den Holzüberschuß der Saline bald aufgezehrt haben, weshalb die Hofkammer an eine verstärkte Wiederaufnahme des Torfstiches am Ödensee dachte und alle Vorkehrungen hiezu treffen ließ. Mit der Erkenntnis der Aussichtlosigkeit, die Eisenerze zu verwerten, erlahmte auch der Eifer am Torffeld.“ [184]

Torfabbau im Ausseer Gebiet   *Schraml, Bd 3*

13.3   Holzkohleerzeugung (Kohlenmeiler)

Die Holzkohle wurde hauptsächlich für die Amtsschmieden, Pferde-schmieden oder Ähnliches verwendet.[185]

Der Köhler war mit dem Holze genauso verbunden wie die Holzknechte. Dieser Beruf erforderte ebenfalls große Geschicklichkeit beim Aufbauen eines großen Meilers. In der Mitte des Meilers mußte ein Luftschacht errichtet werden. Um den Holzkörper, der 40, 50 und mehr Festmeter umfaßte, wurde ein Mantel aus Kohllösch gelegt. Diesen hielt wiederum eine Kreuzbank fest. Nachdem der Meiler brannte, gab es Tag und Nacht kein Ruhen und kein Schlafen. Wehe, wenn die Glut aus dem Innern her-vorbrach, wenn die ungeheuere Holzmenge auf einmal in Flammen auf-ging! Der Köhler mußte ununterbrochen auf der Hut sein, er mußte auf den Feuerberg hinaufsteigen, dann mußte er außerdem mit der Lainzen die Kohllösch festschlagen und mit einem Spritzschlauch nachhelfen. Dann kamen die Bauern mit ihren Flascherln, um über die kleinen Holz-röhrln, die das Innere mit dem Äußeren verbanden, einen heilsamen Holzessig aufzufangen.[186]

Kohlenmeiler

Pfarl

13.4 Braunkohle vom Ersatz zum Hauptbrennstoff

Um der drohenden Holzknappheit entgegenzuwirken, bemühte man sich, Kohlenlager mit kurzen Transportwegen zu erschließen, die den ökonomischen Erfordernissen entsprachen. Die dafür notwendige rege Schurftätigkeit erforderte die Leitung eines Fachmanns. 1811 konnte die Hofkammer hiefür den in salzburgischen Diensten gestandenen Oberbergmeister Johann Pruckner gewinnen und teilte ihn als Steinkohlen- und Tiefschürfungskommissär vorübergehend dem Salzamt in Gmunden zu. Zunächst wollte er die Gegend von Lambach zwischen den Flüssen Traun und Ager auf Kohlevorkommen untersuchen. In den Jahren 1814 und 1815 setzte er seine Schurftätigkeit im Salzkammergut fort, bis er Ende 1815 im Austausch gegen den Oberamtsrat Ignaz Karl Lindner nach Hall in Tirol ging.[187]

Der Hüttenmeister Ehrmann verbesserte die Pfiesel und erbaute 1782 in Ebensee ein neues Salzmagazin. Sein Nachfolger Adlersburg trachtete vor allem, die Sudausschläge zu erhöhen, um den Holzverbrauch zu senken, dessen Bedeckung mit der steigenden Salzerzeugung immer schwieriger wurde. Die in der Geboldskirchner und Wolfsegger Gegend erschlossenen Lignitflötze schienen ein hochwillkommener Ersatz für das fehlende Holz zu werden, weshalb die Hofkammer 1791 das Salzamt aufforderte, sich zu äußern, ob die wirtschaftliche Art des Gebrauchs und des Transportes dieser Kohle realisierbar wäre. Mit der Verwertung von Torf, der an verschiedenen Stellen im Kammergut vorhanden war, erhoffte man sich eine weitere Beihilfe. Weil das Hallamt in Aussee schon längere Zeit Torf zur Salzabdörrung verwendete, sandte die Hofkammer 1794 die Hüttenmeister Dickinger, Baader und Adlersburg nach Aussee, um sich über die Einrichtungen zur Verfeuerung von Torf zu unterrichten. Adlersburg machte auch gleich darauf den Vorschlag, die Salzdörrung mit Holz und Steinkohle, und, wenn genügend Torf erzeugt werden kann, auch diesen im Bereich aller drei Verwesämter zu verheizen bzw. zu verwenden.[188]

Die Hofkammer in Wien kannte schon vor 1763 die Steinkohle und ihre Verwendbarkeit als Brennstoff. In diesem Jahr forderte die Hofkammer das Salzamt auf, zu berichten, ob auch die Steinkohle zum Salzsud Verwendung finden könne, was das Salzamt jedoch damals noch verneinte.

Kohlevorkommen wurden im Gebiet von Geboldskirchen und Wolfsegg im Hausruckviertel im Lande ob der Enns entdeckt. Von Ersterem bezog das Verwesamt in Ebensee bereits 1793 Kohle zur Salzdörrung.[189]

Der Gmundner Registrator Anton von Riethaler stellte aufgrund der günstigen Entwicklung des Kohlenbergbaues im Jahre 1804 den Antrag, die dem Freiherrn Josef von Reischach gehörige Herrschaft Wolfsegg zu erwerben, weil dadurch die Grundentschädigungen entfielen, das Salzamt in den Besitz der herrschaftlichen Wälder gelangen würde und über die für den Abtransport der Kohle so wichtigen Straßen frei verfügen könne. **Die Hofkammer jedoch lehnte den Antrag ab mit der Begründung, das Salzoberamt solle sich nicht mit landwirtschaftlichen Angelegenheiten, sondern vorrangig mit dem Salzwesen befassen.** [190]

Da die Transportkosten der Kohle zu hoch waren und die bestehenden Heizanlagen dafür nicht geeignet waren, gingen die hochgesteckten Erwartungen der Hofkammer von der Verwendung der Kohle beim Salzwesen als Ersatz für Holz nicht in Erfüllung.[191]

Nicht die Produktions-, sondern die Transportkosten der Kohle waren bestimmend für den Verkaufspreis. Das Ärar als Hauptabnehmer mußte deshalb bemüht sein, die Frachtkosten zu senken. Für das Kammergut ging der kürzeste Weg von Wolfsegg über Schwanenstadt zum Traunfall, wo die Kohle auf den im Gegentrieb zurückkehrenden Schiffen nach Gmunden gebracht wurde.

Da die Kohle im Sud- und Schmiedenbetrieb nur mit wenig Erfolg verfeuert werden konnte und der Abfall an Kohlenklein in der Grube und bei der Verfrachtung hoch war, versuchte man, die Heizwirkung dieser zu erhöhen und den Abfall einer Verwertung zuzuführen.[192]

Jedenfalls steht fest, daß im Falle eines echten Umstiegs auf Kohle es größere bauliche Veränderungen bei den Heizanlagen gegeben hätte und durch die Lagerhaltung für die Kohle gewisse Holzaufsatz- und Lagerplätze usw. sich erübrigt hätten. Die Transportmittel verhinderten dies noch zur damaligen Zeit.

Die Bezeichnung „Steinkohle" bei Schraml entspricht nicht ganz den Tatsachen, da im Hausruckviertel eigentlich nur gute Braunkohle abgebaut wurde (Steinkohle ist eine ältere und qualitativ hochwertigere Art von Braunkohle).

Mit der Eröffnung der Kronprinz Rudolfbahn am 23.10.1877 wurde die Braunkohle der echte Ersatz des jahrhundertelang verwendeten Brennstoffes Hallwid (Holz).

Kohle und Wasser waren die Hauptbetriebsmittel der Dampflokomotiven, die ab 1877 im Salzkammergut ihre guten Dienste leisteten. Die Kohle war jedenfalls damals, vor der Erfindung bzw. der Inbetriebsetzung der Benzinmotoren 1875 und 80er Jahre des 19. Jhs. das zeitweisende Energiemittel für die rasche Fortbewegung. Auch ein Dampfschiff war ab 1839 am Traunsee im Salzkammergut schon unterwegs, das sicher auch teilweise einen gewissen Personentransport der Salzkammergut-Dienstnehmer abwickelte. Hiezu möchte ich bemerken, daß der Schiffsbau auch eine Baulichkeit und als solche auch ein integrierender Bestandteil meine Werkes ist.

Schnellzug, Strecke bei Mitterndorf

Ch. Hager

14.0 Nicht realisierte Projekte

Nicht realisierte Projekte sollten nicht zu Spekulationen führen, „Was wäre, wenn ...", Faktum ist, daß sie nicht realisiert wurden. Es ist aber nicht uninteressant, gewisse Überlegungen darüber anzustellen. Gleichzeitig sei hiezu festgestellt, daß nicht immer die besten und ökonomischsten Projekte, wie auch immer bei den ganzen Verbauungen, Triften, Rechenanlagen, Flußregulierungen, Aufsatzplätzen, Legeplätzen usw. verwirklicht werden konnten, da diverse Einflüsse wie Grundbesitz, Machtausübung, Finanzierungsschwierigkeiten maßgeblich wirkten. Die Ökologie spielte global wenig Rolle, aber es muß eindeutig darauf hingewiesen werden, daß die Leute im Salzkammergut sehr wohl darauf achteten, mit der Natur hauszuhalten (es gibt viele Beispiele hiefür). Die Schönheit dieser war jedoch so reichhaltig vorhanden, daß dies aus ökonomischen Gründen oft keine Beachtung fand.

14.1 Locomotivbahn Gmunden – Ebensee – Ischl und Pferde-Eisenbahn von Ebensee nach Ischl

Bei meinen Recherchen im Österreichischen Staatsarchiv in Wien ist es mir gelungen, Dokumente über diese geplanten Eisenbahnlinien ausfindig zu machen. Obwohl für diese Linien bereits eine Konzession zum Bau vom k.k. Handelsministerium erteilt wurde, wurden diese Linien nicht realisiert aufgrund der bereits überholten Technik (Pferdeeisenbahn), die zwangsläufig zu wenig Finanziers fand.

Zu einer Genehmigung für das **Locomotivbahnprojekt** Ebensee – Ischl vom 14. / 20. März 1869 wurde um die Erweiterung **einer Dampffähre als eine bewegliche Eisenbahnbrücke** und mithin als integrierender Bestandteil der projectirten Eisenbahnlinie von Gmunden nach Ischl angesucht.

Siehe nachstehenden Akt des k.k. Handels-Ministeriums. Da es sich um ein nicht verwirklichtes Projekt handelt, wird auf eine weitere Darstellung verzichtet.

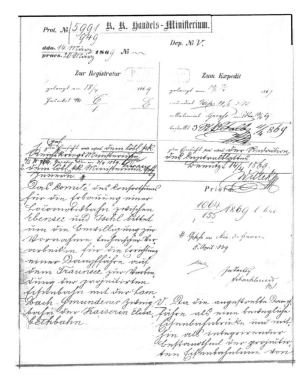

Genehmigungsbescheid

Die Genehmigung für das **Pferde-Eisenbahnprojekt** Ebensee – Ischl vom 18.3.1869 lautete wie folgt:

„Minister des Inneren erklärt 1504 / 223 1869 seine Zustimmung zur Anlage der projectirten Pferde-Eisenbahn von Ebensee nach Ischl, und gibt die Bedingungen der Benützung der Ebensee – Ischler Reichsstraße durch die erwähnte Bahn bekannt.

(zu Handen des Herrn Ludwig Bresanyi, Specereiwaarenhändlers in Wien, Weihburggasse No. 27.)"

Die noch vorhandenen Projektsunterlagen enthalten auch technische Beschreibungen, die unter Punkt 3 folgendes verlangen:

„Die Reichsstraße ist im Allgemeinen nach dem Antrage des Bezirkshauptmannes von Gmunden auf 24' zu verbreitern, und dürfen die von der Kommission beantragte geringeren Minimalbreite nur dort gestattet werden, wo die Lokalverhältnisse nach einer an Ort und Stelle zu pflegenden Erhebung die Erbreiterung auf 24' nicht durchführbar erscheinen lassen."

Siehe nachstehenden Akt des k.k. Handels-Ministeriums.

Genehmigungsbescheid

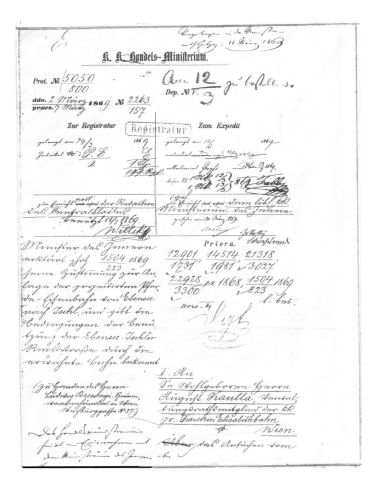

Die erforderlichen Baumaßnahmen und Bauwerke für dieses Eisenbahnprojekt haben interessante Aspekte, sie wurden leider um mindestens 35 Jahre zu spät geplant. Diese Bahn wäre ein guter Teil einer Salztransportstraße Ischl – Ebensee – Schiffsfracht über den Traunsee und Weitertransport ab 1836 von Gmunden über Linz nach Budweis gewesen, d.h., daß das meiste Ebenseer und Ischler Salz nicht mehr umgeladen hätte werden müssen, da die Zillen bzw. Kobelzillen am Traunsee eine Trajektbeförderung (ähnlich der Postkutschenbeförderung von Traunkirchen nach Ebensee) möglich gemacht hätten, wie unter Kapitel 8.4 beschrieben.

14.2 Eisenbahnprojekt Thomasroith – Kammer – Weißenbach am Attersee – Ischl

Vom allgemeinen her betrachtet, wären beim Eisenbahnprojekt Thomas-roith – hauptsächlich von Kammer – Weißenbach am Attersee – Ischl – vom Landschafts- bzw. Naturschutz her gesehen größere Eingriffe erforderlich gewesen (bedingt durch die Länge des sichtbaren Eingriffes), da die Strecke zwischen Traunkirchen und Ebensee durch mehrere Tunnels wie Sonnstein usw. geführt wird und Tunnels keine sichtbaren Eingriffe in die Natur darstellen. Der Bau dieser längeren Strecke von Kammer nach Ischl wäre sicherlich kostenintensiver gewesen, es hätte jedoch den Vorteil der Aufschließung des Ostufers des Attersees gegeben. Stichbahnanschlüsse Ebensee – Mitterweißenbach sowie Traunkirchen nach Gmunden wären tauglich gewesen. Daß jedoch dieses Projekt nicht kam, hatte den Vorteil der direkten Verbindung Gmunden – Ebensee – Ischl. Einer der Gründe, daß dieses Projekt Kammer – Ischl nicht zum Tragen kam, soll das schlechte Verhältnis des Kaisers Franz Josef mit den Khevenhüllers in Kammer - Schörfling seit dem Jahr 1848 gewesen sein, laut mündlicher Überlieferung von Urgroßvätern auf Großväter o.ä. Diese Projektierung war vor der Realisierung der Kronprinz Rudolfbahn. Dies hatte mir vor ca. 30 Jahren ein 80jähriger Mann aus Weyregg erzählt. Ob es stimmt, konnte ich bei meinen Recherchen noch nicht fündig werden. Wenn es nicht stimmt, ist es gut erfunden. Sehr wohl wurde Ende des 19. Jhs. eine elektrische Schmalspurbahn von Kammer entlang des Attersees nach Weißenbach und über das Weißenbachtal nach Ischl geplant, jedoch nicht realisiert.

14.3 Traunfluß-Hauptregulierung

Ein großes wirtschaftliches Hindernis war, daß die Äußere Traun von
Stadl bis Zizlau seichteres Wasser und ständig wechselnde Flußuntiefen
aufwies und es erforderlich war, die Salzzillen, die von Gmunden über
den Traunfall nach Stadl kamen, umzuladen, d.h., die Zillen mit einer
geringeren Tonnage von Salz zu bestücken, da die Betauchung geringer
sein mußte wegen des seichteren Wassers. Dies und andere Umstände
– *„die Fischer verhinderten jede geregelte Flußrinne durch Schlagen
von Fächern und rissen die ganze Arbeit zur Traunbett- und Ufersicherung an sich"* [193] - veranlaßten die Hofkammer, die vielen fortlaufenden und nutzlosen Arbeiten durch geeignete Maßnahmen abzuschaffen. Die Hofkammer beauftragte 1650 den Ingenieur Philiperto Luchese
mit der Verfassung eines generellen Verbauungsprojektes der Traun, um
eine bessere Schiffahrt erzielen zu können. Dieser plante den Einbau von
Senkwerken an gefährdeten Stellen und Hochwasserschutzdämme, hiemit wäre nicht nur eine beständige Flußrinne geschaffen worden, sondern es wären die häufigen Überflutungen hintangestellt worden. Diese
Bauten hätten nicht nur der Schiffahrt, sondern auch dem Lande und den
Flußanrainern genützt, weshalb Luchese dafür hielt, daß alle Interessenten zu Beitragsleistungen und Robotarbeiten müßten verpflichtet werden. *"Er hoffte, sein großzügiges Projekt in drei bis vier Jahren beendigen zu können, und würde damit ein hochwichtiges und der damaligen
Zeit beispielgebendes Werk geschaffen haben, wenn es zur Durchführung
gekommen wäre. Es blieb aber schon in den Anfängen stecken. Die Nöte
der Nachkriegszeit, übel angebrachte Sparsamkeit und kleinliche Eifersüchtelei störten den Fortschritt und brachten schließlich den ganzen
großangelegten Verbauungsplan zu Fall."* [194]
In Anbetracht des kurz vorher beendeten Dreißigjährigen Krieges, der
dadurch bedingten Geldnot, der Eifersüchteleien des nicht involvierten
Salzamtmannes, versagte der Kaiser die Zusage zur Verwirklichung und

es wurde ein wesentlich kleineres und ineffizienteres Projekt verwirklicht. Es kann meinerseits nur gesagt werden, daß die Errichtung des kleineren Projektes einer späteren Ausführung des Planes von Luchese nicht dienlich war und hiemit eine wirtschaftl. eminente Verbesserung der ganzen Salzschiffahrt auf der Traun bis zu ihrem Ende vertan wurde.

14.4 Eisenerzgewinnung und Eisenerzeugung

Im Jahre 1797 begann das Ausseer Hallamt mit der Suche nach Kohle- und Eisenvorkommen. Der Bergmeister Pruckner, der vom Gmundner Salzoberamt beauftragt wurde, leitete die Schurfarbeiten, die ihn so in Anspruch nahmen, daß er die Nachforschungen in Gosau nicht fortsetzen konnte. Die im Gosautal aufgedeckten Kohlevorkommen wurden bei näherer Untersuchung als nicht abbaufähig beurteilt, hingegen fand Pruckner in der Steiermark an mehreren Orten hoffnungsvolle Anbrüche von Eisenerz, und zwar auf der Grubegger- und Teltschenalpe und im Gröbminger Winkel. Man dachte an die Errichtung einer Eisenschmelzhütte sowie an die Selbstversorgung der beiden Kammergüter mit Eisen, die in Grubegg und Mitterweißenbach eigene Eisenhämmer besaßen, mit welchen das Roheisen hätte aufgearbeitet werden können.[195]
Dem Verwesamt Aussee war die Wiederaufnahme der Schürfungen nach Eisenerz im Gebiet der Töltschen und des Rötelsteins zugefallen. Es wurde der Erzherzog Ferdinand-Stollen errichtet mit insgesamt 12 Häuern. Die Anmeldung der Mutung für das Ärar sollte im Umfange der alten Lehensbriefe von 1798 mit 27 Grubenfeldern geschehen, zog sich aber hinaus, da bei den Schürfungsarbeiten keine entsprechenden Leistungen erbracht wurden. Weiters blieb in dieser hohen Lage der Schnee bis Juli liegen und man konnte nur in den Sommermonaten Erzabbau betreiben. Gegen eine Verhüttung der Eisenerze sprach sich das Salzoberamt aus, hauptsächlich deswegen, weil ein zu starker Holzverbrauch notwendig gewesen wäre. Schlußendlich kam es zur Einstellung der Schurfarbeiten.

Es wurde die Bergbaudirektion mit dem Weiterbetrieb beauftragt. Da er wirtschaftlich nicht lukrativ war, gab die Direktion weitere Versuche, das Erz an den Mann zu bringen, auf und ordnete die Abschreibung der Schürfungskosten an. **Schraml schreibt:**

„*Die Erze, 70.000 bis 80.000 Zentner, liegen heute noch auf den Halden.*" [196]

15.0   Katastrophen und Elementarereignisse

In diesen nachfolgenden Kapiteln wird unterschieden zwischen
Katastrophen wie Brände (fahrlässig oder Brandstiftung), Schiffsunglücke, Kriegseinwirkungen u.dgl.,
Elementarereignisse wie Brand durch Blitzschlag, Hochwässer, Lawinenabgänge.

Im Laufe der Jahrhunderte ereignete sich vieles, was heute nicht mehr nachvollziehbar ist, des weiteren sind die Elementarereignisse und Katastrophen von der damaligen Bevölkerung, da sie in regelmäßigen Abständen auftraten und daher für sie nichts Abnormes darstellten und sie dies als gottgewollt ansah, eher hingenommen worden, als es heute der Fall ist. Durch ihren starken Glauben fanden die Menschen Trost im Gebet.

Wappen v. Lauffen auf dem Gott'snam'-Stoa

Lehr

15.1 Brände

Brand in Ischl 1709

Köberl

Ein Teil des Marktes Hallstatt wurde durch einen Brand 1750 vernichtet. Bei diesem Brand wurden auch die Salinen-Baulichkeiten, die damals im Markt standen, vernichtet. Es gibt eine von den Salzfertigern Joseph Antoni Eyßl, Johann Ignati Ezinger, Johann Baptist Münichstorffer, Matthias Sollinger, Joseph Michael Ehrmann und Mathias Georg Wolf stammende Urkunde, die am 11. Dezember 1750 gefertigt wurde. Weil aus ihr die verbrannten Häuser und deren Besitzer sowie der Wert des Hauses und die Vermögensverhältnisse ersichtlich werden, kommt dieser Urkunde besonderer Wert zu. Es sind 35 Häuser und weitere 36 Personen ohne Hausbesitz angeführt.[197]

Bis zur Einsetzung der Motorisierung waren Feuersbrünste schwer zu bekämpfen, da der Transport der Löschgeräte, weiters die Löschgeräte selber unzureichend und bauliche Mängel bzw. Holzbedachung vorherrschend waren. Am 13. Juni anno 1709 brannten in **Ischl** (Gries) drei Häuser ab, nämlich eine Schmiede, das Bäckerhaus und das Gastheimische Wirtshaus.[198]

Es sind sicher im Laufe der Jahrhunderte mehrere Brände in Ischl ausgebrochen, wie das ja bei allen Dörfern, Märkten und Städten des öftern vorkam. Über eine Brandkatastrophe größeren Ausmaßes im Bereich der Salinen und Bergwerke in Ischl konnte ich keine Aufzeichnungen finden.

Im Jahre 1835 hat ein furchtbarer Brand in **Ebensee** alle drei Sudhäuser nebst den dazugehörigen Betriebsgebäuden in Asche gelegt. Der Brand in Ebensee von 1835 läßt sich mit dem Brand von 1750 in Hallstatt vergleichen. Der Brand vernichtete weiters fünf angrenzende Privathäuser sowie den Kirchturm. Am Aufsatzplatz verbrannte das ganze Brennholz, und auch die Vorräte an Getreide und Schmalz in beträchtlicher Höhe fielen dem Feuer zum Opfer. **Diese Brandkatastrophe ereignete sich am 9. Juli um 7 Uhr abends während der Ausbesserungsarbeiten im oberen Sudhause.** Verweise in diesem Zusammenhang auf meine nachfolgende Betrachtung der eventuell möglichen Brandstiftung, gerade wo in dieser Zeit unbedingt Personal abgebaut werden mußte. Der Tatkraft Schillers (wie bereits beschrieben) ist es zu verdanken, daß der Schaden durch den Betriebsausfall hintangehalten werden konnte, und zwar durch den ununterbrochenen Betrieb der Saline in Ischl. Die Räumungsarbeiten und der Wiederaufbau gingen rasch vonstatten, und es waren auch viele (ca. ein Drittel) Privatarbeiter beschäftigt. Der Brand bzw. der Wiederaufbau bewirkte auf jeden Fall eine regionale stärkere Arbeitsbeschaffung. Der Wiederaufbau beschäftigte während der besten Bauzeit 134 Maurer, 450 Handlanger und 60 Zimmerleute.[199]

In **Gmunden**, das im Laufe der Zeit von so mancher schweren Feuersbrunst heimgesucht wurde, waren die Entfesselung und Ausbreitung des Feuers öfters ganz bedeutend durch die großen Holzvorräte begünstigt, die zur Erzeugung der kleinen und großen Salzkufen in den Bürgerhäusern aufgehäuft waren. Aber auch die Mehrzahl der Häuser selbst war wenigstens in den oberen Stockwerken aus Holz gebaut und alle durchwegs mit Schindeln gedeckt. Die erste Kunde von einem verheerenden Brandunglück stammt aus dem Jahre 1327, in dem die ganze Stadt ein Raub der Flammen wurde. Weiters wird in den Annalen von größeren Bränden in den Jahren 1332, 1450, 1512, 1518, 1553, am Anfang des 17.

Jhs., dem ein Großteil der städtischen Dokumente zum Opfer fiel, 1640, 1652, 1659, 1670, 1807 usw. berichtet, die sowohl Privateigentum, als auch Eigentum des Salzamtes betrafen.[200]

Im Jahre 1831 wurde **Stadl** von einem Großbrand heimgesucht. Durch einen Funkenflug wurde der Brand an einem Schindeldach angefacht und erreichte auch die Stadlmühle, und diese wurde auch ein Raub der Flammen. Der Brand breitete sich über mehrere Objekte aus und die Schiffstadel, der Schifferturm, das Salzmagazin sowie die Nikolauskirche wurden ebenfalls in Mitleidenschaft gezogen. Nach Augenzeugenberichten brannte ganz Stadl.

Nach dem Brand wurden wieder aufgebaut die Nikolauskirche, der Schifferturm, das Salzmagazin und sechs Salzstadel.[201]

Brand in Stadl 1831

H. Hager

Zwischenzusammenfassung über die Brände und Aufstellung meiner eigenen These über Brände:

Die vorangeführten Brände, die ungeheuren Schaden bzw. Leistungsausfall verursachten, mußten nicht immer durch höhere Gewalt (Blitzeinschläge usw.), Fahrlässigkeit oder durch das Zündeln von Kindern entstanden sein, sondern es konnte sich sehr wohl auch um Brandstiftung (auch heute noch nicht ausgeschlossen) gehandelt haben. Auf die Aufklärung solcher kriminellen Delikte in früheren Zeiten muß nicht eigens hingewiesen werden, d.h., wer nicht in flagranti erwischt wurde, hatte eine große Chance, nicht entdeckt zu werden. In meinem jungen Berufsleben hatte ich noch Geschäftsbeziehungen mit alten Rauchfangkehrermeistern, die vor dem 1. Weltkrieg ihr Handwerk ausübten. Kann mich noch genau erinnern, wie mir einer erzählte, welche bewußt eingebauten Fehlkonstruktionen einen Brand verursachten. Dieser Einbau von Fehlkonstruktionen wurde des öfteren bewußt gemacht, damit das Bauwerk in 30 – 50 Jahren abbrennt, damit die Kinder der Handwerker wieder Arbeit bei der Herrschaft hatten. Es ist daher nicht auszuschließen, daß auch im Salzkammergut so mancher Brand auf versteckte Fehlkonstruktionen (Mängel) zurückzuführen ist. Insbesondere erscheinen mir die Brände der Sudhäuser in Aussee 1827 und in Ebensee 1835 eventuell doch verursacht durch Brandlegung und begründe dies wie folgt:

Salzoberamtmann Franz Ferdinand von Schiller hatte mit seinen Reformen im Jahr 1825 begonnen, die sehr einschneidende personalpolitische Maßnahmen mit sich zogen, d.h., daß Schiller bis 1827 einen größeren Abbau von Personal durchführte, um die Wertschöpfung des Salinenunternehmens wieder zu heben. Bei der Bevölkerung wurde diese Maßnahme verteufelt, da sie viel Not und Elend brachte. Um einem weiteren Abbau entgegenzuwirken, ist es durchaus möglich, daß die Arbeiter zur Selbsthilfe griffen, indem sie Brandstiftung vornahmen. Die Arbeiterschaft wußte, daß der Wiederaufbau von größeren Anlagen mindestens ein Jahr in Anspruch nahm, und sie waren sich auch bewußt, daß der Besitzer des Unternehmens, das Salinenärar, die Wiederaufbaukosten selbst oder über den Staat finanzieren würde. Sie konnten auch damit rechnen, daß das Unternehmen nicht in den Konkurs gehen kann. Aus dieser Sicht heraus könnten diese Maßnahmen zu einer eigenen Arbeitsplatzerhaltung mißbraucht worden sein.

Traunausfluß
Traunsee
Gmunden

H. Hager

15.2 Hochwässer

Gmunden war aufgrund der topographischen Lage meistens das Zentrum bei größeren Hochwässern. Aber lokale Überschwemmungen nach Wolkenbrüchen konnten ebenfalls große Verwüstungen und Schaden anrichten. Enorme Niederschläge in Verbindung mit der Schneeschmelze im Hochgebirge rufen naturgemäß alljährlich temporäre Steigungen des Traunseespiegels von verschiedener Höhe und damit eine Überflutung seiner Ufer hervor. Hochwässer hat es daher zu allen Zeiten gegeben, und man kann, wie aus den folgenden Daten hervorgeht, nicht gerade behaupten, daß diese Überschwemmungen durch die Errichtung und den allmählichen Ausbau der Schleusenwerke am Ausfluß der Traun gegen früher, wo diese eben nicht bestanden, in ihrer Intensität wesentlich vermindert worden wären. Bei überraschenden Wolkenbrüchen war eine Koordinierung der Schleusenanlage mit dem Absenken des Seespiegels durch fehlende heutige Nachrichtentechnik auch nicht möglich.

„Von bedeutenden Ueberschwemmungen wird zuerst jene erwähnt, welche im Sommer 1509 sich ereignete. Durch sie wurde den Fertigern ‚vil Salz ertränkt' und viele Wasserbauten zerstört, die dem Zillengegentriebe in der Traun dienten. Uebel gehaust haben auch die Hochwässer im Frühlinge 1542 und 1548; letzteres ‚hat die Brucken am Stadl zum Tail zerbrochen und hinweggetragen', was an Reparaturkosten 50 (?) verursachte. Eine sehr bedeutende ‚Wassergüß' riß 1572 in Steg am Hallstätter See die dortige Schleuße ‚von Grund aus' hinweg, und zerstörte in Stadl den hölzernen Uhrthurm." [202]

Weiters wird von größeren Hochwässern bzw. Überschwemmungen berichtet, die großen Schaden verursachten und daher dem Salzwesen und den Bürgern hohe finanzielle Ausgaben aufbürdeten, diese gab es unter anderem in den Jahren 1606, 1611, 1661.

„Das Hochwasser des Jahres 1678 stieg bei dem Sudwerke in Ebensee ‚bereits in den Luftgraben bis auf den dritten Bogen unter die Salzpfann', und sind beinebens fast alle großen Hallholzzain´ über den Hauffen geworfen worden'." [203]

Weitere bedeutende Hochwässer waren auch in den Jahren 1705, 1736, 1740, 1759 und 1787. Von der Langbath (Ebensee) ist das Pfannholz häufig über den See nach Gmunden hinuntergeronnen, so daß die Schiffleute und Handelamtsarbeiter alle auf dem Traunsee tätig waren, um das Holz einzufangen und mit Holzbögen dieses wieder zurückzuschwemmen.

Nachfolgend größere Hochwässer waren bis 1872 in den Jahren 1819, 1821, 1829, 1833, 1846 und 1862.[204]

Auf weitere Hochwässer werden, soweit diese nicht schon in einem Kapitel angeführt sind, keinerlei Hinweise mehr erarbeitet, aber es wird trotzdem darauf aufmerksam gemacht, daß eines der folgenschwersten Hochwässer, das das Salzkammergut je erlebte, im Jahre 1899 sich ereignete.

In unregelmäßigen Zeitabständen (meistens innerhalb von ein paar Jahren) kam es im Salzkammergut zu kleineren und größeren Hochwässern. Das Großunternehmen Salzkammergut und die Bevölkerung hatten sich mit diesen Umständen zurechtgefunden, da es meistens auch keine Todesopfer gab. Ein wesentlicher wirtschaftlicher Faktor war, daß die Hochwässerschäden, die hauptsächlich an den Triftbauten, Wehranlagen usw. auftraten, eine aus heutiger Sicht immer wiederkehrende Arbeitsbeschaffung bzw. für die Arbeitsplatzsicherung dienlich waren. Die Kosten für die Behebung dieser Schäden wurden ja immer wieder durch den Besitzer, der möglichst keinen Produktions- oder Lieferungsausfall duldete, finanziert und gleichzeitig wurde eine rasche Wiederherstellung verlangt. Die Kosten beliefen sich hauptsächlich auf die Arbeitsleistung, da Holz und Stein aus den eigenen Ressourcen entnommen werden konnten.

S-A

15.3 Schiffsunglücke

Die Traunschiffahrt mit den Salzzillen war immer eine gefährliche Angelegenheit und das Steuern dieser Zillen bedurfte einer erfahrenen Mannschaft. Es ereigneten sich zwangsläufig in der jahrhundertelangen Schiffahrt Schiffsunglücke (heute teilweise nicht mehr eruierbar), was keiner besonders negativen Bewertung der damaligen Schiffer gleichkommt. Auch unsere heutige Transportbewegungen auf dem Wasser und auf dem Lande fordern ebenfalls viel Blutzoll.

Schultes schreibt 1809: „*Vierzehn Tage vor meiner Ankunft nach Gmünden im Jahre 1794 giengen 7 schwerbeladene Salzschiffe zu Grunde in einem der fürchterlichsten Stürme, deren man sich erinnert. Ein glücklicher Zufall, der vielleicht in Millionen Stürmen nicht wiederkehren wird, trieb die Schiffe mitten in diesen Felsenmauern an eine hoch oben über dem See mit Strauchwerk bewachsene Felsenwand hin. Die Brandung gieng so hoch im Sturme, daß sie die Schiffe hinaufwarf bis zu jenem Gestrippe, wo die Schiffer sich halten konnten mit den Händen, und Niemand verunglückte. Wäre der Sturm minder heftig gewesen. es wäre nicht eine Maus entkommen.*" [205]

Weiters berichtet **Johann Steiner** über das Schiffsunglück am Hallstätter See:

„*Auf diesem See geschah am 18. März 1822 das Unglück, daß in einer Zeit vom nicht 1 Minute 39 Menschen, welche von Hallstadt nach Obertraun fahren wollten, durch einen heftigen Wind ergriffen, ohne Rettungsmöglichkeit ertranken. Mit Schmerz mußten die Hallstädter diesem Unglücke zusehen, ohne ihnen zu Hülfe eilen zu können. Überhaupt ist dieser See vorzüglich durch seine heftigen Grundwinde, die seine Tiefe beweisen, oft sehr stürmisch, und zur Fahrt gefährlich.*" [206]

Traunfall   Seemann

Bei Steiner gibt es keine Angaben, welche Leute aus welchem Anlaß und in welchem Zustand auf dem See waren.

Bei Schiffsunfällen war oft Alkohol als Ursache im Spiel. Eine große

Zahl von Schiffsleuten ist ertrunken und hat in den Fluten ihr Grab gefunden. Oft sind sie in entfernten Gegenden an Land gespült worden und wurden als Namenlose beerdigt.[207]

Nicht nur bei den Unglücksfällen hielt der Tod Ernte unter den Schiffleuten und Reisenden, dies passierte des öfteren auch während der Naufahrt.

„1734, 10.7. Zailer Brigitta, ein Kind mit einem halben Jahr, welches den Evangelischen Emigranten allhier auf dem Schiff gestorben ist. Der Vater Johann Zailler [sic !] von Hallstatt gebürtig." [208]

Der Traunfall hat stets als ziemlich gefährlich gegolten, namentlich war seit jeher die Durchfahrt im Fallbereich sehr gefürchtet. Jedes Jahr hatte es tatsächlich immer wieder Unfälle gegeben, die nicht nur Fracht oder Fahrzeug, sondern auch so **manches Menschenleben** gekostet haben. Es ist daher verständlich, wenn in den Aktenstücken der neueren Zeit die Angabe enthalten ist, *„daß keine Assecuranzgesellschaft die auf der Traun verfrachteten Güter versichert."* [209]

15.4 Kriegseinwirkungen im Salzkammergut

Wappen v. Bad Ischl

Erzbischof v. Salzburg Wolf Dietrich
Kegele

Einmarsch der Salzburger Truppen in Ischl

Im Jahre 1601 brach im Salzkammergut infolge der Gegenreformation eine kleine Revolution (Arbeiteraufstand) in Ischl aus. Die kaiserlichen Behörden wurden von den Revolutionären gedemütigt, und dies vertrug sich schlecht mit der Durchführung der Gegenreformation und war außerdem nicht dazu angetan, den kaiserlichen Befehlen Achtung zu verschaffen. Aufgrund der Geldknappheit des Kaisers war ein Einschreiten seiner Truppen nicht möglich. **Der Salzburger Erzbischof <u>Wolf Dietrich</u>** konnte der Bitte des Kaisers, im August 1601 mit seinen Truppen das Salzkammergut zu besetzen, nicht nachkommen, da seine Truppen in kaiserlichen Diensten in Ungarn kämpften. Schließlich kam es doch dazu, daß am 22. Februar 1602 1200 Mann Kriegsknechte, Adelige, teilweise bewaffnete Bauern, die in Ungarn gekämpft hatten, unter dem Oberbefehl des Hans Caspar von Stadion von Salzburg aus gegen Ischl vorrückten und kurzen Prozeß machten. Am 27. und 28. Februar 1602 verließ Stadion mit dem größten Teil seiner Truppen wiederum Ischl. Im Anschluß tagte ein Kriegsgericht, das ein Todesurteil aussprach.

Kegele schreibt:

*„Die Execution wurde am 1. März damit abgeschlossen, daß man den katholischen Pfarrer Paul Neumayr feierlich installierte, vor dem Hause des abwesenden Joachim Schwärzl ein Hochgericht aufstellte und einen der Hauptträdelsführer, Michael Haller, darauf justificierte. **Er wurde gevierteilt und die einzelnen Theile auf Stangen an mehreren Orten des Marktes als wirksames Abschreckungsmittel zur Schau ausgesteckt.**"* [210]

Ammerer schreibt hiezu noch: *„Ähnlich wie in Ischl, wo man einen der Anführer des Aufruhrs, Michael Haller, vierteilte und die einzelnen Körperstücke zur Abschreckung auf Stangen an mehreren Stellen des Marktes*

zur Schau stellte, fanden auch in Hallstatt, Goisern, Laufen und im Go-
sautal Hinrichtungen statt. Nach einer relativ kurzen Beobachtungszeit
wurden bis zum 19. März sämtliche Salzburger Soldaten abgezogen." [211]

Salzburger Truppen beim Bauernkrieg 1626 in Gmunden

Das Land ob der Enns wurde durch den Münchner Vertrag vom 8. Oktober 1619, abgeschlossen zwischen Kaiser Ferdinand II. und Herzog
Maximilian von Baiern (Kurfürst ab 25.2.1623), verpfändet, und zwar
von 1620 bis 1628. Die bairischen Soldaten im Land drangsalierten die
Bevölkerung derart, daß die gesamte Wirtschaft zusammenbrach und
teilweise keine Wochenmärkte mehr abgehalten werden konnten. Dieser
Zustand wurde dadurch erhärtet, daß Graf Herberstorff sich als gewalt-
tätiger Tribun aufführte.[212]

Kriegshandlungen des Dreißigjährigen Krieges wurden im Land ob der
Enns und im Salzkammergut nicht ausgetragen. Die Pfandherrschaft und
deren Erschwernisse sowie Drangsale des dritten Bauernkrieges drück-
ten aber umso mehr auf dieses Gebiet.[213]

Im Jahre 1625 begannen die Bauern sich zu formieren, und es kam zu
einem Aufstand dieser. Der Salzburger Erzbischof wollte vorerst neutral
bleiben und mit finanzieller Zuwendung den Kaiser und den bairischen
Herzog unterstützen. „*Um über die Niederwerfung des Aufstandes zu be-*
raten, sandte der Kaiser den Grafen Colalto nach Salzburg, der hier
am 23. Juni 1626 mit den Vertretern Bayerns, Salzburgs und Erzherzog
Leopolds zu Gesprächen zusammentraf. Dabei versprach Paris Lodron
dem Kurfürsten Unterstützung mit drei Fähnlein Infanterie und einer
Kompanie Reiter. Durch diese militärische Hilfe wurde die kaiserliche
Besatzung in Gmunden verstärkt und damit die Gewinnung des Ischler
Salzes garantiert." [214]

Ob außer der oben erwähnten militärischen Hilfe weitere Truppen aus
Salzburg in das Land ob der Enns entsandt wurden, ist nicht mit Sicherheit festzustellen. Eine Chronik behauptet, daß Paris Lodron dem Erz-

Graf Herbertstorff   Lehr

haus Österreich Truppen gesandt habe, die Pappenheim unterstellt waren. Eine andere Chronik vermerkt jedoch, daß Paris Lodron gemeinsam mit Maximilian eine reguläre Truppe von 2000 Mann Infanterie und 1000 Mann Kavallerie aufgestellt habe.

An anderer Stelle finden sich Zeugnisse für eine Neutralität Salzburgs während des Bauernaufstandes. Demnach lehnten Salzburger Stellen eine Auslieferung von Schießpulver an die Rebellen ebenso ab wie eine Waffenlieferung an St. Wolfgang zur Verteidigung gegen die Bauern.[215]

Im Spätherbst 1626 brach Pappenheim den letzten Widerstand der Bauernhaufen bei Eferding, Vöcklabruck und Gmunden,[216] wo das letzte Gemetzel in <u>Pinsdorf</u> bei Gmunden stattfand (<u>Massengrab Bauernhügel</u>). Gmunden mit Pinsdorf gehörte eindeutig zum Salzkammergut.[217]

Der Bauernkrieg wurde 1626 beendet. Die Erholung der Wirtschaft und der Lebensumstände beanspruchte jedoch noch längere Zeit bis über das Ende des Dreißigjährigen Krieges hinaus.

Die Gefahr einer feindlichen Invasion rückte im Jahr 1704 immer näher, da die Baiern bereits in Neumarkt standen, **und diese hatten die Absicht, in das Kammergut vorzustoßen, um die Salzwerke zu zerstören**. Der Salzamtmann Graf Seeau hatte zwar Verteidigungsmaßnahmen getroffen, diese hätten jedoch dem Angriff der feindlichen Macht nicht standgehalten. Ein glücklicher Umstand war, daß die Hauptkriegsschauplätze in Italien, Spanien und den Niederlanden lagen (Span. Erbfolgekrieg 1704). Gott sei Dank wurde nur der Nachschub für das kaiserliche Heer in Italien über das Salzkammergut abgewickelt. Jedenfalls blieb die Invasion der Baiern mit der Zerstörung der Salzwerke aus.[218]

Im September 1741 bewiesen Männer aus Stadl großen Mut, daß sie sich nach dem Einfall der Baiern mit den verbündeten Franzosen dem Befehl des österreichischen Hofkriegsrates, alle Schiffe in Stadl zu zerhacken und damit die Versenkung herbeizuführen, widersetzten bzw. nicht ausführten. Sie nahmen diese Anordnung auch deswegen nicht zur Kenntnis, weil ihnen das Salzamt Gmunden noch die Löhne schuldete.

Bauernhügel bei Pinsdorf   *Kegele*

Den Schiffleuten drohte auf jeden Fall eine Bestrafung, entweder von den Baiern bzw. von den Franzosen, wenn sie die Schiffe versenkt hätten, oder von den österreichischen Behörden, weil sie den Versenkungsbefehl nicht ausführten.

„Sie sagten sich: ‚In Gottes Namen, wir seind nur einen Tod schuldig, müssen uns halt selber helfen, es seind unser genug'. Sie wagten am 16. September mit 24 beladenen Schiffen die Ausfahrt." [219]

Diese Ausfahrt dürfte geglückt sein, der Autor gibt jedoch keinen Hinweis, ob und wie das Unternehmen endete.

Kriegseinwirkung 2. Hälfte 18. Jh. und Franzosenkriege 1805 – 1809

Die zweite Hälfte des 18. Jahrhunderts blieb das Salzkammergut von feindlichen Einfällen verschont und war von den kriegerischen Ereignissen dieser Zeit nur durch die mit dem vermehrten Heeresbedarf zunehmenden Schwierigkeiten betroffen, die sich der bisher verbürgten Befreiung der Salz- und Holzarbeiter vom Militärdienste entgegenstellten. Schon der Siebenjährige Krieg erforderte eine verstärkte Rekrutenaushebung auch im Kammergute, die dem Salzamt Arbeitskräfte entzogen hätte.

„Die Herrschaften mit reservierten Waldungen beschwerten sich nicht mit Unrecht darüber, daß das Salzamt darin taugliche junge Burschen zu Arbeiten verwendete, für welche die Militärbefreiung vorgesehen war, sie daher in Verlegenheit kamen, die vorgeschriebene Anzahl von Rekruten beizustellen. Der Kreis der vom Soldatendienst befreiten Salinenangehörigen war eben sehr groß und umfaßte alle beim Berg- und Hüttenwesen, in den Holzschlägen, beim Wasserbau und Transport beschäftigten Arbeiter, weshalb der Dienst beim Salzamt zumeist volle Sicherheit vor der Rekrutierung bot." [220]

Eine sehr wichtige Vorbereitung für den Krieg vom Jahre 1809 war die Aufstellung der Landwehr, zu welcher auch das im inneren und äußeren Kammergut gebildete, aus vier Kompagnien gebildete Traunbataillon

Salinenarzt Dr. Götz   *Schraml, Bd 3*

gehörte. Die hiezu ausgeloste Mannschaft war im Februar 1809 vollzählig in Ischl beisammen und begann im März mit den Waffenübungen. Die beiden Salinenärzte Dr. Wolf und Dr. Götz schlossen sich ihnen als Militärärzte an. Von vaterländischem Geiste erfüllt, hatten sich auch zehn Beamte des Salzamtes als Offiziere und Unteroffiziere freiwillig gemeldet, die ebenfalls dem Landwehrbataillon eingegliedert wurden.[221]

Nach Kriegsschluß bzw. dem Frieden von Schönbrunn war die Not im Salzkammergut noch nicht zu Ende, da durch den Abmarsch der französischen Truppen im Dezember 1809 der Bevölkerung große Lasten auferlegt wurden. Die Verwaltung des Salzamtes blieb aber noch über den Friedensschluß hinaus bis zum 20. Oktober in französischen Händen, der gesamte Vorrat an Pferden, Schiffen, Korn, Schmalz, Geräten und Materialien aber bis zum 1. November französisches Eigentum, das, wie alles vorhandene Salz, von Österreich wieder einzulösen war. In den zehn Kriegsjahren wurde das Kammergut dreimal von Feinden heimgesucht, die Arbeiter hatten Not und Ungemach zu ertragen und durch die ungeheure Teuerung und Geldentwertung furchtbar gelitten. Es wurde eine ausgiebige durchgreifende Erhöhung der Gehälter, Löhne, Pensionen und Provisionen als unausweichlich verlangt.[222]

Josef Lenoble (1749 – 1823), an leitender Stelle tätig, hat die Saline in Aussee sehr viel zu verdanken. Er wurde 1795 ins Salzoberamt in Gmunden berufen, kehrte aber schon 1802 wieder nach Aussee zurück und erhielt als Salzoberamtmann die Leitung der Salzbergwerke und der Saline übertragen. Während der Napoleonischen Kriege der Jahre 1805 und 1809 kamen die französischen Truppen nach Aussee. Lenoble verstand es, die Zerstörungen von der Saline und auch dem Markt Aussee abzuwenden.[223] Destotrotz gab es aufgrund der französischen Besatzung viel Hunger und Not im Salzkammergut.

Josef Lenoble   *Schraml, Bd 3*

15.5 Brände, Hochwässer und Lawinenunglücke im Ausseer Gebiet

Die Lebensfreude der Ausseer Bürger wurde hin und wieder durch Hochwasserkatastrophen und Brandunglücke getrübt. Obwohl 1523 die erste Brandschutzverordnung erlassen wurde, hielt sich niemand an die vorgegebenen Richtlinien, und es konnten die Brandschutzbestimmungen nicht verhindern, daß immer wieder Feuer ausbrach und diese Brände sich rasch ausbreiteten. 1604 brannte eine Reihe von Dörrhäusern ab. Es wurden jedoch keine Wohnhäuser in Mitleidenschaft gezogen. 1689 dagegen zerstörte eine Feuersbrunst einen Teil des unteren Marktes und 1742 legte ein Großbrand fast ein Viertel des Ortes in Schutt und Asche.[224]

Aussee-Kainisch: 1827 wurden die Salzsiedeanlagen in der Unterkainisch durch einen Großbrand zerstört. Beim sofortigen Wiederaufbau hat man eine Rundpfanne und dahinterliegende Dörrkammern eingebaut. Konstruktiv wurden auch Teile der Berchtesgadener Pfanne übernommen. Diese scheint unter der Bezeichnung „Frauenreuter-Pfanne" auf.

Hochwässer gab es im Laufe der Jahrhunderte unzählig viele, mit größeren und kleineren Schäden an den Triftanlagen. Eine ärgere Gefahr war oft der Abgang von Schneelawinen. Eine große Katastrophe war das Lawinenunglück von 1687, bei dem ein Haus in der Ramsau mit fünf Menschen verschüttet wurde und diese dabei den Tod fanden. Ein noch ärgeres Unglück war der Lawinenabgang im Februar 1738, der ein Holzhaus in Gössl verschüttete, wobei 19 Menschen ihr Leben lassen mußten.

16.0 Das Salinenwesen im Salzkammergut, seine Entwicklung
von der Mitte des 19. Jahrhunderts bis heute (1985).
(mit freundlicher Genehmigung von w.Hofrat techn.Rat Dipl.Ing
Günther Hattinger zur Gänze übernommen)

Was vorgehen für die Bezirkschronik !

DAS SALINENWESEN IM SALZKAMMERGUT

SEINE ENTWICKLUNG VON DER MITTE DES
19. JAHRHUNDERTS BIS HEUTE (1985)

G. Hattinger *)

*) Prok.. . Dipl.Ing. Günther Hattinger
c/o Österr. Salinen AG
Wirerstraße 10
4820 Bad Ischl

Auf eine intensivere Bebilderung wurde nachstehend verzichtet, da ab 1877, Wendepunkt des Salzkammergutes, diese in vielen Literaturen vorhanden sind.

Aussee

ÖNB

Franz Josef Sandmann
Aussee, um 1860
(Bildausschnitt)

von Seite 1 -30

Von den k.k. Salinenverwaltungen zur Österreichischen Salinen AG

Bereits im 18. Jahrhundert beeinflußten die Verwaltungs- und Steuer-reform Maria Theresias und die Josephinischen Reformen die bis dahin herrschende´ Allgewalt des Salzoberamtes, welchem das gesamte Sali-nenwesen, die Sole- und Salzgewinnung, die Salzverfrachtung und die Gewinnung von Holz für die Befeuerung der Pfannen sowie zum Bau der Salzschiffe, unterstand. Die Revolution des Jahres 1848 führte zur Auflassung des über Jahrhunderte bestandenen, direkt der Hofkam-mer in Wien unterstellten Salzoberamtes, des Pflegamtes Wildenstein im oberösterreichischen sowie des Pflegamtes Pflindsberg im steirischen Salzkammergut. An ihre Stelle traten Bezirkshauptmannschaft, Bezirks-gericht und Steueramt. Das Salzoberamt wurde in eine Salinen- und Forstdirektion umgewandelt. Hatte die Verbindung Salinen- und Forst-wesen ihre Berechtigung im einstmaligen bedeutenden Holzverbrauch zur Feuerung der Sudpfannen und für den Schiffsbau, so war dieser mit zunehmender Einführung der Kohlenfeuerung jedoch die Grundlage entzogen. Bereits im Jahre 1868 wurde eine eigene Forstdirektion mit Sitz in Gmunden errichtet und das gesamte österreichische Salzwesen dem Finanzministerium in Wien unterstellt, welches später als Zwi-scheninstanz die Finanzlandesdirektion Linz für die damaligen alpinen Salzbergbaue und Salinen (Ebensee, Bad Ischl, Hallstatt, Altaussee und Bad Aussee,. Hallein und Hall i. Tirol) einschaltete. Diese Unterstellung überdauerte das Ende der Österr.Ungar. Monarchie bis zur Schaffung der dem Bundesministerium für Finanzen als Monopolbetrieb unterstellten

Generaldirektion der Österr. Salinen im Jahre 1926. Ihr waren, ebenso wie einst dem Salinen-Departement der k.k. Finanzdirektion in Linz, die damaligen k.k. Salinenverwaltungen, nunmehr die Salinenverwaltungen Ebensee, Bad Ischl und Hallstatt im oberösterr. Salzkammergut und innerhalb der Bezirkshauptmannschaft Gmunden gelegen, sowie die Salinenverwaltungen Bad Aussee, Hallein und Hall i.Tirol und deren Salzbergbaue unterstellt.

Mit Ausnahme des Zeitraumes März 1938 bis Mai 1945, in welchem der Staat Österreich seine Selbständigkeit verloren hatte und die Salinen und Salzbergbaue als Ostmärkische bzw. Alpenländische Salinen geführt wurden, blieb diese Organisationsform auch in der 2. Republik durch das Behördenüberleitungsgesetz aus dem Jahre 1945 bis Ende 1978 bestehen.

Seit dem 1. Jänner 1979 werden die Österr. Salinen in der Rechtsform einer Aktiengesellschaft geführt, deren Aktien sich zu 100 % im Besitz der Republik Österreich befinden. Die gesetzliche Basis für diese Rechtsformänderung war das Salzmonopolgesetz 1978, das von allen drei im Parlament vertretenen Parteien einstimmig beschlossen wurde. Durch dieses Gesetz wurden auch die bis dahin noch in Geltung gestandenen Artikel der Zoll- und Staatsmonopolsordnung vom 11. Juli 1835 aufgehoben.

Diese knappe Darstellung des Wandels in der Organisationsform des Salinenwesens, der immer auch die im oberösterreichischen Salzkammergut gelegenen, einstigen Salinenverwaltungen und heutigen Direktionen und Betriebe mit unterworfen waren, ist eng verbunden mit der politischen und wirtschaftlichen Geschichte. Sie zeigt aber auch, daß die Gewinnung von Sole und Salz auch in diesem Zeitraum in ihrer regionalen und überregionalen Bedeutung, keine Minderung erfuhr. Möge auch ihr Schwerpunkt einmal bei den Einkünften aus dem Salzregal, einer Maut oder Steuer gelegen sein, ein anderes mal in der Nutzung heimischer Bodenschätze, in der Autarkie der Versorgung des Landes mit Salz oder in der Sicherung von Arbeitsplätzen in einer strukturschwachen Region.

Mit Ausnahme des Salzbergbaues Hall i. Tirol befinden sich die Salzbergbaue Altaussee und Hallein sowie die innerhalb des Bezirkes Gmunden gelegenen Salzbergbaue Bad Ischl und Hallstatt auch heute noch in Betrieb, wobei jedoch eine weitgehende Änderung der Abbaumethoden, besonders innerhalb der letzten 25 Jahre, Platz gegriffen hat.

Bei den Salinen Ebensee, Bad Ischl und Hallstatt innerhalb des Bezirkes Gmunden und den Salinen Bad Aussee, Hallein und Hall i.T. führte die Entwicklung der chemischen Verfahrenstechnik und der Größe von deren Anlagenkapazitäten zu einem hohen Maß von Betriebskonzentration. Mit Ausnahme der Saline Hallstatt, welche während des 2. Weltkrieges bereits eine Unterbrechung ihres Betriebes hinnehmen mußte, standen praktisch alle Salinen nach mehrmaligen Um- und zum Teil Neubauten bis 1965 in Betrieb. Ab diesem Zeitpunkt erfolgte jedoch eine schrittweise Konzentration der Salzproduktion. Sie erreichte durch den Neubau der Saline Ebensee in der Ortschaft Steinkogel bei Ebensee (1977

- 1979) ihren Höhepunkt und ist heute auf diese Saline und die Saline Hallein konzentriert. Derzeit entfallen rd. 90 % der Salzproduktion der Österreichischen Salinen AG auf die Saline Ebensee im oberösterr. Salzkammergut.

Die Salzbergbaue und Salinen in der 2. Hälfte des 19. Jahrhunderts

Um die Jahrhundertmitte war die Solegewinnung in den Bergbauen der Salzproduktion der Salinen angepaßt. Beim Bergbau wurde um diese Zeit das überwiegend auf Empirie beruhende Handeln durch die beginnende Kenntnis der Auswirkungen der bergmännischen Tätigkeit auf die Lagerstätte und das Grubengebäude infolge ingenieurmäßigen Denkens und Überlegungen abgelöst. Eine wesentliche Erkenntnis war am Anfang der 2. Hälfte des 19. Jahrhunderts über die Folgen der räumlichen Anordnung der Laugwerke von Abbauhorizont zu Abbauhorizont gewonnen worden. Ursprünglich wurden diese unregelmäßig untereinander angelegt, wodurch es zu Spannungsspitzen im Gebirge und frühzeitigen Zubruchgehen von Laugwerkern kam. Dies führte zu erhöhter Gefahr für die Bergmänner und die Solegewinnung sowie zu überaus großen Abbauverlusten, deren Folge die Notwendigkeit von Mehrauffahrungen von Strecken und Anlage einer größeren Zahl von Laugwerkern war. Die damalige Erkenntnis Franz von Schwind's über die Anlage der Laugwerker in vertikaler Lage untereinander von Horizont zu Horizont, führte zu einer wesentlichen Verbesserung der Abbauverhältnisse. Die Standfestigkeit der Himmelsflächen der Laugwerker erhöhte sich wesentlich und dadurch auch die Nutzung des Haselgebirges zur Solegewinnung um etwa das 5-fache.

Beim praktischen Wässerungsbetrieb setzten sich ebenfalls neue Erkenntnisse durch, welche zu einer Verbesserung der Lenkbarkeit der Verlaugung des Haselgebirges führte. Auch Versuche mit kontinuierlicher Wässerung wurden durchgeführt, eine Art der Wässerung wie sie heute vorwiegend bei Solegewinnung in Normal- und Tiefwerken und bei der Bohrlochsolegewinnung angewandt wird.

Auch in der bergmännischen Arbeit, in der Aus- und Vorrichtung und im Erhaltbau wurde allmählich die rein händische Tätigkeit mit Schlägl und Eisen und dem im Salzbergbau im Haselgebirge in Gebrauch gestandenen Häuereisen durch Handbohrmaschinen ersetzt. Später, am Ende des 19. Jahrhunderts erfolgte die Einführung elektrischer Stoß- und Drehbohrmaschinen.

Die Voraussetzung für die Einführung elektrisch angetriebener Maschinen war das Vorhandensein von elektrischer Energie. In Hallstatt stand z.B. bereits seit 1897/99 elektrische Energie mit einer Leistung von 50 kW-Gleichstrom aus eigener Wasserkraft zur Verfügung.
Die Salzbergbaue Hallstatt und Bad Ischl hatten durch die Inbetriebnahme des Ammoniak-Soda Werkes in Ebensee im Jahre 1885 neben der Deckung des steigenden Solebedarfes der Salinen Bad Ischl, Ebensee und Hallstatt für die Salzerzeugung auch den Solebedarf dieses Werkes

*für die Sodaerzeugung zu decken. Die Soleerzeugung dieser beiden Berg-
baue betrug in diesem Zeitraum zwischen 57 % und 66 % von jener der
fünf in Betrieb gestandenen Salzbergbaue und bildete somit den Schwerpunkt der Soleproduktion.*

*Beim Salzbergbau Hallstatt erfolgte im Jahre 1859 der Aufschlag des
Franz-Josef-Stollens in 735 m Seehöhe und mit der Erschließung des
Salzbergbaues Bad Ischl von der Talsohle wurde durch den Aufschlag
des Franz-Josef-Erbstollens bei Lauffen bereits im Jahre 1895 begonnen.
Auch die Salinen konnten in der 2. Hälfte des 19. Jahrhunderts von der
industriellen-Entwicklung, welche durch den--bereits Ende des 18. Jahrhunderts begonnenen Übergang zur wissenschaftlich begründeten Technik eingeleitet worden war, nicht ausgeschlossen bleiben.*

*Der im 19. Jahrhundert erfolgte gänzliche Übergang von den wärme-
und arbeitsaufwendigen Rundpfannen auf die rechteckigen Tiroler- und
oberösterr. Pfannen, die Einführung der Kesselnietung bei der Herstellung und Ausbesserung der Pfannen an Stelle der Stuckarbeit, die So-
levorwärmung und die Einführung der Pultfeuerung an Stelle der ge-
wöhnlichen Rostfeuerung, brachten eine nennenswerte Verbesserung der
„pyrotechnischen" Teile der Salinen welche sich auch im kalorischen Wi-
Wirkungsgrad der Pfannen auswirkte. Der Ersatz des Holzes durch Kohle als Brennstoff, der im Salzkammergut durch den Bau der Kronprinz-
Rudolf-Bahn zwischen Attnang-Puchheim und Stainach Irdning (1875
- 1877) besonders gefördert wurde, nachdem bereits 1850 in Ebensee
erste Versuche mit Wolfsegg-Traunthaler Kohle erfolgten, welche mit*

der Bahn nach Gmunden und von dort mit Schiff über den See nach Ebensee transportiert werden mußte, sei ein weiteres Beispiel für die Entwicklung, welche Platz gegriffen hatte. Die neue Eisenbahn ermöglichte jedoch nicht nur die Verwendung von Kohle für den Sudbetrieb sondern führte auch zur Beendigung der Salzschiffahrt auf der Traun. Ende des Jahres 1877 besorgte die letzte Sechser-Zille die „Zentnerfaßlabfuhr" des Salzes auf der Traun ab Hallstatt. Es ist heute kaum vorstellbar, welche einschneidenden Veränderungen durch den Bahnbau im Salzkammergut, besonders in Bezug auf die Beschäftigungslage der ehemaligen Wald- und Holzarbeiter sowie der im Schiffswesen beschäftigt gewesenen, bedingt waren.

Gab es bei der Holzfeuerung der Pfannen z.B. Probleme mit Salzverschmutzung bei der Beheizung der Füderldarren zum Trocknen der Füderl (Salzstöcke), welche schließlich durch die Pultfeuerungen gelöst werden konnten, traten bei Einführung der Kohlenfeuerung ähnliche Probleme auf. Rauchbildung führte beim Darren zur Schwärzung des Salzes und machte es unansehnlich.

Man versuchte daher bei den Pfannen Gasfeuerungen einzuführen, die sich aber nicht behaupten konnten. Dabei wurden die Pfannenfeuerungen derart ausgeführt, daß es zu einer Entgasung der verfeuerten Kohle gleich einem Gas-Generator kam. Generell bedeute der Einsatz der Kohle an Stelle von Holz als Brennstoff, jedoch auch eine Änderung der Feuerungen der Pfannen von Pultfeuerung auf Plan- oder Treppenroste je nach dem ob stückige oder körnige Kohle zur Verfeuerung gelangte.

Rittinger's Abdampf-Verfahren und Rittinger-Piccard-Weibl'scher Salz-erzeugungs-Apparat

Blättert man die in den Fachzeitschriften jener Zeit erschienenen Veröffentlichungen durch, zeigt sich bereits damals sehr deutlich der Eingang der Ergebnisse der physikalischen und technischen Wissenschaften in das Denken der im Salinenwesen tätigen Ingenieure. Wie ein roter Faden zieht sich das Streben nach Verminderung des Energieaufwandes für die Salzproduktion durch das Bemühen der für die Produktion Verantwortlichen. Mehr als 200 Veröffentlichungen zum Thema Heizungs- und Feuerungs-Einrichtungen bei den Salinen, Abdampfen der Salzsolen und Salzerzeugungsmethoden sowie von Beschreibungen ganzer Salinen- und Salinen-Anlagen waren alleine in den Jahren 1850 - 1900 im deutschen Sprachraum erschienen. Diese Veröffentlichungen stammen zu einem namhaften Teil auch von Männern, welche in den damaligen k.k. Salinenverwaltungen tätig waren. Es mag daher nicht verwunderlich erscheinen, daß auch in Österreich nach gänzlich anderen, durch die Entwicklung der Apparatetechnik und des Maschinenwesens möglich gewordene, in der Salinentechnik zum „Abdampfen der Salzsoolen" anwendbare Verfahren geforscht wurde. Im Jahre 1855 erschien im Verlag von Friedrich Manz, Wien, eine Schrift von Peter Rittinger, k.k. Sectionsrat (Oberbergrath) in Wien, mit folgendem Titel:

„Theoretisch-praktische Abhandlung über ein für alle Gattungen von Flüssigkeiten anwendbares neues Abdampfverfahen mittelst einer und *derselben Wärmemenge, welche zu diesem Behufe durch Wasserkraft in ununterbrochenen Kreislauf versetzt wird.*

Mit spezieller Rücksicht auf den Salzsiedeprozeß dargestellt von Peter Rittinger, k.k. Sectionsrath (Oberbergrath)in Wien."

Diese Schrift enthält praktisch bereits alle jene physikalischen Überlegungen und Berechnungen, welche heute auch noch die Grundlage für die Anwendung der „Wärmepumpe" (Thermokompression) für die industrielle Verdampfungstechnik sind. In den Jahren. 1856 und 1851 erfolgten in der Saline Ebensee praktische Versuche, welche zuerst mit Wasser durchgeführt wurden und die Richtigkeit der von Rittinger angestellten Überlegungen bewiesen. Beiden Versuchen mit Sole kam es jedoch zu einer so starken Verkrustung an den Wärmeübergangsflächen des „Rittinger'schen Abdampf-Apparates" die eine praktische Nutzung der Apparatur zur Salzerzeugung nicht ermöglichten. Auch die im Jahre 1858 neuerlich aufgenommenen Versuche führten zu keiner Lösung des Problems.
Nach dem Studium eines in der Saline Bex (Schweiz) im Jahre 1879 in Betrieb gestandenen, mit Dampf beschickten Abdampfapparates, benannt nach dem Erfinder Professor Piccard in Lausanne und ausgeführt von Weibl in Genf wurden in der Saline Ebensee in den Jahren 1881 - 1886 Versuche mit einem solchen, verbesserten Apparat (Rittinger-Piccard-Weibl'scher Salzerzeugungsapparat) durchgeführt. Er war fünf Jahre in Betrieb, bei einer täglichen Produktion von bis zu rd. 5.000 kg

„feinsten und reinsten Tafelsalzes" und mußte schließlich wegen weitgehender mechanischer Zerstörung und zufolge Korrosion, außer Betrieb genommen werden.

Am Ausgang des 19. Jahrhunderts stand somit trotz verschiedenster Versuche für die Salzerzeugung keine grundsätzlich neue und ausreichend erprobte Technologie zur Verfügung, jedoch war bei allen Salinen die Holzfeuerung der Pfannen durch Kohlenfeuerung ersetzt und die Gefahr einer zunehmenden Abholzung des Forstbestandes im Salzkammergut als Folge steigenden Holzbedarfes durch laufende Erhöhung der Salzproduktion, gebannt. In der 2. Hälfte des 19. Jahrhunderts erfolgte der Bau neuer Pfannen-Sudhäuser in Bad Aussee, Bad Ischl, Hallein und Ebensee. In Ebensee begann man mit der Errichtung von Salinenbauten auf dem neuen Salinengelände am rechten Traunufer in den Jahren 1897 und 1898 durch den Bau des Bilinski-Sudhauses und der Zentralmagazine. Die Situierung der Sudhäuser möglichst nahe dem See war durch die Anfracht des Brennstoffes Kohle und die Verfrachtung des Salzes durch die Eisenbahn statt früher auf dem Wasserweg, nicht mehr erforderlich.

Die Salzbergbaue und Salinen zwischen 1900 und dem Ende des 2. Weltkrieges

Die großen politischen und wirtschaftlichen Umwälzungen in diesem Zeitraum, wie das Ende der Österr. Ungar. Monarchie in der Folge des 1. Weltkrieges, die Gründung der 1. Republik, das Untergehen Österreichs als selbständiger Staat im Großdeutschen Reich, der 2. Weltkrieg und die Wiederproklamierung des Staates Österreich als 2. Republik, gingen auch an den Salzbergbauen und Salinen nicht spurlos vorbei. Sie konnten die technische Entwicklung der Salinen vielleicht beeinflussen aber nicht aufhalten, obwohl ein starker Rückgang der Produktion und des Absatzes nach 1918 und neuerlich 1945 erfolgte.

Von der Jahrhundertwende bis zum Zerfall der Österr. Ungar. Monarchie am Ende des 1. Weltkrieges, mit dem Verlust großer Salzabsatzgebiete, setzte sich die positive Entwicklung der Salzbergbaue durch den weiterhin steigenden Solebedarf für die Salzproduktion der Salinen und die Sodaproduktion fort.

Zur Sicherstellung der Soleversorgung des Ammoniak-Sodawerkes wurde in den Jahren 1905/06 eine Soleleitung vom Kaiser Franz-Berg des Altausseer Salzberges nach Bad Ischl verlegt. Die Inbetriebnahme dieser Leitung führte in den Folgejahren ,auch zu einer nennenswerten Steigerung der Soleabgabe des Salzbergbaues Altaussee nach Bad Ischl und Ebensee. Das Vorhandensein elektrischer Energie führte zum zunehmenden Einsatz elektrischer Betriebsmittel und von Preßluft für die bergmännischen Tätigkeiten. Für die Versorgung des Salzbergbaues Bad Ischl wurde im Jahre 1909 in Lauffen ein Wasserkraftwerk mit einer Leistung von 67 kW in Betrieb genommen. Die folgende Zwischenkriegszeit war gekennzeichnet durch den abnormal hohen Produktionsrückgang nach dem 1. Weltkrieg mit allen seinen Folgen auch für die Salzbergbaubetriebe. Der starke Rückgang beim Solebedarf zufolge Absinkens der Salzproduktion war einer namhaften Fortentwicklung der Abbautechnik und der ge-

samten Bergbautechnologie nicht förderlich. Die in Angriff genomme-
nen Projekte waren zum Teil solche der Arbeitsbeschaffung.

Erst während des 2. Weltkrieges wurde als Folge des kriegsbedingten Bedarfes von Sole und Salz eine spürbare Auslastung der Soleproduktions-
kapazität der Salzbergbaue erreicht um 1945 neuerlich, als Folge der
nachkriegsbedingten Wirtschaftslage stark abzusinken.

Die Hauptmenge der Salzproduktion der Salinen kam immer noch aus
Pfannenanlagen. Neben die Treppenrostfeuerung bei den Pfannen trat
die halbmechanische Pluto–Stockerfeuerung mit Zufuhr erwärmter
Verbrennungsluft. In der Saline Ebensee wurde sodann im Jahre 1904
die erste Vaccumanlage und 1910 eine Schwesteranlage, dasDr. Meyer–
Werk am rechten Traunufer, errichtet. Die Produktion von Vacuum–
Salz in diesen beiden Anlagen lag im Bereich von 10 % der damaligen
Salzproduktion der Salinen. Im Jahre 1915 wurde in Ebensee, ebenfalls
auf der rechten Seite der Traun mit dem Bau eines neuen Sudhauses
begonnen. Am Ende des 1. Weltkrieges standen allein in Ebensee 13
Pfannen und zwei kleine Vacuumanlagen in Betrieb. Bis dahin waren
die Produktionsanlagen aller alpinen Salinen voll ausgenützt. In den
Jahren 1926 – 1936 wurde die seit 1910 im Dr. Meyer–Werk in Betrieb
gestandene Vacuumanlage in zwei 3–fach Effekt–Vacuumverdampfer-
gruppen umgebaut und durch eine weitere verstärkt. Die Leistung dieser Vacuum-Anlage betrug etwa 120 t/Tag. Eine neue Dampfkessel–Be-
kohlungs– und Entaschungsanlage wurde errichtet und die Kapazität

der seit 1918 in Betrieb gestandenen Trommeltrocknungsanlage wurde durch eine weitere Einheit verstärkt.

Gegenüber der Zeit bis zum Ende des 1. Weltkrieges war die vorhandene Kapazität der Erzeugungsanlagen wegen des stark geschrumpften Absatzes so weit ausreichend, daß in Ebensee 1930/31 die gänzliche Stillegung der veralteten Anlage auf dem linken Traunufer, wo sich die Salinenanlagen seit der Errichtung des ersten Pfannhauses in Ebensee zwischen 1604 und 1607 befanden, erfolgen konnte.

Die weitere Entwicklung der Österr. Salinen wurde im Jahre 1938 durch den Verlust der Selbständigkeit Österreichs und der Eingliederung in einen Wirtschaftsraum mit einer bedeutenden, eigenen Salzgewinnung, stark beeinflußt. Wahrscheinlich wäre damals bereits eine Konzentration auf eine Mindestzahl von Produktionsstätten erfolgt, hätte nicht die Kriegswirtschaft während des 2. Weltkrieges einer erhöhten Salzproduktion bedurft. Trotzdem wurde der Betrieb der Saline Hallstatt im Jahre 1943 eingestellt und der Betrieb der Saline Bad Ischl im Jahre 1944 stark eingeschränkt.

Das vorgesehene Reorganisationsprogramm konnte, kriegsbedingt nur zum Teil durchgeführt werden. In der Saline Ebensee wurde die Dampfversorgung durch Errichtung einer neuen Dampfkesselanlage und eines Dampfturbinenaggregates modernisiert. Durch Umbau der Heizkörper der Vacuum-Verdampfer konnte auch deren Produktionskapazität erhöht werden.

Die Salzbergbaue von 1945 bis heute

Die Technik der Aussolung in Laugwerkern (Normalwerkern), welche in der Regel zwischen zwei in einem senkrechten Abstand von 35 bis 40 Metern angelegten Gewinnungshorizonten erfolgte, wurde wohl verschiedenen Modifikationen unterworfen, aber praktisch über mehrere Jahrhunderte hindurch angewandt.

Ein intensives Studium des Aussolungsprozesses auf der Grundlage moderner, wissenschaftlicher Erkenntnisse, die Entwicklung der Unterwasserpumpen und der Steuerungstechnik sowie eine ausreichende Versorgung der Salzbergbaue mit elektrischer Energie, ermöglichten innerhalb der letzten beiden Jahrzehnte die Anlage von Laugwerken mit Pumpbetrieb über die Höhe von zwei Gewinnungshorizonten (Tiefenwerker). Dadurch konnte die Soleproduktion je Anlage wesentlich vergrößert und die Anlagekosten vermindert werden.

Parallel zu dieser Entwicklung erfolgte die Einführung der Aussolung mittels Sonden sowohl unter Tage als auch von über Tage (Bohrlochsolegewinnung). In einem Kleinversuch wurde die Eignung des Haselgebirges mit einem bestimmten Mindestsalzgehalt für dieses Verfahren festgestellt. Dadurch konnte unter Tage die lohnintensive, bergmännische Tätigkeit reduziert werden.
Für die Anwendung dieses Gewinnungsverfahrens war die Möglichkeit der Vermessung nicht zugänglicher Aussolungshohlräume, wie sich sol-

che bei der Bohrlochsolegewinnung ergeben, Voraussetzung. Eine solche stand zum Zeitpunkt der Einführung der Bohrlochsolegewinnung im österr. Salzbergbau, in der Form eines echometrischen Hohlraumvermessungsverfahrens, zur Betriebsreife fertig entwickelt, zur Verfügung.

In den Jahren 1965 und 1966 wurde unter Anwendung von Obertagebohrungen und geophysikalischen Messungen ein Aufsuchungsprogramm durchgeführt. Mit diesem sollte festgestellt werden, ob zur Deckung des steigenden Sole- und Salzbedarfes in Österreich, in Zukunft nur mit den vorhandenen Lagerstätten gerechnet werden kann oder ob noch neue Lagerstätten oder bisher unbekannte Lagerstättenteile für die zukünftige Gewinnung aufgeschlossen werden können. Im Rahmen dieses Aufsuchungsprogrammes wurde südl.. von Bad Ischl eine von ober Tage aussolbare Salzlagerstätte gefunden. Sie wird seit 1967 durch Bohrlochsolegewinnung ausgenützt. Die aussolbare Lagerstätte liegt in einer Teufe zwischen 500 bis 300 m unter der Talsole.

Die Änderung von Gewinnungsmethoden im Bergbau erfordert gegenüber der Einführung einer neuen Produktionsmethode im industriellen-verfahrenstechnischen Prozeß einen längeren Zeitraum. Er ist abhängig von durch die Natur der Lagerstätte gegebenen Faktoren und vom Gebot der weitgehenden Nutzung der Lagerstättensubstanz. So erfolgte beispielsweise zwischen 1950 und 1970 die Produktion der Sole noch zu 90 % in Normalwerkern. Dieser Anteil sank bis heute auf nur noch rd. 15 %, während der Anteil von in Tiefenwerkern und Sonden gewonnenen Sole auf rd. 85 % stieg.--Im betrachteten Zeitraum (1950 bis heute) hat sich die Soleproduktion etwa verdreifacht.

Zur Verbesserung der Infrastruktur der beiden größten Salzbergbaubetriebe Altaussee und Hallstatt wurden sogleich nach Beendigung des 2. Weltkrieges die Voraussetzungen für die Verlegung der obertägigen Betriebsstätten aus einer Höhe von 1.000 m ü.d.M. und darüber, ins Tal geschaffen. Dies erfolgte durch den Vortrieb des Altausseer- und des Hallstätter-Erbstollens in den Jahren 1948-56 und 1947-1952 von der Talsohle aus und Anschluß der Stollen über je einen Blindschacht an das darüberliegende, bestehende Grubengebäude. Dadurch fand auch, die bis dahin während der Arbeitswoche erforderlich gewesene Kasernierung der Bergarbeiter in den Berghäusern, ihr Ende und den Bergmännern war die tägliche Heimkehr zur Familie ermöglicht.

Einer Mechanisierung größeren Ausmaßes waren beim Salzbergbau mit Aussolbetrieb von vorne herein Grenzen gesetzt. Die Rationalisierung der Ausrichtungs-, Vorrichtungs- und Erhaltarbeiten durch den Einsatz moderner Geräte war nur in geringem Maße möglich. Dafür konnte die personal-intensive Überwachung der Solegewinnung in zentralen, unter Tage gelegenen Grubenwarten zusammengefaßt und dadurch der Informationsgrad über die Solegewinnung, in den zum Teil weit auseinanderliegenden Gewinnungspunkten unter Tage erhöht und der dafür erforderliche Personalaufwand vermindert werden.

Das Soleleitungsnetz im Salzkammergut wurde laufend ausgebaut und zum Teil erneuert. Die von den Salzbergbauen Altaussee, Hallstatt, Bad Ischl und vom Obertagesondenfeld südl. von Bad Ischl kommende Sole wird über eine zentrale Soleverteil-, Vorwärm- und Meßstation in Bad Ischl an die Verbraucher in Ebensee (Saline und chem. Industrie) abgegeben. Die Soleleitungen von den Salzbergen nach Bad Ischl folgen weitgehend dem alten, historischen Trassenverlauf. Nur im Teilstück Bad Ischl - Langwies wurde bei der Neuverlegung von zwei neuen, leistungsfähigen Soleleitungssträngen in den Jahren 1981/82, die bald 400 Jahre bestehende historische Trasse verlassen und dieses Teilstück im Radweg der Salzkammergut-Bundesstraße verlegt.

Die Gesamtlänge der Soleleitungstrassen im Salzkammergut beläuft sich auf 72,4 km und die Gesamtlänge der darin verlegten Rohre betragen 247,4 km.

<u>Die Pfannensalinen vom Ende des 2. Weltkrieges bis zu ihrer Betriebseinstellung.</u>

Die politischen und sozialen Verhältnisse unmittelbar nach dem 2. Weltkrieg führten vorerst zu einer Wiederinbetriebnahme aller Salinen. Die Saline Hallstatt wurde Ende 1950 nach weitgehender Teilmechanisierung mit einer Produktionskapazität von 7.000 t/Jahr als Pfannensaline wieder in Betrieb genommen. Der aufwendige Kohle- und Salztransport auf dem See zur und von der Saline wurde durch LKW-Betrieb zwischen Obertraun und Hallstatt ersetzt.

Die Saline Bad Ischl wurd 1952/54 ebenfalls als Pfannensaline umgebaut und teilmechanisiert.

Ab 1954 erfolgte für die Saline Bad Aussee die Errichtung eines neuen Sudhauses mit Unterkesselpfannen und Heizölfeuerung. Die Anlagen für die Lagerung, Versackung und den Versand des Salzes wurden ebenfalls neu errichtet und mit der Saline 1959 in Betrieb genommen.

Die wirtschaftliche Entwicklung Österreichs und Europas, die damit verbundene Erhöhung der Kosten für den Produktionsfaktor Arbeit, Zwang zur Rationalisierung und besonders die im letzten Jahrzehnt eingetretenen Preissteigerungen bei den kalorischen Energieträgern, erlaubten die Weiterführung der -Salzerzeugung in Pfannen, -mittels einer- praktisch überholten Technologie, nicht mehr und führten zur Einstellung des Betriebes der Salinen Hallstatt und Bad Ischl bereits im Jahre 1965 und der Saline Bad Aussee im Jahre 1983. Eine durch Jahrhunderte in diesem Bezirk verfolgbare technologische Entwicklung, mit ihren das Salzkammergut einst prägenden Komponenten, hat dadurch ihr Ende gefunden.

Das Thermokompressionsverfahren - die in Österreich heute angewandte Salzerzeugungstechnologie

„Gleichwohl ist der Rittinger'sche Apparat genial erdacht und Epoche' machend in der Geschichte des Salinenwesens", schrieb Carl Baltz, Edler v. Balzberg im Jahre 1896 am Schlusse seines Berichtes über die bereits erwähnten Versuche Peter Rittinger's in den Jahren 1856 - 1858 Nahezu ein Jahrhundert mußte jedoch vergehen, bis auch bei uns in Österreich die damals bereits durch Rechnung und für die Verdampfung von Wasser auch praktisch realisierte Idee, für die Salzerzeugung genutzt wurde. Über Deutschland und die Schweiz, wo die ersten für die Salinentechnik brauchbaren Salzerzeugungsverfahren nach der Idee Rittinger's verwirklicht wurden, kamen sie zu uns.

Im Jahre 1951 wurde die erste Thermokompressionsanlage der Salinen und auch Osterreichs in der Saline Hall i.T. in Betrieb genommen. Sie mußte jedoch 1967 im Rahmen einer Maßnahme zur Konzentration der Salzerzeugung ihren Betrieb einstellen, obwohl sich diese Anlage betriebstechnisch bestens bewährt hatte.
Bereits 1953 erfolgte die Inbetriebnahme einer Thermokompressionsanlage auch in der Saline Ebensee und im Jahre 1955 jene der Saline Hallein. Voraussetzung für den störungsfreien Betrieb dieser Anlagen war neben der Bezugsmöglichkeit ausreichender Mengen elektr. Energie zum Betrieb der Thermokompressoren, das Vorhandensein eines Verfahrens zur Reinigung der Sole von steinbildenden Nebensalzen des Calziums und Magnesiums, welche sich lagerstättenbedingt in der Sole befinden.

Durch die rechzeitige Anwendung des Thermokompressionsverfahrens für die Salzerzeugung waren die Österr. Salinen in der Lage, die wirtschaftlich abnormal hohen Belastungen durch den „Energieschock" des Jahres 1973 und der Folgejahre zumindest teilweise abzufangen und auch die Emissionsbelastung der Umwelt auf das technologiebedingte Mindestmaß zu beschränken. Die in den Jahren 1953 und 1955 in den Salinen Ebensee und Hallein geschaffenen Produktionskapazitäten mußten in den Folgejahren durch den Anstieg des Salzbedarfes in Österreich bis zum Jahre 1973 in der Saline Ebensee auf eine Produktionskapazität von rd. 240.000 t/Jahr und in der Saline Hallein auf rd. 70.000 t/Jahr ausgebaut werden. Dadurch war es auch möglich, die gänzlich veraltete 3-fach Effekt-Vacuumanlage der Saline Ebensee im Jahre 1967 außer Betrieb zu nehmen, einschließlich des dadurch bedingt gewesenen Dampfturbinenbetriebes mit Eigenerzeugung von elektrischer Energie. Einem weiteren schrittweisen Ausbau der Saline Ebensee zur Deckung des gestiegenen Salzbedarfes und zur weiteren Konzentration der Salzproduktion waren jedoch Grenzen gesetzt. Außerdem erforderten die wirtschaftliche Situation der Österr. Salinen und der steigende Salzbedarf eine Reorganisation der Verwaltung und der Betriebe der Österr. Salinen, deren Nahziele in der Zentralisierung der Leitung des Unternehmens in einer Generaldirektion in Bad Ischl (1975), im Bau einer neuen Saline auf einem neuen Standort in Ebensee/Steinkogel (1977 - 1979) und in der Umwandlung des Bundesbetriebes Österr. Salinen in eine Aktiengesellschaft (Salzmonopolgesetz 1975) gelegen waren.

Die erfolgte Verwirklichung dieser Nahziele, für welche in kollektiver Übereinstimmung der Sozialpartner längerfristig wertvolle Vorarbeit geleistet wurde, ist nunmehr die Basis für eine gedeihliche Fortentwicklung der Österr. Salinen AG.

Handelsformen des Salzes

Bei einem Überblick über die Entwicklung des Salinenwesens von der Mitte des vergangenen Jahrhunderts bis heute, ist auch ein Hinweis auf den, Wandel der Handelsformen des Salzes angebracht. Um die Mitte des vergangenen Jahrhunderts wurden mehr als 80.000 t oder rd. 80 % des produzierten noch Salzes noch als Fuder und in der Hauptsache als Füderlsalz abgesetzt. Es waren dies in Formen aus Holz (Füderl) durch Einstampfen geformte und in Dörren getrocknete Salz-Stöckel mit einem Gewicht von 16-24 kg, welche für den Transport per Zille und Fuhrwerk und auch zum Vermahlen geeignet waren. Der Anteil dieses Fuder- oder Füderlsalzes sank bis zur Jahrhundertwende ständig ab, bis diese Produktion sodann am Beginn des 20. Jahrhunderts eingestellt wurde. Im Jahre 1908 wurden nur noch etwa 8.000t oder rd. 5 % Fuder- oder Füderlsalz produziert.

An Stelle des Fuder- und Füderlsalzes trat mit zunehmenden Anteil ab der Mitte des vergangenen Jahrhunderts das Blanksalz mit einer Feuchtigkeit von etwa 4 %, welches in loser Form, versackt in Säcken aus Leinen oder Jute, in den Handel kam. Waren es 1850 erst etwa 13.500 t oder 14 % des Salzes, betrug der Anteil von Blanksalz am Beginn dieses Jahrhunderts schon mehr als 70.000 t oder rd. 50 %.

Ab 1874 wurden in Ebensee auch 5 und 10 kg schwere Salzbriketts mittels Handpressen und ab 1896 in Ebensee und Bad Ischl auch 1 kg schwere Salzbriketts, in hydraulischen Pressen erzeugt. Später kam auch eine Brikettproduktion in Bad Aussee dazu. Um die Jahrhundertwende betrug beispielsweise die Brikettsalz-Erzeugung bereits mehr als 11.000 t im Jahr oder 8 % der Salzproduktion.

Das Brikettsalz konnte sich jedoch, vermutlich wegen der Schwierigkeit der für seine Verwendung erforderlichen Zerkleinerung nicht durchsetzen, sodaß man zur Erzeugung von Mahlsalz schritt, das aus Preßstücken oder Füderlbruch, später auch aus getrockneten Blanksalz durch Mahlung gewonnen wurde. Die Erzeugung dieser Handelsform des Salzes stieg rasch an und lag am Beginn des Jahrhunderts bereits nahe 15.000 t oder bei rd. 10 % der Produktion.

Die Verpackung des Salzes als Tafelsalz in 1 kg-Kleinpackungen wurde in der Saline Ebensee im Jahre 1911 aufgenommen. Es war dies eine rein händische Verpackung vom Kleben der sogenannten „1 kg-Hülsen" über das Füllen, Falten und Verkleben der Pakete. Der steigende Bedarf von Paketsalz führte sodann 1926 zum Ankauf einer weitgehend automatisch arbeitenden Paketierungsmaschine.

Heute erfolgt die Erzeugung sämtlicher Salzsorten ausgehend vom Verdampfersalz (Siedesalz), ob es sich um Tafelsalz, Bad Ischler Spezialsalz, 7-Kräutersalz, Bad Ischler Kristallsalz in Dosen oder Ebenseer Speisesalz handelt, um nur einige zu nennen. Die verschiedenen Salzsorten werden durch die Beimengung von Spurenelementen, Kräutern oder durch Spezialsiebung gewonnen und in 1/2 kg-Beutelpackungen, Kartons, Dosen oder in verschweißte Packungen mit einem Gewicht von 10 kg abgepackt.

Eine Tochtergesellschaft der Österreichischen Salinen AG, die Biosaxon Salz Ges.m.b.H. in Bad Aussee stellt Lecksteine für die Viehfütterung mit einem Gewicht von 4 und 5 kg her, welche auch zusätzliche Nährstoffe enthalten. Weiters produziert diese Tochtergesellschaft auch durch Kompaktieren Grobsalz, das vom Markt für Spezialanwendungen in verschiedenen Körnungen benötigt wird.

Eine weitere Tochtergesellschaft der Österr. Salinen AG, die Bad Ischler Salz Ges.m.b.H. in Wien befaßt sich hauptsächlich mit dem Vertrieb von Spezialsalzsorten und Handelswaren.

Die große Menge des derzeit produzierten und als Industrie-, Auftau-, Gewerbe- und Viehsalz zur Auslieferung kommenden Salzes wird jedoch lose in Staub- oder Schüttgüterwaggons, Straßensilotransportern oder in 50 kg-Plastiksäcken per Bahn oder auf der Straße zum Versand gebracht.

Bergwerksbesuch und Kurmittel

Die steten Bemühungen um einen positiven Beitrag der immer mehr industriellen Charakter tragenden Salzbergbaue und Salinen zur strukturellen Verbesserung der Region, finden ihren Niederschlag auch auf dem Sektor des Fremdenverkehrs. Das Angebot des Besuches eines Salzbergwerkes übt trotz veränderter Umwelt und Gesellschaft auf einen des Bergmannsberufes unkundigen Laien, immer noch ein gerütteltes Maß an Faszination aus. So werden die beiden innerhalb des polit. Bezirkes Gmunden liegenden Salzbergwerke Bad Ischl und Hallstatt jährlich jeweils von mehr als 140.000 Gästen besucht und mehr als 100.000 Gäste benutzten zur Bergfahrt die im Jahre 1980 an Stelle der Gondelbahn errichtete Standseilbahn in Hallstatt.

Die erste Anwendung von Sole und Heilquellen als Kur- und Heilmittel liegt schon mehr als 150 Jahre zurück. Die Kurorte des polit. Bezirkes Gmunden, Bad Ischl und Bad Goisern und auch jener des steirischen Salzkammergutes, bedienen sich Kurmitteln, welche entweder direkt aus der Soleproduktion stammen, wie Sole und Laist (aus der Solegewinnung stammender Rückstandston) oder Heilquellen, welche direkt oder indirekt mit der Solegewinnung in Zusammenhang stehen oder standen. So sind im Gebiet des politischen Bezirkes Gmunden nicht weniger als mindestens 20 Mineral-, Thermal- und Schwefelquellen bekannt geworden, welche jedoch nur zum Teil genützt werden können.

Die Entwicklung der Sole- und Salzproduktion von 1850 bis heute (Tab. 1 und 2)

Auch die Entwicklung der Sole- und Salzproduktion von 1850 bis heute, spiegelt die politische und wirtschaftliche Geschichte Österreichs wieder. Von 1850 bis 1900 stieg die Soleproduktion von 329.00m^3 um 60 % auf 582.000 m3 und die Salzproduktion von 97.000 t um 44 % auf 140.000 t. Der größere Anstieg der Soleproduktion ist auf den beginnenden Absatz von Industriesole für die chem. Industrie im Raume Ebensee zurückzuführen. Diese Entwicklung folgte dem Trend des wirtschaftlichen Wachs tums der damaligen Österr.-Ungar. Monarchie.

Der Anteil der im polit. Bezirk Gmunden gelegenen Salzbergbaue und Salinen an der Sole-bzw. Salzproduktion lag in diesem Zeitraum zwischen 52 und 66 % beziehungsweise 51 und 58 %.
Während des 1. Weltkrieges erreichte die Sole- und Salzproduktion mit 750.000 m3 und 174.000 t Salz sodann ein weiteres Maximum.
Bis zum Jahre 1923 war die Produktion bei Sole auf 271.000 m3 und bei Salz auf 50.000 t abgesunken und damit wesentlich unter das Niveau des Jahres 1850 gefallen. Der vorwiegende Grund für diesen überaus starken Rückgang der Produktion war der Verlust von Salzabsatzgebieten durch den Zerfall der Österr.-Ungar. Monarchie.
Dieser starke Produktionsrückgang konnte nicht ohne Auswirkung auf die Beschäftigtensituation bleiben. Zwischen 1922 und 1924 verminderte sich der Beschäftigtenstand um etwa 1.000 Personen oder 35 %. In der Folgezeit bis zum Ende des 2. Weltkrieges, hielt sich das Ausmaß der Personalver minderung sodann in Grenzen. Ab 1950 kam es im Zuge der Änderung der Gewinnungsmethoden sowie zunehmender Technisierung und Konzentration der Sole- und Salzproduktion zu einer neuerlichen Verminderung des Standes an Beschäftigten, ähnlich der Entwicklung in anderen Industriezweigen. Es war dies jedoch kein Rückgang der Beschäftigten in großem Ausmaß innerhalb weniger Jahre sondern eine kontinuierliche Personalverminderung durch natürlichen Abgang von

1.701 Beschäftigten im Jahre 1950 auf 518-Beschäftige im Jahre 1985.

Die rechtzeitige Einleitung einer solchen restriktiven Personalpolitik unter Ausnützung des natürlichen Personalabganges durch Pensionierung, bereits zu einem sehr frühen Zeitpunkt, war mit eine der Voraussetzungen für ein positives Ergebnis der Maßnahmen zur Reorganisation der Sole- und Salzgewinnung in Osterreich innerhalb der letzten 10 Jahre.

Die Sole- und Salzproduktion, welche bis 1938 das Ausmaß von 580.000 m3 Sole und von 95.000 t Salz erreichte, bei Sole somit ungefähr dem Produktionsstand des Jahres 1900 und bei Salz dem des Jahres 1850 entsprach, überschritt sodann während des 2. Weltkrieges wieder die Menge von 700.000 m3 und 100.000 t, um im Jahre 1945 noch einmal stark abzusinken. Die Produktion betrug damals 327.000 m3 Sole und 53.000 t Salz und erreichte somit einen neuerlichen Tiefpunkt.

Mit beginnender Normalisierung der politischen und wirtschaftlichen Verhältnisse Osterreichs nach dem 2. Weltkrieg begann auch das Wachstum der Sole- und Salzproduktion bis auf die heutige Menge von mehr als 2.000.000 m3 Sole und 420.000 - 450.000 t Salz pro Jahr.

Dieser bedeutende Anstieg der Sole- und Salzproduktion in den letzten drei Jahrzehnten ist auf einen größeren Bedarf der chemischen Industrie an Sole und auf eine veränderte Verbrauchsstruktur des Salzes zurückzuführen.

Der Anteil des Speisesalzes am Gesamtabsatz betrug im Jahre 1910 noch 78 % von rd. 156.000 t. Heute beträgt dieser nur noch 10 - 11 % des Jahresabsatzes von 420.000 - 450.000 t. Das Salz, früher hauptsächlich Speise-, Würz- und Konservierungsmittel, ist heute in erster Linie industrieller Rohstoff. Seine Produktion trägt die Merkmale industrieller Massenproduktion. Die Entwicklung der chemischen Industrie und des Straßenverkehrs in der 2. Hälfte des 20. Jahrhunderts brachte der Produktion des Salzes auch bei uns in Österreich starke Impulse. Ohne diese würde die Salzproduktion heute kaum wesentlich größer sein als am Beginn dieses Jahrhunderts.

Trotz des bedeutenden Wachstums der Sole- und Salzproduktion Österreichs mit seinem Schwerpunkt im oberösterreichischen und steirischen Salzkammergut, konnten im Zusammenhang mit industrieller Tätigkeit unvermeidliche Umweltbelastungen besonders im letzten Jahrzehnt auf ein Ausmaß reduziert werden, welches die Lebensqualität der Bewohner des Salzkammergutes und der die Anzahl derselben um ein Mehrfaches überschreitenden Gäste aus dem In- und Ausland, nicht beeinträchtigt.

Durch die Änderung der Solegewinnungsmethoden in den Salzbergbauen, die Stillegung der Pfannensalinen, durch die Aufbereitung der in der Solereinigung der Saline Ebensee anfallenden, anorganischen Schlämme und durch die gänzliche Verarbeitung der beim Eindampfungsbetrieb anfallenden Mutterlauge im eigenen Werk sowie durch ein Werk der chemischen Industrie in Ebensee, konnte die jährliche Chloridbelastung der Vorflut, trotz erhöhter Salzproduktion um mehr als die Hälfte vermindert werden.
Durch die starke Reduzierung des Verbrauches von kalorischer Energie von 23.000 t SKE im Jahre 1965 auf 3.000 t SKE im Jahre 1984 für die Salzerzeugung konnten auch die aus der Verfeuerung von Brennstoffen stammenden Emissionen, eine beachtliche Verminderung erfahren.

Die ehemaligen Österreichischen Salinen, heute Österr. Salinen AG, kann ihre Betriebe nicht als Einzelproduzenten isoliert sehen, sondern nur in der Gesamtheit des Unternehmens. Trotzdem wurden wegen der Zweckbezogenheit dieses Beitrages, bereits mehrmals Hinweise auf Bedeutung und Produktionsleistung der im polit. Bezirk Gmunden gelegenen Betriebe des Unternehmens gegeben, welche standortbedingt sind. Daraus ergibt sich auch der wachsende Anteil der in diesem Bezirk gelegenen Betriebe an der gesamten Sole-und Salzproduktion in Österreich. Andererseits wurde dieser Bezirk jedoch auch von jenen Auswirkungen stark betroffen, welche beispielsweise durch die Änderung der angewandten Abbauverfahren, der Technologie der Salzproduktion sowie der Verfrachtung des Salzes bedingt waren.

Es gibt in Österreich kaum eine Region, in welcher die Gewinnung eines Rohstoffes durch so viele Jahrhunderte, ja sogar einige Jahrtausende bereits, seine kontinuierliche Fortsetzung erlebt und zufolge des steigenden Bedarfes bei den Rohstoffen Sole und Salz sich wirtschaftlich und technologisch zeitgemäß entwickeln konnte.

Auf einer das Traunviertel charakterisierenden Kartusche, der aus zwölf Blättern bestehenden Kartenbeilage zur „Geographischen Beschreibung Oberösterreichs" aus dem Jahre 1669 von Georg Matthäus Vischer, finden sich die Worte:
„Sultz, Holtz und Saltz hab ich genug,
verfiers am Wasser
mit guetem fueg!"

stellvertretende Kartusche
nebenan von G. M. Vischer
1675

Auch noch heute haben diese Worte weitgehend ihre Geltung.

232

Hallstatt

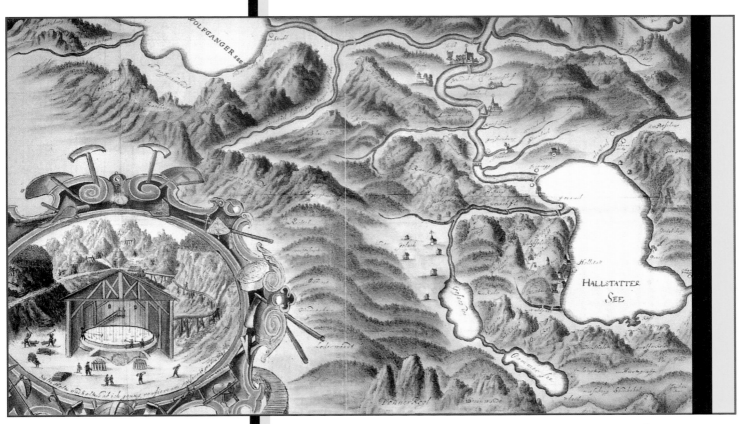

ÖNB

Georg Matthäus Vischer
Landeskarte des Salzkammerguts: Hall-
stätter und Wolfgangsee mit Ansicht des
Sudwerks der Salzmine in Hallstatt, 1675
(Bildausschnitt)

(aus „Salzkörner")

Schaubergwerk Hallstatt - Aufgang vom Maria-Theresien-Stollen zum Knappen-
haus - interessante Dachlandschaft

17.0 Auszüge aus der Literatur „Salzkörner" von Dr. Kurt Thomanek; April 2007

Entwicklung der Österreichischen Salinen AG ab 1950 –
vom Monopol zum Privatbetrieb

Privatisierung des weltältesten Bergbauunternehmens

Die Salinen bleiben österreichisch

(Seite 104)

Nach meiner Pensionierung im Oktober 1992 begann der neue Vorstand für Organisation im Tagesgeschäft zu arbeiten, zusammen mit dem bestens eingearbeiteten, bereits 18 Jahre im Unternehmen tätigen Vorstandsvorsitzenden, der seinen Arbeitsstil in noch ausgeprägterer Form fortsetzte. Die Entscheidungsfreude war sehr eingeschränkt, alle Möglichkeiten wurden offen gelassen und immer wieder weitere Untersuchungen eingeleitet.

Die Ergebnisse dieses versteckten Freistilringens waren entsprechend. Dr. Hoscher, ein Techniker, der mit dem Ebenseer Direktor angeblich nicht arbeiten konnte, wurde als Geschäftsführer in Ebensee eingesetzt, ein zweiter Techniker, Dipl.-Ing. Sochor, der bisher ausschließlich im Bergbau tätig war, erhielt zur Unterstützung des Geschäftsführers eine Versetzung nach Ebensee.

Es dauerte nicht lange, bis es zu öffentlichen Auseinandersetzungen kam. Der Ebenseer Direktor - Dipl.-Ing. Karl Krenn - musste den Hut nehmen, setzte sich nach Holland zu einem Privatunternehmen (Thalmann) ab und errichtete für diesen binnen kürzester Zeit in Harlingen eine moderne Saline für eine Kapazität von 1,2 Millionen Tonnen pro Jahr.

Auch der langjährige, erfahrene Verkaufsleiter wurde intensiv gemobbt und hinausgedrängt. Er gründete, zusammen mit einer ehemaligen Mitarbeiterin, die Salzhandelsfirma Prosa GesmbH in Bad Goisern und verkaufte somit holländisches Importsalz nach Ebensee zur Firma Alpensalz! Einem Teil des Personals wurde nahegelegt das Unternehmen zu verlassen, ein „golden hand shake" in großzügigster Ausstattung erleichterte diesen Entschluss für viele.

Die Besten, die sich auch als Selbstständige behaupten konnten oder leicht einen anderen Job erhielten, gingen in viel größerer Anzahl als vorgesehen und erwartet von der Saline weg, dafür mussten neue Kräfte eingestellt werden, die noch keine spezifische Salinenqualifikation aufwiesen.

Zudem kamen Missstimmungen und Intrigen in die Leitungsgremien, die darin gipfelten, dass z. B. an einem Freitag der für die Technik zuständige Geschäftsführer vom Aufsichtsrat und Vorstandsvorsitzenden entlassen wurde und am Montag darauf vom Eigentümervertreter (Finanzminister Dr. Staribacher) als neuer Vorstandsvorsitzender der Salinen wieder eingesetzt wurde.

Das Arbeitsklima nach dieser Rotation kann man sich gut vorstellen; es war alles andere als erspießlich.

Außerdem bestanden ehrgeizige Privatisierungsbemühungen - Managment-buy-out - für Knezicek, Meyer, Sochor, Pomberger. Als Rückversicherung gab es Verkaufsgespräche mit den Bayrischen Berg-, Hünen- und Salzwerken und mit der Akzo, vertreten durch Knezicek und Räuchle bzw. Biermann mit dein

Ziel, die Sahnen ans Ausland zu verkaufen und trotzdem in der Leitungs-
funktion zu verbleiben.

Auch eine Rechtsanwaltsgruppe um Dr. Fries aus Baden bei Wien kam ins
Spiel und interessierte sich ernsthaft und vehement für die Salinen.

An eine korrekte Sacharbeit war nicht zu denken, die wichtigen Entscheidun-
gen für eine künftige Wachstumsstrategie blieben auf der Strecke bzw. wurden
immer wieder vertagt.

Auch der für die Solegewinnung zuständige leitende Mitarbeiter im Unternehmen (D1 Ernst Gaisbauer) scheint massiv in die Richtung beeinflusst worden
zu sein, dass ein Soleaufkommen für einen zusätzlichen Verdampfer III nicht
nachhaltig möglich wäre.

Diese Linie wurde lange bis kurz vor Übernahme durch unsere Gruppe beibehalten und die positive Klärung dieser Frage kostete viel Kraft und Energie
und erforderte Ausdauer und den Hinweis, dass eine so starke Steigerung der
Solegewinnung durch Umstellung auf neue Abbautechnologien schon einmal erfolgreich praktiziert wurde. Es käme jetzt darauf an, dieses Verfahren weiter
zu forcieren, zu optimieren und zügig auszubauen, was letztlich, wie wir jetzt
sehen, gut gelungen ist. Dl Gaisbauer hat einen wesentlichen Beitrag geleistet.

Ich selbst schaltete mich beim Bergbauverantwortlichen massiv ein und bedeutete
ihm einige Monate vor Übernahme durch uns, dass es für das Unternehmen
besser wäre, den restriktiven Kurs aufzugeben und eine Vorwärts- und Wachstumsstrategie zu verfolgen.

Ich war über die negative Entwicklung der Saline naturgemäß besorgt, weil
ich aus meiner jahrzehntelangen Betriebserfahrung heraus von einer nachhaltig
positiven Ergebnisgebarung überzeugt war. Eine derartige Entwicklung wür-

de auch im schwierigen gesamteuropäischen Wirtschaftsumfeld und auch nach Wegfall des Monopolschutzes gelingen.

Bei einem Spaziergang in Altaussee teilte ich meine Bedenken und meine positiven Zukunftsansichten Herrn Dr. Hannes Androsch mit, der anklingen ließ, selbst am Erwerb der Saline interessiert zu sein, nachdem die fehlgeschlagenen Privatisierungsbemühungen durch Management-buy-out oder Übertragung an die Gruppe Fries in allen Zeitungen standen.

Ich befasste mich daraufhin mit einem Zukunftsmodell. Auch der Organisationsvorstand Dr. Promberger hat sich „rückversichert" und lieferte erforderliche Unterlagen und Ziffernwerke.

Es kam zu einer Buchpräsentation von Dr. Hannes Androsch - „Investitionsleitfaden Osteuropa - eine Jahrhundertchance" - in der Ungarischen Botschaft in Wien am 11. 4. 1996, an der auch der damalige Finanzminister Mag. Viktor Klima teil-nahm und sprach.

Unmittelbar nach der Veranstaltung wurde ein Kontakt mit Mag. Klima und mir hergestellt. Im Gespräch stellte ich den jetzigen Zustand des Unternehmens dar, äußerte meine großen Bedenken um die Zukunft und trug ein Entwicklungskonzept vor.

Finanzminister Mag. Klima hörte sich alles sehr interessiert an, stellte Zwischen-fragen, erbat eine schriftliche Darstellung und sagte abschließend: „Ich habe die Absicht, die Österreichischen Salinen an die ÖIAG zu übertragen, das sind ‚klasse Burschen' dort, die wissen, was sie wollen und werden die Ausschreibung für eine Privatisierung unter Wahrung der österreichischen Interessen vornehmen." Finanzminister Klima bedankte sich für das Gespräch, *verabschiedete sich und ich informierte Herrn Dr. Androsch vom Inhalt.*

Bereits in den nächsten Tagen verfasste ich den erbetenen Bericht an den Finanzminister und sandte Durchschriften an die leitenden Herren der ÖIAG, Herrn Gen.Dir. Dr. Hollwöger und Dir. Dr. Becker sowie an Herrn Dr. Androsch. Der Finanzminister stand zu seiner Zusage und verordnete noch im Juni 1996 die Übertragung der Österreichischen Salinen AG an die ÖIAG mit dem ausdrücklichen Auftrag einer raschen, bestmöglichen Veräußerung unter Wahrung berechtigter österreichischer Interessen.

Der weitere Weg war damit klar vorgezeichnet.

Die ÖIAG bediente sich des Unternehmens „CDI-AMandA" Beteiligungsberatungs GmbH, Corporate Development International (Spezialisten für Company Search) in Wien als Berater und gab Richtlinien für Ausschreibung und Zeitplan vor. Demnach sollten Interessenten bis

1. 12. 1996

unverbindliche Offerte vorlegen und nach Sichtung derselben und Erstellung einer „shortlist" mussten diese das verbindliche Offert für die Übernahme der Salinen bis

10. 2. 1997

einreichen.

Vorweg sei gesagt, dass das Interesse sehr groß war. Insgesamt sollen 32 Unternehmensgruppen, darunter alle größeren Salzproduzenten Westeuropas, unverbindliche Angebote abgegeben haben.

Die „shortlist" umfasste dann noch acht, später fünf und letztlich nur noch drei Bieter.

Salins di Midi
Agrana - sprich Südsalz und
die Österreichgruppe, bestehend aus Dr. Hannes
Androsch, Raika-Landesbank Oberösterreich,
Dr. Kurt Thomanek

Wir erhielten letztlich als Bestbieter und als Darsteller umfassender, realistischer Vorstellungen für die Weiterentwicklung aller Bereiche (Salz, Tourismus, Immobilien) um 60 Millionen € (830 Mio ATS) nach Präsentation vor der ÖLAG am 17. 4. 1997 den Zuschlag.

Den Weg bis zu diesem denkwürdigen Tag will ich kurz schildern.

Nach den bereits bezeichneten Briefen an Finanzminister Klima und die leitenden Herren der ÖLAG habe ich in Abstimmung mit Herrn Dr. Hannes Androsch sofort ein elfseitiges Kurzkonzept ausgearbeitet:

„Überlegungen für eine österreichische Lösung zur Übernahme der Österreichischen Salinen AG"

Diese Arbeit beinhaltete folgende Kurzdarstellungen:

- *Geschichte des Salzes in Österreich*
- *Ausgliederung der Salinen aus dem Bundesbudget*
- *Sanierung der Österreichischen Salinen AG*
- *Wegfall des Salzmonopols zum 1. 1. 1995 - Strukturbruch, Auswirkungen*
- *Zustand der Österreichischen Salinen 1996*
- *Zukunft des Salzes in Österreich*

und wurde am 21. 8. 1996 in Altaussee im ersten Stock des Hotel Berndl folgenden Persönlichkeiten vorgestellt:

Landeshauptmann Waltraud Klasnic, Landeshauptmann Dr. Pühringer, Landeshauptmannstellvertreter Dr. Schachner, Landeshauptmannstellvertreter Hochmair, Landesrat Dr. Paierl, Bürgermeister Brandauer und Bürgermeister Köberl und an Finanzminister Mag. Klima, an die leitenden Herren der ÖLAG, an die Oberste Bergbehörde, den Vorstand der ÖSAG, den Zentralbetriebsrat und die Salzkammergutbürgermeister sowie weitere Meinungsbildner versandt und in zahlreichen Gesprächen erläutert und interpretiert.

Wir bekamen von vielen Seiten Unterstützung.

Im Jänner 1997 wurde Mag. Klima Bundeskanzler; dieser Wechsel an der Spitze der Bundesregierung erleichterte unser Vorhaben vermutlich, weil der Vorgänger Dr. Franz Vranitzky nicht gerade als Freund des Bewerbers Dr. Androsch einzustufen war. Auch die Belegschaften der Salzkammergutbetriebe mit ihren Betriebsräten, die Bürgermeister und Gemeindevertreter unterstützten uns und im Salzkammergut wurde Stimmung mit Transparenten und Plakaten gemacht:

„Die Salinen müssen österreichisch bleiben!"
„Kein Ausverkauf unseres Salzes ins Ausland!"

Selbst der neue Finanzminister Franz Edlinger war von der Geschlossenheit und Einheitlichkeit dieser Aktionen sichtlich beeindruckt. In zahlreichen Gesprächen mit den Vertretern der Raika-Landesbank Oberösterreich, der AIC, der Obersten Bergbehörde, der Firma AMandA und intern mit den Vertretern der Saline und der Gemeinde objektivierten und verdichteten wir unsere Konzeptvorstellungen und gaben zeitgerecht am 1. 12. 1996 unser unverbindliches Offen zur Übernahme der Salinen mit allen notwendigen Unterlagen bei der ÖIAG ab.

Nach mehrmaliger Ergänzung und Überarbeitung gelangte das endgültige Konzept am 10. 2. 1997 zeitgerecht zur ÖIAG.

Wir erhielten Gelegenheit, vor dem gesamten Aufsichtsrat der ÖIAG unter Vorsitz des Bundesministers a. D. Dr. Josef Staribacher unsere Vorstellungen für die Privatisierung und Zukunftsentwicklung der Österreichischen Salinen genau darzulegen. Nach dieser Präsentation erfolgten noch langwierige und schwierige Gespräche, die die Haftungsübernahme für die stillgelegten Bergbaubetriebe zum Inhalt hatten.

Auch diese heikle Frage wurde befriedigend gelöst, weiters haben wir der Aufforderung der ÖIAG auf Nachbesserung bis 14.4. 1997 Folge geleistet. Zu diesem Zeitpunkt gab es neben uns nur mehr zwei Mitbewerber, nämlich die französischen Salinen und Agrana (Südsalz).

Letztlich stellte sich heraus, dass unsere rein österreichische Gruppe das inhaltlich und finanziell beste Offen abgab und wir erhielten am Montag, 14.

4. 1997 einstimmig den Zuschlag für 60 Millionen € mit Bedingungen auf Fortführung des Unternehmens, Veräußerungsverbot für eine bestimmte Zeit, Übernahme aller Haftungen für die stillgelegten Betriebe und rechtzeitige Ausführung aller erforderlichen Erhaltarbeiten in den Bergbauen.

Die Freude war groß, unseren Erfolg feierten wir bei einem Abendessen im Hotel Bristol und bereits am nächsten Morgen, 15. 4. 1997 überraschten uns die Musikkapellen Altaussee und Bad Ischl mit ihrem Spiel vor der Oper in Wien. Um 10.30 Uhr waren die Medienvertreter zu einer Pressekonferenz ins Hotel Bristol geladen. Es herrschte überaus großes Interesse, es gab viele Sachfragen, die getroffene Entscheidung wurde allgemein sehr positiv aufgenommen. Damit blieb der älteste Bergbau- und Industriebetrieb Österreichs in österreichischer Hand.

Fulminante Entwicklung als Privatbetrieb

Realisierung der Wachstumsstrategie
Belegschaft wird Miteigentümerin
Aussichten und Visionen bis 2010

Im Mai 1997 feierte der Salzbergbau Altaussee die 850. Wiederkehr seiner erstmaligen, urkundlichen Nennung aus dem Jahre 1147. Damals wurde vom Traungauer Ottokar II dem Stift Rein bei Graz, das ist das älteste, noch bestehende Zisterzienserstift der Welt, zwei Salzpfannen am Ahornsberg geschenkt und hierüber eine Urkunde ausgestellt. Der sogenannte Ahornsberg befindet sich oberhalb des Moosberges und galt als ältester Stollen des Salzbergbaues

Altaussee. Dieses Ereignis - nämlich der 850-jährige Bestand des Salzberg-baues Altaussee - wurde ausgiebig und würdig gefeiert.

Der derzeitige Abt des Stilles Rein, Petrus Steigenberger erfreute uns durch seine Anwesenheit und zelebrierte die Festmesse.

Mit dem sehr sympathischen und aufgeschlossenen Abt hielten wir weiterhin Kontakt und der Bürgermeister von Altaussee, Josef Brandauer mit seiner Frau Vroni und ich selbst mit meiner Frau Herta erhielten eine Einladung zum Mittagessen ins Still Rein. Dazu musste der Abt jedoch die Zustimmung aller übrigen Mönche wegen der Teilnahme unserer Frauen am Mittagessen ein-holen. Das Essen war übrigens ausgezeichnet und die anschließende Führung durch das älteste Benediktinerstile der Welt und der Stiftskirche waren außer-ordentlich beeindruckend, harmonisch und interessant.

Im Gumpelwerk des Salzbergbaues Altaussee fand am 9. 5. 1997 der Festakt statt, der großen Anklang fand und hohe Aufmerksamkeit erregte. Weitere Programm-punkte bildeten der Knappentanz, ein Festkonzert der Salinenmu-sikkapelle Altaussee, deren 145-Jahr-Feier mit dem Fest des Salzbergbaues zusammengelegt wurde, sowie die erwähnte Festmesse.

Die vorher genannten Feierlichkeiten wurden außerdem mit dem 6. Österreichi-schen Berg-, Hütten- und Knappentag zusammengelegt und hatten somit einen großartigen Rahmen für die farbenprächtige Bergparade am Sonntag, dem 11. 5. 1997, zu der fast zweitausend Bergknappen aus allen Teilen Österreichs, weiters aus Bayern, Slowenien und der Tschechoslowakei anreisten.

Auch der Österreichische Bergbautag 1997, den der Verband der österreichi-schen Bergingenieure veranstaltet, wurde nach Bad Aussee vergeben.

Somit konnte die gesamte österreichische montanistische Fachwelt aktuell und in feierlicher Form von der letzten Entwicklung der Österreichischen Salinen authentisch informiert werden. Es ist ja nicht alltäglich, dass der älteste Industrie-betrieb Österreichs mit dem weltältesten Salzbergbau in Hallstatt mit seiner jahrtausendealten Betriebsgeschichte völlig privatisiert wird.

Die Organe werden bestellt:

Am 7. 5. 1997 war das „closing" für die Salinenprivatisierung anberaumt, d.h. die Privatisierung erlangte durch das Auslaufen der Einspruchsfrist volle Rechtskraft. An diesem Tage wurde nach Bad Ischl eine Hauptversammlung einberufen und die Organe der Gesellschaft bestellt.

Vorstände:
Karl Promberger - Verkauf und Marketing
Dipl.-Ing. Karl Krenn - Technik
Dr. Hermann Pomberger - Rechnungswesen, Finanzen, Controlling

Aufsichtsräte:
Dr. Hannes Androsch - Präsident
Dr. Ludwig Scharinger - Vizepräsident
Dr. Kurt Thomanek - auch Berater für Aufsichtsratspräsidium und Vorstand
Dr. Georg Riedel
Präsident Beppo Mauhart
Mag. Markus Vockenhuber (Raika)
Mag. Johann Schillinger (Raika)

und die Betriebsräte:

NRAbg. Rainer Wimmer - Obmann Zentralbetriebsrat aus Hallstatt Friedrich Egglmaier - Bergbau Altaussee

Rudolf Lemmerer - Saline Ebensee (für die Angestellten)

Reinhard Kreuzer - Saline Ebensee

Der langjährige Vorstandsvorsitzende Dr. Gerhard Knezicek demissionierte und wurde als Sachbearbeiter für Kulturfragen in Hallstatt weiter beschäftigt; nach einiger Zeit ging er als Beamter in das Bundesministerium für Finanzen zurück und erhielt in diesem Ressort den Spezialauftrag für Öffentlichkeitsarbeit.

Der Geschäftsführer Dr. Dipl.-Ing. Manfred Hoscher ließ sich abfertigen und nahm eine Anstellung bei der Agrana an.

Für 15 Uhr luden wir die Belegschaft ins Kurhaus Bad Ischl, teilten die erforderlichen Informationen mit und feierten in bester, lockerer Stimmung.

Nun konnte die Arbeit beginnen.

Ziele:

- *Konsequente und sehr rasche Umsetzung der Wachstumsstrategie, das heißt konkret:*

- *Steigerung der Solegewinnung in den Bergbauen und im Sondenfeld von etwa 2,4 auf 3,4 Mio m5*

- *Steigerung der Salzproduktion in Ebensee von etwa 450.000 1 auf 750.000 t pro Jahr*

- *Durchziehen eines rigorosen cost-cutting-Programmes in allen Berei-*

chen des Unternehmens

- Marketinginitiativen in jeder Form
- Entwicklung neuer Salzprodukte, auch im Bereich Gesundheit und Wellness
- Allenfalls Einstieg in salzfremde Sparten, z. B. in die Kosmetik
- Ausbau und Neugestaltung der Schaubergwerke in Hallstatt, Hallein und Altaussee mit jeweils
- spezifischen Schwerpunkten, nämlich:
- Prähistorik in Hallstatt, Keltenkultur in Hallein, Kunstgutbergung in Altaussee
- bestmögliche Verwertung des Immobilienbesitzes und Schaffung neuer Arbeitsplätze
- Weiterentwicklung der Beteiligungen

Alle genannten Maßnahmen zielten auf die Erreichung einer nachhaltigen Profitabilität und eines guten, jährlichen Betriebsergebnisses im Kernbereich Salz und Sole, in Größenordnungen von etwa 5 - 7 Mio € pro Jahr und mit positiven Geschäftsergebnissen bei Salinen Tourismus und Salinen Immobilien Ges.m.b.H. Neben den genannten operativen Aufgaben sollte die Suche nach Kooperations-Verschränkungs- und/oder Übernahmemöglichkeiten bei anderen europäischen Salzerzeugern beginnen, um die Basis zu verbreitern, die Produktpalette zu optimieren um letztlich in einem größeren Marktumfeld unsere Produkte absetzen zu können.

Die industriellen Konzentrationsbestrebungen sind auch in der Branche Salz nicht zu übersehen oder gar aufzuhalten. So kam es zur Übernahme des Wer-

*kes Harlingen von Thalmann durch Kali und Salz, zur Vereinigung der Sol-
vay-Salzsparte mit Kali und Salz zur Europäischen Salzcompanie (ESCO)
im Jahre 2002 mit einer Kapazität von bis zu 6 Mio Tonnen. Auch die Ver-
einigten Schweizerischen Rheinsalinen haben sich mit der Südwestsalz AG in
Heilbronn in einer Sparte gegenseitig verschränkt.*

*Rückseite der Literatur „Salzkörner"; weitere
Veröffentlichungen (Publikationen) von w.Hofrat Bergrat h.c.
DDipl.Ing. Dr Kurt Thomanek:*

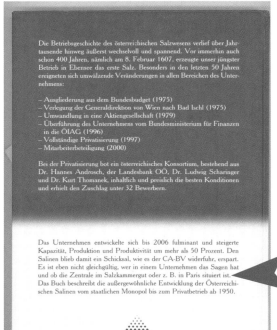

1) Die verschiedenen Wässerungsmethoden beim Altausseer Salzbergbau, Montan-Rundschau 5/1958
2) Die Bedeutung des Erbstollens und der neuen Betriebsanlage für den Altausseer Salzbergbau
3) Untersuchungen über die Möglichkeiten zur Rationalisierung der Solegewinnung im alpinen Salzbergbau unter besonderer Berücksichtigung des Bergbaues Altaussee - Dissertation Lehrkanzel für Bergbaukunde Montanuniversität Leoben, Prof. Dr. Ing. G.B. Fettweis - 1967
4) Entwicklungstendenzen im Österreichischen Bergbau: „Einführung netter Solegewinnungsverfahren im alpinen Salzbergbau" - Berg- und Ilüttenmännische Monatshefte, Heft 2/1969
5) Steigerung der Solegewinnung aus Laugwerken hei kontinuierlicher Wässerunge - Berg- und Hüttenmännische Monatsheft, Hell 8/1971
6) Das erste Untertage-Bohrlochsolefeld der Österreichischen Salinen im Salzbergbau Altaussee - Berg- und Ilüttenmännische Monatshefte, Heft 6/1974
7) Zusätzliche Laugwasserversorgung für den Salzbergbau Altaussee - Montan-Rundschau Heft 12/1971, S. 302/303
8) Die Bedeutung der Hypertonischen Natrium-Chlorid-Sulfat-Quelle für das Kurwesen im Bereich des Ausseerlandes - Zeitschrift für Medizintechnik 1965
9) Die technische Entwicklung der Österreichischen Salinen seit dem 2. Weltkrieg - Sonderdruck Jubiläumsausgabe der Salzkammergut-Zeitung 1965
10) Wirtschaft und Technik der Österreichischen Salinen in Vergangenheit, Gegenwart und Zukunft, Teil H: „Berg- und Salinentechnik" - Berg- und Hüttenmännische Monatshefte, Heft 2/1978 und Österr. Berg- und Hüttenkalender 1978, S. 105 - 109
11) Veröffentlichung: „Salzgewinnung in Österreich" - V. Internationales Salzsymposium, Hamburg 1978
12) Verwertung von Abfallstoffen aus dem Solegewinnungs- und Salzerzeugungsprozeß - Mitteilungen Abteilung Geologie-Bergbau, Landesmuseum Joanneum Graz 1980 / Heft 40
13) Salz in Österreich - Unternehmensstrategie der Österreichischen Salinen AG - Berg- und Hüttenmännische Monatshefte, lieft 10/1982
14) Wasser und Bergbau - Bundesministerium für Handel, Gewerbe und Industrie, Grundlagen der Rohstoffversorgung, lieft 7/1984

15) Entwicklung der Bohrlochsolegewinnung aus dem Traunthaler Salzlager bei Bad Ischl - Berg- und Ilüttenmännische Monatshefte, Heft 4/1985
16) Festschrift Österreichischer Bergmannstag 1987 - Leoben, Graz „Salz - Umweltfeind oder Umweltfreund" (Kurzauszug BHM, 132. Jg., VIII/1987, Heft 8, S. 302, S. 347) und BHM, Heft 10/1988
17) Oberösterreichische Bergbautag 1988 – Gmunden/OÖ – Festvortrag: „Die technische Entwicklung der Österreichischen Salinen AG (seit 1975), dargestellt anhand ausgewählter Investitionsprojekte"

Das Werk Ebensee 2005 – nach mehreren Erweiterungen (Sommer – Luftaufnahme)

(aus „Salzkörner")

SALZLAGERGEBÄUDE
BAD AUSSEE

RUDOLFSTURM HALLSTATT
(SALZBERG)

AMTHAUS HALLSTATT

WOHNGEBÄUDE EBENSEE

Betriebsgebäude der Saline Austria AG   *S-A*

18.0 Zusammenfassung, Schlußfolgerung und Nachwort

Hätte es keinen Salzbergbau im „Salzkammergut" gegeben, wären das Ischl-Land, Ausseerland, Traunsee-, Attersee-, Mondsee-, Wolfgangsee- und Almseegebiet trotz ihrer besonders schönen Landschaft wie andere Täler in Tirol, Salzburg, Kärnten usw. bis zum Einsetzen des Tourismus um 1850 zu einem Dornröschenschlaf verurteilt gewesen. Hierzu ist zu bemerken, daß die Wertschöpfung aus dem „Großunternehmen Salzkammergut" nur zum geringen Teil für die Region und für unternehmensnützliche Investitionen herangezogen wurde, denn der überwiegende Teil des Geldes (Ertrag aus Weißem Gold) wurde für die Hofhaltung, für die Fürstenkasse (anfangs meistens auch Staatskasse), für die Kriegskasse, für Kriegsentschädigungen, für die Bestechung der Kurfürsten im Sinne einer Wahl zum deutschen Kaiser oder König usw. verwendet.
Sozialleistungen im größeren Ausmaß – für damalige Verhältnisse – wurden den Beschäftigten nicht gewährt, lediglich war der Unternehmensbesitzer an der Versorgung seiner Untertanen mit Nahrungsmitteln, Wein und Ähnlichem interessiert, um die Arbeitskraft zu erhalten, nur lediglich den jungen Männern wurde zur damaligen Zeit der Kriegsdienst erlassen.
Außer der teilweisen ärztlichen Versorgung kamen jedoch zusätzlich die Deputate oder Servitute für Brennholz, Bauholz usw. zum Tragen, die eine Erbauung und Beheizung der Unterkünfte förderten. Den „ausgedienten Arbeitern" gewährte der Landesfürst jedoch eine bescheidene Provision (Pension), bei hochrangigen Beamten wurde teilweise eine sehr stattliche zuerkannt.
Den teilweise in diversen Artikeln publizierten Behauptungen, daß durch die Bahnerschließung die seit eh und je bestehende Trennung des äußeren und inneren Salzkammergutes (zwischen Traunkirchen und Ebensee) beendet wurde, kann ich mich nicht anschließen. Als Begründung darf ich anführen, daß die Erschließung von Gegenden durch die Eisenbahn fast überall wirtschaftliche und verkehrstechnische Vorteile brachte, dies galt für das Salzkammergut ebenso wie für andere Regionen, Länder usw. Nicht der Bau der Eisenbahn 1875 – 77 löste das Jahrtausend alte Hindernis, keinen Landweg, sondern nur den Seeweg von Traunkirchen nach Ebensee zu haben, sondern der Bau der „Kunststraße" entlang und durch den Sonnstein von 1856 – 61. Ab der Eröffnung der Kunststraße (siehe auch Kapitel 8.4) konnte man zu Fuß, zu Pferd, mit Pferde- und Ochsengespannen bei jeder Tages- und Nachtzeit, bei jedem **Wind und Wetter** vom Norden des Traunsees in den Süden (Ebensee) gelangen, auch die Versorgung mit Lebensmitteln aus Viechtau-Altmünster konn-

te bereits in den frühesten Morgenstunden durch die Bäuerin mit dem **Handwagerl** erledigt werden. Dieser Umstand hatte für die Salzschiffahrt keine Bedeutung, es kam für diese erst 16 Jahre später durch die Eröffnung der Eisenbahn die totale Einstellung. Warum keine Umstellung auf dem Landweg zwischen 1861 u. 1877 (?) Dies ergab sich dadurch, daß die Salzschiffahrt spätestens seit 1311 auf der Traun stattfand, eine Umdisponierung auf Straße wäre da auch nicht zielführend gewesen, da die Eisenbahn (Pferdeeisenbahn) von 1837 den Salztransport von Gmunden abwickelte. Die Zillenschiffahrt von Steeg über Lauffen, Ischl, Ebensee über den Traunsee nach Gmunden war wirtschaftlich eine gut funktionierende Symbiose.

Für mich als Nachfahre der Betroffenen (Traunkirchner) bleibt die Eröffnung der Kunststraße als das epochale Ereignis. Kann aus eigener Erfahrung sagen, daß ich 1945 einige Male mit meiner Mutter mit dem Pferdegespann unseres Nachbarn nach Ebensee zum Wochenmarkt gefahren bin, um irgendwie Lebensmittel (von Viechtauer Bauern) zu bekommen. Rückgekehrt sind wir die ca. 5 km lange Strecke zu Fuß und nicht mit der auch während des Kriegsendes durchgehend verkehrenden Salzkammergutbahn.

„Die Österr.-Ungar. Monarchie"
in Wort und Bild / 1889
Bd. OÖ u. Sbg S 279

Die Erschließung durch die Bahn hat bis heute die größte Veränderung für das Salzkammergut gebracht und ist daher der Haupteckpunkt in seiner Geschichte.

Es waren nicht Hochbauten oder Bauten mit räumlicher Funktion, sondern Bauten für die Schiffahrt, Bauten für den Rohstofftransport wie Soleleitung, weiters Brennstofftransport wie Holzaufzüge, Triftanlagen usw., die es ermöglichten, daß es zu dem Großunternehmen Salzkammergut kam und in die Fürstenkasse und später Staatskasse Gelder in reichlichem Maße flossen. **Die Hochbauten sind des Öfteren über wissenschaftliche Abhandlungen von Anderen (Erich, Idam usw.) beschrieben worden und habe diese deswegen nur kurz aufgezeigt, um den Zusammenhang des Kopfes (selbstverständlich die Verwaltungsgebäude) dieses Unternehmens darzustellen, um damit keine Wiederholung abzuwickeln.**

Das Problem war nicht immer der Ertrag, der zu erwirtschaften war, die Monopol-Preisgestaltung war ja gegeben, aber das Salz mußte gleichzeitig gegenüber dem Ausland (Salzburg, Bayern) konkurrenzfähig bleiben.

Man mußte auch auf die Gesundheits- und Arbeitsleistungsverhältnisse bei den Arbeitern Rücksicht nehmen, um auf lange Sicht auf körperlich kräftige Arbeiter zurückgreifen zu können.

Die aktive Leistungsbilanz des Großunternehmens war auch in Katastrophenfällen nicht gefährdet, d.h., daß die Arbeiter genau wußten, daß der Fürst oder der Staat bei einigen Arbeitern mehr, bei einigen Stunden mehr und einigen wenigeren Betriebs- und Sachmitteln (die von ihnen nicht korrekt angeeignet wurden) nicht bankrott gehen würde, wo diese auch wußten, je höher der Reinertrag aus diesem Unternehmen ist, desto mehr fließt in die Hofhaltung bzw. Kriegskasse.

Der Betriebsablauf des Großunternehmens Salzkammergut funktionierte wie ein Uhrwerk und das auf einer relativ großen Betriebsfläche, nämlich dem steiermärkischen und obderennsischen Salzkammergut.

Weiters sei festgestellt, daß aus der Wertschöpfung dieses Unternehmens abendländische Politik gemacht wurde, und es darf auch angeführt werden:

„So hat das Salzkammergut rühmlichen Anteil genommen an dem jahrhundertelangen Abwehrkampf der christlichen Völker Europas gegen die türkischen Eroberungspläne.“

Nachzulesen bei Schraml, Bd. 1, S. 255, aus dem Jahr 1932.

Durch den Zusammenbruch der Habsburg-Monarchie nach dem Ende des 1. Weltkrieges am 11. November 1918 waren die wirtschaftlichen und betrieblichen Vorraussetzungen wesentlich anders gelagert. Nachfolgebetrieb des „Großunternehmen Salzkammergut" wurde das Industrieunternehmen Österreichische Salinen AG (ab 1997 zur Salinen Austria AG). Dieses Unternehmen führte den Abbau des Salzes in der jahrhundertealten Tradition weiterhin erfolgreich durch.

Die Problematik dieser Nachfolgezeiten wurde durch die Publikationen von Dipl.Ing. Hattinger sowie von Dr. Thomanek, die unter Kapitel 16.0 bzw. Kapitel 17.0 aufgeführt sind, realistisch aufgezeigt. Da diese Zeugen dieser Zeit sind, möchte ich als Autor keinerlei Ergänzungen, Kürzungen oder sonstige Änderungen in dieser Richtung durchführen.

Nachwort

Aus dem Großunternehmen Salzkammergut, beginnend mit dem 12. Jhdt, folgte schlußendlich ab 1997 das Industrieunternehmen Salinen Austria AG, das von der Größe her nicht mehr die Bedeutung der früheren Salinenzeiten aufweist. Faktum ist, daß ein Salzsole-, Bergbau-, und Salinenunternehmen seit bereits 860 Jahre existiert und bestimmt weiter bestehen wird.

Zu den

860 Jahre „Glück auf!"

werden noch viele, wirtschaftlich erfolgreiche Jahre hinzukommen.

Das über Jahrhunderte berechtigte Motto:

„Ohne Wald - kein Salz"

hat seine ursprüngliche Bedeutung durch den Wechsel des Brennstoffes (kein Holz mehr) bei den Sudhäusern verloren.

Die Arbeitsplätze sind beim Ärar rar geworden.
Um der Bevölkerung weiterhin Beschäftigungsmöglichkeiten zu geben, wäre folgendes neues Motto angebracht:

„Arbeit durch Salz
Gott erhalt's!"

19.0 Anhang

a) Anmerkungen

1	HUFNAGL, S. 8
2	HUFNAGL, S. 8
3	KOLLER E., 1970, S. 536
4	HUFNAGL, S. 10, 11
5	HUFNAGL, S. 23
6	HUFNAGL, S. 24
7	LAMER, S. 20
8	MITTENDORFER, S. 35
9	DOPSCH, HOFFMANN, S. 172
10	LAMER, S. 235
11	WEIDINGER, S.
12	WEIDINGER, S.
13	LAMER, S. 36
14	POLLNER, S. 63
15	LAMER, S. 40
16	HUFNAGL, S. 43
17	POLLNER, S.
18	SCHRAML, 1932, S. 278
19	SCHRAML, 1932, S. 267
20	KOLLER E., 1970, S. 17
21	KOLLER E., 1970, S. 22
22	KOLLER E., 1970, S. 24
23	KRIECHBAUM, 1941/42, S. 33
24	KRIECHBAUM, 1941/42, S. 34
25	NIEDERSTÄTTER, S. 173
26	NIEDERSTÄTTER, S. 174
27	POLLNER, S. 155
28	HUFNAGL, S. 428
29	SCHRAML, 1932, S. 195
30	SCHRAML, 1932, S. 197
31	LAMER, S. 20
32	LAMER, S.
33	KRACKOWIZER, 1899, S. 256
34	HUFNAGL, S. 243
35	SCHRAML, 1932, S. 237
36	SCHRAML, 1932, S. 241
37	STADLER, S. 61
38	IDAM, S. 125
39	SCHRAML, 1932, S. 194
40	SCHRAML, 1936, S. 186
41	STADLER, S. 62, 63
42	SCHRAML, 1936, S. 321
43	STADLER, S. 51
44	KOLLER E., 1970, S. 306
45	SCHRAML, 1932, S. 231
46	SCHRAML, 1932, S. 231
47	SCHRAML, 1934, S. 174
48	MARKTGEMEINDE BAD GOISERN, S. 73
49	KOLLER E., 1970, S. 315
50	NEUMITKA, S. 323
51	SCHRAML, 1934, S. 488
52	SCHRAML, 1936, S. 47
53	MARKTGEMEINDE BAD GOISERN, S. 75
54	FÖRSTER, 1885, S. 523
55	FÖRSTER, 1885, S. 526

56	FÖRSTER, 1885, S. 527
57	GEMEINDE ROITHAM, S. 112
58	FÖRSTER, 1885, S. 265
59	DEPINY, 1935, S.
60	DEPINY, 1935, S. 130
61	DEPINY, 1935, S. 135
62	KRACKOWIZER, 1899, S. 266
63	KRACKOWIZER, 1899, S. 266 – 268
64	FÖRSTER, 1885, S. 266
65	KRIECHBAUM, 1941/42, S. 34
66	GEMEINDE ROITHAM, S. 109
67	KRACKOWIZER, 1899, S.
68	SCHULTES, S. 160
69	KRIECHBAUM, 1941/42, S.
70	KRIECHBAUM, 1941/42, S.
71	KRIECHBAUM, 1941/42, S.
72	MARKTGEMEINDE BAD GOISERN, S. 67
73	KOLLER E., 1970, S. 273
74	KOLLER E., 1970, S. 266
75	KOLLER E., 1970, S. 268
76	KOLLER E., 1970, S. 269
77	KOLLER E., 1970, S. 270
78	KOLLER E., 1970, S. 271
79	KRIECHBAUM, 1941/42, S. 9
80	FÖRSTER, 1885, S. 286
81	FÖRSTER, 1885, S. 296
82	FÖRSTER, 1885, S. 283
83	MARKTGEMEINDE BAD GOISERN, S. 68
84	MARKTGEMEINDE BAD GOISERN, S. 92, 93
85	FÖRSTER, 1885, S. 266
86	FÖRSTER, 1885, S. 266
87	LAMER, S. 45
88	LAMER, S. 44
89	FÖRSTER, 1885, S. 57
90	FÖRSTER, 1885, S. 57
91	FÖRSTER, 1885, S. 425
92	KOLLER E., 1970, S. 272
93	KOLLER E., 1970, S. 266
94	STADLER, S. 54
95	IDAM, S.
96	DEPINY, 1934, S. 36
97	DEPINY, 1934, S. 38
98	NEWEKLOWSKY, S. 476
99	NEWEKLOWSKY, S. 478
100	SCHIFFSLEUTEMUSEUM STADL PAURA, o. Seitenangabe
101	FÖRSTER, 1885, S. 317
102	FÖRSTER, 1885, S. 334
103	FÖRSTER, 1885, S. 318
104	FÖRSTER, 1885, S. 341
105	FÖRSTER, 1885, S. 364
106	FÖRSTER, 1885, S. 367
107	FÖRSTER, 1885, S. 371
108	KAMMERHOFMUSEUM DER STADT GMUNDEN, S. 1
109	FÖRSTER, 1885, S. 395
110	FÖRSTER, 1885, S. 398

254

111	FÖRSTER, 1885, S. 398
112	FÖRSTER, 1885, S. 399
113	FÖRSTER, 1885, S. 400
114	KAMMERHOFMUSEUM DER STADT GMUNDEN, S. 1
115	BITTERLICH, S. 6
116	BITTERLICH, S. 7
117	BITTERLICH, S. 6
118	FÖRSTER, 1885, S. 244
119	FÖRSTER, 1885, S. 243
120	KOLLER E., 1970, S. 315
121	LAMER, S. 20, 21
122	LIPP, S. 135
123	SCHRAML, 1936, S. 303
124	SCHRAML, 1936, S. 305
125	FÖRSTER, 1885, S. 131
126	FÖRSTER, 1885, S. 137
127	MITTENDORFER, S. 166
128	KRACKOWIZER, 1899, S. 253
129	SCHULTES, S. 219 – 230
130	MITTENDORFER, S. 166
131	GEMEINDE ROITHAM, S.
132	GEMEINDE ROITHAM, S.
133	KRACKOWIZER, 1899, S. 280
134	KRIECHBAUM, 1941/42, S. 34
135	GEMEINDE ROITHAM, S.
136	SCHULTES, S. 158
137	SCHRAML,
138	NEWEKLOWSKY, S. 531
139	NEWEKLOWSKY, S.
140	SCHRAML, 1934, S. 157
141	SCHRAML, 1934, S. 198
142	LAMER, S. 39
143	STADLER, S. 55
144	SCHRAML, 1932, S. 194
145	MARKTGEMEINDE BAD GOISERN, S.
146	STADLER, S. 37
147	SCHRAML, 1932, S. 145
148	STEINER, 1820, S. 24, 25
149	STEINER, 1832, S. 31
150	SCHRAML, 1932, S. 145
151	SCHRAML, 1932, S. 147
152	SALZKAMMERGUTZEITUNG, S. 3
153	SCHRAML, 1934, S. 123
154	KEGELE, S. 231
155	SCHRAML, 1936, S. 88
156	SCHRAML, 1934, S. 121
157	SCHRAML, 1934, S. 115
158	SCHRAML, 1936, S. 79
159	SCHRAML, 1936, S. 198
160	SCHRAML, 1934, S. 121
161	KRACKOWIZER, 1899, S. 272
162	NEWEKLOWSKY, S. 250
163	HAGER H., S. 183
164	NEWEKLOWSKY, S. 199
165	NEWEKLOWSKY, S. 202
166	NEWEKLOWSKY, S. 205
167	KRACKOWIZER, 1899, S. 276
168	HAGER H., S.
169	SCHRAML, 1932, S. 252
170	SCHRAML, 1932, S. 255
171	ARNETH, S. 429
172	DIRNINGER, Habil., S. 146
173	DIRNINGER, Habil., S. 147
174	HUFNAGL, S. 482
175	HUFNAGL, S. 481
176	KOLLER E., 1970, S. 481
177	PFEFFER, KLEINHANNS, S. 24
178	PFEFFER, KLEINHANNS, S. 91
179	HAGER C., S. 30
180	HAGER C., S. 30
181	HAGER C., S. 43
182	HAGER C., S. 43
183	SCHRAML, 1936, S.
184	SCHRAML, 1936, S. 230 (Druckfehler „330")
185	SCHRAML, 1936, S.
186	KRIECHBAUM, 1941/42, S. 9
187	SCHRAML, 1934, S. 60, 61
188	SCHRAML, 1934, S. 191
189	SCHRAML, 1934, S. 430
190	SCHRAML, 1934, S. 434
191	SCHRAML, 1934, S. 437
192	SCHRAML, 1934, S. 440
193	SCHRAML, 1932, S. 240
194	SCHRAML, 1932, S. 241
195	SCHRAML, 1934, S. 219
196	SCHRAML, 1936, S. 213
197	DEPINY, 1934, S. 186
198	KÖBERL, S. 14
199	SCHRAML, 1936, S. 188
200	KRACKOWIZER, 1900, S. 263
201	HAGER H., S.
202	KRACKOWIZER, 1900, S. 265
203	KRACKOWIZER, 1900, S. 266
204	KRACKOWIZER, 1900, S. 269
205	SCHULTES, S. 183
206	STEINER, 1832, S. 492
207	NEWEKLOWSKY, S. 405
208	NEWEKLOWSKY, S. 415
209	KRACKOWIZER, 1900, S. 263
210	KEGELE, S. 214
211	AMMERER, S. 74
212	HUFNAGL, S. 314
213	HUFNAGL, S. 132
214	HEINISCH, 1968, S. 109
215	HEINISCH, 1968, S. 110, 111
216	HEINISCH, 1991, S. 136
217	KEGELE, S. 104
218	SCHRAML, 1932, S. 510
219	NEUMITKA, S. 305
220	SCHRAML, 1934, S. 265
221	SCHRAML, 1934, S. 572
222	SCHRAML, 1934, S. 575
223	LAMER, S. 150
224	LAMER, S. 141.

b) Quellen

Vor Ort	Seeklause in Steeg
	Wilder Lauffen
	Wilder Fall in Roitham
	Gosauzwang – bei der Gosaumühle
	Salinenanlagen Aussee (hauptsl. im Außenbereich)
	Salinenanlagen Ebensee (hauptsl. im Außenbereich)
	Salinenanlagen Hallstatt (hauptsl. im Außenbereich)
	Salinenanlagen Ischl (hauptsl. im Außenbereich)
Archive	Österreichisches Staatsarchiv, 1030 Wien, Nottendorferg. 2
	O.Ö. Landesarchiv, 4020 Linz, Anzengruberstr. 19
Museen	Oberösterreichisches Landesmuseum in Linz
	Museum Hallstatt
	Kammerhofmuseum in Bad Aussee
	Stadtmuseum in Bad Ischl
	Kammerhofmuseum in Gmunden
	Schiffsleutemuseum in Stadl-Paura
	Schiffsmuseum in Grein a. d. Donau
	Holzknechtmuseum in Bad Goisern
	Heimatmuseum in Bad Goisern
	Heimatmuseum in Steinbach/Attersee
	Handarbeitsmuseum in Traunkirchen
Bibliotheken	Österreichische Nationalbibliothek, Wien
	Salinen Austria AG Bad Ischl, Hauptbibliothek
	Oberösterreichisches Landesbibliothek, Linz, Schillerstraße
	Hauptbibliothek der Universität Salzburg
	Fachbibliotheken in Salzburg
	usw. usw.

c) Bibliographie

AMMERER, Gerhard: Direkte Kontakte mit den angrenzenden habsburgischen Ländern – wirtschaftliche Verflechtungen und Salzarbeiteraufstand, in: Wolf Dietrich von Raitenau. Gründer des barocken Salzburg. Katalog zur 4. Salzburger Landesausstellung 1987. (Salzburg, 1987).

ANDRIAN, Ferdinand von: Die Altausseer. Ein Beitrag zur Völkskunde des Salzkammergutes. (Wien, 1905).

ARNETH, Alfred Ritter von: Prinz Eugen von Savoyen. Bd. 2: 1708 – 1718. (Gera, 1888).

ASCHAUER, Franz: Oberösterreichs Eisenbahnen. Geschichte des Schienenverkehrs im ältesten Eisenbahnland Österreichs. (Wels, 1964).

AUBELL, Winfried: Bergmann im Salz. Ein Bergmann beschreibt u. zeichnet die Geschichte u. Entwicklung des Bergbaues im Salzkammergut. Rund um die Soleleitung. (Wels, 1981).

AUSSTELLUNG DES LANDES OBERÖSTERREICH. Der hl. Wolfgang in Geschichte, Kunst und Kult. 27. Mai bis 3. Okt. 1976, ehem. Priorat des Klosters Mondsee. St. Wolfgang im Salzkammergut. (Linz, 1976).

BARTH, Friedrich: St. Wolfgang. Ein Heimatbuch. (St. Wolfgang, 1975).

BEER, Otto F. und **HUBMANN, Franz**: Der Fenstergucker. Österreich in Geschichten u. Bildern. (Wien, Heidelberg, 1974).

BITTERLICH sen., Ernst: Der Hallholz-Aufzug im Weißenbachtal, Gemeinde Steinbach/ Attersee 1722-1871. (Bad Ischl, 1988).

DEHIO, Georg: Handbuch der deutschen Kunstdenkmäler in der Ostmark. Bd. 2: Oberdonau. 2. neubearb. Aufl. (Wien, Berlin, 1941).

DEPINY, Adalbert (Hrsg.): Heimatgaue. Zeitschrift für oberösterreichische Geschichte, Landes- und Volkskunde. 4. Jg. 1923. (Linz, 1923).

DEPINY, Adalbert (Hrsg.): Heimatgaue. Zeitschrift für oberösterreichische Geschichte, Landes- und Volkskunde. 7. Jg. 1926. (Linz, 1926).

DEPINY, Adalbert (Hrsg.): Heimatgaue. Zeitschrift für oberösterreichische Geschichte, Landes- und Volkskunde. 9. Jg. 1928. (Linz, 1928).

DEPINY, Adalbert (Hrsg.): Heimatgaue. Zeitschrift für oberösterreichische Geschichte, Landes- und Volkskunde. 14. Jg. 1933. (Linz, 1934).

DEPINY, Adalbert (Hrsg.): Heimatgaue. Zeitschrift für oberösterreichische Geschichte, Landes- und Volkskunde. 15. Jg. 1934. (Linz, 1935).

DEPINY, Adalbert (Hrsg.): Heimatgaue. Zeitschrift für oberösterreichische Geschichte, Landes- und Volkskunde. 17. Jg. 1936. (Linz, 1937).

DICKINGER, Hans: Geschichte von Schörfling am Attersee. Markt, Pfarre und Herrschaft. 2. Aufl. (Ried, 2002).

DIRNINGER, Christian: Staatliche Finanzpolitik im Erzstift Salzburg im 18. Jahrhundert. Habil. (Salzburg, 1997).

DIRNINGER, Christian: Die Sparkassen in der Entwicklung der österreichischen Wirtschaftsordnung im 19. und 20. Jahrhundert. In: Sparkassen zwischen Staat und Markt (Sparkassen in der Geschichte, Ab. 1 Dokumentation Bd. 23). Hrsg. von der Wissenschaftsförderung der Sparkassen-Finanzgruppe e.V. (Bonn-Stuttgart, 2001).

DOPSCH, Heinz, BRUNNER, Karl und **WELTIN, Maximilian**: Österreichische Geschichte 1122 – 1278. Die Länder und das Reich. (Wien, 1999).

DOPSCH, Heinz und **HOFFMANN, Robert**: Geschichte der Stadt Salzburg. (Salzburg, München, 1996).

ERICH, Rudolf: Die Baudenkmäler des Salinenwesens in Österreich. Diss. (Wien, 1972).

FEILER, Karl: Die alte Schienenstraße Budweis - Gmunden. Ernstes u. Heiteres aus dem Leben der einzigen großen Überlandbahn mit Pferdebetrieb. (Wien, 1952).

FÖRSTER, Gustav-R.: Der Reichsforst Rettenbach im k.k. Wirthschaftsbezirk Ischl. (Gmunden, 1878).

FÖRSTER, Gustav-R.: Das forstliche Transportwesen. (Wien, 1885).

GEMEINDE ROITHAM (Hrsg.): Heimatbuch Roitham. (Gmunden, 1991).

HAGER, Christian: Die Eisenbahnen im Salzkammergut. (Steyr, 1992).

HAGER, Hans: Die Traun - ein uralter Salzhandelsweg. Auf den Spuren der alten Salzschifffahrt. (Stadl-Paura, 1996).

HARITZ, Johann: Römerstraßen in Oberösterreich, in: Beigabe zur Zeitschrift des Oberösterreichischen Landeslehrervereines 1867. Nr. 7/8 (Linz, 20. Juli 1932).

HATTINGER, Günther: Sole und Salz. Historische Streiflichter. Katalog zur Ausstellung in Bad Ischl vom 23. Mai 1987 bis 13. September 1987. (Bad Ischl, 1987).

HATTINGER, Günther: Vom Salzwesen zur Salzindustrie - Vom Monopol zum freien Markt, in: Arche. Zeitschrift für Geschichte und Archäologie in Oberösterreich, Nr. 6 (1994).

HATTINGER, Günther: Der Österreichische Salzsolebergbau und das Sudhüttenwesen in den letzten 50 Jahren (1908-1958); Aufsatz, aufgrund eines Auftrages der Generaldirektion der Österr. Salinen, erstellt (Bad Ischl, 1958).

HATTINGER, Günther: Sole- und Salzgewinnung in Osterreich in der Zeit von 1950 — 1970, Festschrift „Österreichs Berg- und Hüttenwesen in Gegenwart und Vergangenheit (Montan-Verlag Wien, 1972).

HATTINGER, Günther: Die Sole- und Salzgewinnung Osterreichs in der Gegenwart; Beitrag in der „Kulturzeitschrift Oberösterreich" 34. Jahrgang, Heft 2/1984.

HATTINGER, Günther: Das Salinenwesen im Salzkammergut, seine Entwicklung von der Mitte des 19. Jahrhunderts bis heute (1985); Aufsatz für die Erstellung einer Salinen-Betriebschronik (Bad Ischl, 1985).

HATTINGER, Günther: Die Ordnung des oberösterreichischen Salzwesens aus dem 16. und 17. Jahrhundert (1. bis 3. Reformationslibell von 1524, 1563 und 1656); Beitrag in „Das Salz in der Rechts- und Handelsgeschichte" (Berenkamp Verlag Schwaz, 1991).

HATTINGER, Günther: Die Gewinnung von Salz im Hauptwerk von Georgius Agricola: Beitrag im „Journal of Salz-History" Volume 2-1994 (Berenkamp Verlag Schwaz, 1994).

HATTINGER, Günther: Die Salzfertiger des oberösterreichischen-habsburgischen Salzwesens (14. bis 19. Jahrhundert); Beitrag im „Journal of Salz-History" Volume 4-1996 (Berenkamp Verlag Schwaz, 1996).

HATTINGER, Günther: Die Salzbergbaue und Salinen Österreichs in der Nachfolge der k.k. alpinen Salinen von 1918 bis zu deren Privatisierung am Ende des 20. Jahrhunderts; Beitrag in der „Kulturgeschichte des Salzes 18. bis 20. Jahrhundert" (Verlag für Geschichte und Politik Wien, 2001).

HATTINGER, Günther: Die Entwicklung der Thermokompression (Wärmepumpe) zur Gewinnung von Salz aus Sole in Osterreich; Beitrag in der „Festschrift Rudolf Palme zum 60. Geburtstag" (Innsbruck, 2002).

HEINDL, Gottfried: Das Salzkammergut und seine Gäste. Die Geschichte einer Sommerfrische. (Linz, 1993).

HEINISCH, Reinhard Rudolf: Salzburg im Dreißigjährigen Krieg. (= Dissertationen der Universität Wien 18). (Wien, 1968).

HEINISCH, Reinhard Rudolf: Paris Graf Lodron. Reichsfürst und Erzbischof von Salzburg. (Wien, München, 1991).

HELLMUTH, Thomas und **HIEBL, Ewald** (Hrsg.): Kulturgeschichte des Salzes. 18. bis 20. Jahrhundert. (Wien, München, 2001).

HUFNAGL, Franz: Die landesfürstliche Stadt Gmunden als Sitz der Kammergutsverwaltung. Die Stadt im Spannungsfeld mit den Habsburgern und deren Salzamtmännern. Diss. (Salzburg, 1999).

IDAM, Friedrich Valentin: Gelenkte Entwicklung. Diss. (Wien, 2003)

KAMMERHOFMUSEUM DER STADT GMUNDEN: Sonderschau 100 Jahre Wildbach- und Lawinenverbauung im Salzkammergut (o.O., 1984).

KEGELE, Leo: Das Salzkammergut nebst angrenzenden Gebieten in Wort und Bild. (Wien, 1898).

KÖBERL, Herbert: Bad Ischl. Malerei und Graphiken aus vier Jahrhunderten. (Wien, 2003).

KOLLER, Engelbert: Die Holztrift im Salzkammergut. (Linz, 1954).

KOLLER, Engelbert: Beiträge zur Geschichte des Bauwesens im Salzkammergut. (Linz, 1968).

KOLLER, Engelbert: Forstgeschichte des Salzkammergutes. Eine forstliche Monographie.(Wien, 1970).

KOLLER, Fritz: Hallein im frühen und hohen Mittelalter. Diss. (Salzburg, 1974).

KOMAREK, Alfred: Österreich mit einer Prise Salz. Ein Mineral macht Geschichte. (Wien, 1998).

KOMAREK, Alfred: Kulturschätze im Salzkammergut. Ein Reisebegleiter. (Wien, 2000).

KRACKOWIZER, Ferdinand: Geschichte der Stadt Gmunden in Oberösterreich. Bd. 2. (Gmunden, 1899).

KRACKOWIZER, Ferdinand: Geschichte der Stadt Gmunden in Oberösterreich. Bd. 3. (Gmunden, 1900).

KRIECHBAUM, Eduard (Hrsg.): Der „Heimatgau“. Zeitschrift für Volks- und Landschaftskunde, sowie für die Geschichte des Oberdonaulandes. 1. Jg. 1938/39. (Linz).

KRIECHBAUM, Eduard (Hrsg.): Der „Heimatgau“. Zeitschrift für Volks- und Landschaftskunde, sowie für die Geschichte des Oberdonaulandes 2. Jg. 1940/41. (Linz).

KRIECHBAUM, Eduard (Hrsg.): Der „Heimatgau“. Zeitschrift für Volks- und Landschaftskunde, sowie für die Geschichte des Oberdonaulandes 3. Jg. 1941/42. (Linz).

KURVERWALTUNG GMUNDEN (Hrsg.): 125 Jahre Kurstadt Gmunden. (Gmunden, 1987).

LAMER, Reinhard: Das Ausseer Land. Geschichte und Kultur einer Landschaft. (Graz, 1998).

LEHR, Rudolf (Hrsg.): Landeschronik Oberösterreich. Sonderausgabe1992. (Wien, o.J.).

LIPP, Franz C.: Ischler Albumblätter. (Linz, 1980).

MARKTGEMEINDE BAD GOISERN (Hrsg.): Heimat Goisern. (Linz, 1990).

MITTENDORFER, Ferdinand: Traunkirchen, einst Mutterpfarre des Salzkammergutes. (Linz, 1981).

MÜLLAUER, Norbert: Die alte Brettersäge in Kirchbach. (Horn, 1995).

NEUMITKA, Rudolf: Flachsspinner und Salzschiffer in Stadl Paura. (Wels, 1994).

NEWEKLOWSKY, Ernst: Die Schiffahrt und Flößerei im Raume der oberen Donau. Bd. 1. (Linz, 1952).
NIEDERSTÄTTER, Alois: Österreichische Geschichte 1278 – 1411. Die Herrschaft Österreich. (Wien, 2001).

Österreichisches Forschungsinstitut für Technikgeschichte, Wien: Sonderabdruck aus: Blätter für Geschichte u. Technik. 5. Heft. (Wien, 1938).

DIE **ÖSTERREICHISCH-UNGARISCHE MONARCHIE** in Wort und Bild. Oberösterreich und Salzburg. (Wien, 1889).

PEILLINGER, Elfriede: Grüße aus Gmunden. Eine Auswahl alter Ansichtskarten. (Linz, 1979).

PFARL, Wolfgang: Das Salzkammergut. (Wien, München, 1975).

PFEFFER, Franz und **KLEINHANNS, Günther**: Budweis - Linz - Gmunden. Pferdeeisenbahn u. Dampfbetrieb auf 1106 mm Spurweite. (Wien, Linz, 1982).

POLLNER, Martin Thomas: Das Salz-Kammergut. Grundzüge einer allgemeinen Geschichte des Salzkammergutes und einiger angrenzender Landesteile; mit besonderer Berücksichtigung des Ausseer Landes. Eine Gesamtübersicht von den Anfängen bis in die 2. Hälfte des 20. Jahrhunderts. (Wien, 1992, 1993, 1994 u. 1995).

PRILLINGER, Elfriede: Grüße aus Gmunden. Eine Auswahl alter Ansichtskarten. (Linz, 1979).
RAUSCH, Wilhelm (Hrsg.): Die Salzorte an der Traun. (Linz, 1986).

SALZBURGER LANDESAUSSTELLUNGEN (Hrsg.): SALZ. Salzburger Landesausstellung. Mit Beiträgen von Gerhard Ammerer, Heinz Dopsch, Günther Hattinger, Thomas Hellmuth und Ewald Hiebl, Fritz Koller u.a. (Salzburg, 1994).

SALZKAMMERGUTZEITUNG: Lebensader des Salzkammergutes: Soleleitung. (Nr. 35, 2.9.1954), S. 3.

SANDGRUBER, Roman: Österreichische Geschichte. Ökonomie und Politik. (Wien, 1995).

SCHEICHL, Franz: Aufstand der protestantischen Salzarbeiter und Bauern im Salzkammergute 1601 und 1602. (Linz, 1885).

SCHIFFSLEUTEMUSEUM STADL PAURA (Hrsg.): Die Traun. (Informationsbroschüre). (o.O., o.J.).

SCHRAML, Carl: Das oberösterreichische Salinenwesen vom Beginne des 16. bis zur Mitte des 18. Jahrhunderts. Bd. 1. (Wien, 1932).

SCHRAML, Carl: Das oberösterreichische Salinenwesen von 1750 bis zur Zeit nach den Franzosenkriegen. Bd. 2. (Wien, 1934).

SCHRAML, Carl: Das oberösterreichische Salinenwesen von 1818 bis zum Ende des Salzamtes im Jahre 1850. Bd. 3. (Wien, 1936).

SCHRAML, Carl: Der Holzaufzug und die Wasserriesen im Außerweißenbach, in: Blätter für Geschichte der Technik. Hrsg. vom Oesterreichischen Forschungsinstitut für Geschichte der Technik in Wien. 5. Heft. Sonderabdruck. (Wien, 1938).

SCHULTES, J. A.: Reisen durch Oberösterreich in den Jahren 1794, 1795, 1802, 1803, 1804 und 1808. I. Theil. (Tübingen, 1809).

SEEMANN, Helfried und **LUNZER, Christian** (Hrsg.): Salzkammergut 1860 – 1930; Album. (Wien, 1993).

SPERL, Hans: Traunkirchen in alten Ansichten. (Zaltbommel, 1994).

STADLER, Franz: Salzerzeugung, Salinenorte und Salztransport in der Steiermark vom Frühmittelalter bis heute. (Linz, 1988).

STEINER, Johann: Der Reise-Gefaehrte durch die österreichische Schweiz oder das ob der ennsische Salzkammergut. (Linz, 1820).

STEINER, Johann: Der Reisegefährte durch die österreichische Schweitz oder das ob der ennsische Salzkammergut. 3. Aufl. (Linz, 1832).

STERN, Josef: Römerräder in Rätien und Noricum. Unterwegs auf römischen Pfaden. (= Römisches Österreich 25). (Wien, 2003).

THOMANEK, Kurt: Salzkörner. Entwicklung der Österreichischen Salinen Ag ab 1950 vom Monopol zum Privatbetrieb. (Leoben, 2006)

UMLAUFT, Friedrich: Die Österreichisch-Ungarische Monarchie. Geographisch-statistisches Handbuch mit besonderer Rücksicht auf politische und Cultur-Geschichte für Leser aller Stände. 2. umgearb. und erw. Aufl. (Wien, 1883).

UMLAUFT, Friedrich: Wanderungen durch die Österreichisch-Ungarische Monarchie. Landschaftliche Charakterbilder in ihrer geographischen und geschichtlichen Bedeutung. (Wien, 1883).

VACHA, Brigitte: Die Habsburger. Eine europäische Familiengeschichte. Sonderausgabe. (Graz, 1996).

VEREIN ZUR HERAUSGABE EINES BEZIRKSBUCHES GMUNDEN (Hrsg.): Der Bezirk Gmunden und seine Gemeinden. Von den Anfängen bis zur Gegenwart. (Linz, 1991).

WAGNER, Christoph und **WESTERMANN, Kurt-Michael**: Salzkammergut. Natur- und Kulturlandschaft. (Wien, 1996).

WEIDINGER, Johannes: Wege in die Vorzeit des Salzkammergutes. 2. Aufl. (Innsbruck, 1999).

WIESAUER, Franz: Ebensee in alten Ansichten. Bd. 1. (Zaltbommel, 1980).

ZINNHOBLER, Rudolf (Hrsg.): Der heilige Wolfgang und Oberösterreich: Schriftenreihe des Oberösterreichischen Musealvereines. (Linz, 1994).

ZÖLLNER, Erich: Geschichte Österreichs. Von den Anfängen bis zur Gegenwart. 8. Aufl. (Wien, München, 1990).

d) Bildnachweis

Es wird darauf hingewiesen, daß über die Fotos bzw. Bilder des Autors (R. Stummer), die unter den Titeln RE - FO / ... usw. geführt werden, zu schulischen bzw. universitären Zwecken jederzeit frei verfügt werden darf, bei einer Verwendung für kommerzielle Zwecke wird jedoch auf den Urheberschutz hingewiesen.

Die Bebilderung wird hier nicht extra ausgewiesen, da alle Zeichnungen, Stiche, Gemälde, Bilder usw. auf dem rechten unteren Bildrand eigens mit dem Vermerk versehen sind, wo diese in der Öffentlichkeit, Institutionen, Archiven usw. zugänglich sind oder von welchen Fotografen diese stammen. Die Auszeichnung erfolgt in Abkürzungen, diese sind wie folgt angeführt.

e) Abkürzungen

Teilweise auch Abkürzungen in der gegenständlichen Literatur

FO / 01	Fotoaufnahme des **Verfassers** / 2001
FO / 04	Fotoaufnahme des **Verfassers** / 2004
FO / 07	Fotoaufnahme des **Verfassers** / 2007
RE - FO / 01	Relikt - Fotoaufnahme des **Verfassers** / 2001
RE - FO / 04	Relikt - Fotoaufnahme des **Verfassers** / 2004
RE - FO / 07	Relikt - Fotoaufnahme des **Verfassers** / 2007
G St Av	Gmundner Stadtarchiv
F-H-A	Finanz und Hofkammerarchiv Wien
MO - FO / 01	Modell - Fotoaufnahme des **Verfassers** / 2001
MO - FO / 04	Modell - Fotoaufnahme des **Verfassers** / 2004
Ö N B	Österreichische Nationalbibliothek, Wien
Ö N B / B A	Österreichische Nationalbibliothek / Bildarchiv, Wien
Ö S AG	Österreichische Salinen AG
S A G	Salinen Austria AG
S A, HB	Österreichische Salinen AG, Hauptbibliothek bzw. Salinen Austria AG
Ö S A	Österreichisches Staatsarchiv, Wien
Ö SW	Österr. Salinenwesen
O Ö L A	Oberösterreichisches Landesarchiv, Linz
O Ö L M	Oberösterreichisches Landesmuseum, Linz
Sa - A	Salinenarchiv
Sa - A.	Salzamt
Sa - A M	Salzamtmann
Sa - O A	Salzoberamt
Sa - O A M	Salzoberamtmann
Sa - O A	Salzoberamtsarchiv
FT 1885	Das Forstliche Transportwesen vpn G. R. Förster, k.k. Forstmeister in Gmunden, 1885 (Literatur)

f) Glossar

Verzeichnis salinentechnischer Fachausdrücke

Aufzainen	Aufschlichten der Holzscheite zu Holzstössen
Brennwid(t)	Brennholz
Dörren	Trockenkammern für Formsalz, s. Pfiesel
Dörren	Austreiben der Feuchtigkeit aus Formsalz, wobei neben einer Entwässerung und Erhöhung der Festigkeit auch eine chemische Reinigung erfolgt, indem die Nebensalze, vor allem Chlormagnesium und schwefelsaures Natrium aussickern.
Formsalz	in Formen gepreßtes und gedörrtes Salz, s. Fuder und Füderl
Fuder	kegelstumpfförmiger Salzstock von ca. 100 – 115 Pfund (= 56 – 64,4 kg) Gewicht
Füderl	kleinerer, kegelstumpfförmiger Salzstock von 21 – 25 Pfund (= 12 – 14 kg) Gewicht
Haselgebirge	35 – 70 % Kochsalz führendes, konglomeratartiges Gemenge von überwiegend Ton, Sandstein, Anhydrit und Mergel
Kufe, Kueffe, Kuffe	doppelkonisches Holzfaß zur Salzverpackung, mit ca. 148 Pfund (= 83 kg) Salzinhalt
Küfel	konisches Holzgefäß mit ca. 12 Pfund (= 6,72 kg) Salzinhalt, älteste Form der Salzverpackung im oö. Kammergut
Pfiesel, Pfisel, Pfiesl	beheizte Kammern zum Abtrocknen der Salzstöcke (Fuder, Füderl) (vom lat. pensile = Heizkammer)
Sole, Soole	mit Kochsalz (NaCl) gesättigtes Wasser
Solestube	gezimmerte oder gemauerte Bassins, in denen die Sole beim Berge oder beim Pfannhause aufbewahrt und von wo sie den Sudpfannen zugeleitet wird
Strenn, Strähn	hölzerne Rohrleitungen für die Sole
Widholz	das für den Salzsud nötige Brennholz

Auf das edierte *„Salzkammergut Lexicon"* (Urversion 1769), das eine Vielzahl von Fachausdrücken aufweist, wird als Abschluss dieser Literatur verwiesen. Dort finden sich auch spezielle Maß-, Gewichtsangaben usw.

Weitere Fachausdrücke werden in dem Buch von **Alois FELLNER**
„Bergmännisches Handwörterbuch für Fachausdrücke im Salzbergbau- und Sudhüttenwesen" (**Wien, 1999**) auf **697 Seiten** aufgezeigt. Viele der Stichwörter aus dem bergmännischen Bereich entstammen aus dem Salzkammergut, daher hat sehr wohl als Nachschlagewerk über das Salzkammergut Gültigkeit hat.

g) **Sachregister** (Kurzfassung bzw. Auszug, ohne Gewähr auf Vollständigkeit)**.**

Alle Sachkapiteln des Inhaltsverzeichnis werden nach alphabetischer Reihenfolge nachstehend aufgelistet. Weitere Ortsbezeichnungen werden nicht ausgewiesen.

h) **Personenregister** (Kurzfassung bzw. Auszug, ohne Gewähr auf Vollständigkeit).

Alle aufgelisteten Personen hatten unter anderem eine Entscheidungsfunktion für den Wirtschaftsbereich des Bergwesens, des Forstwesens und der Schiffahrt.

Großunternehmen Salzkammergut

Mgf Ottokar III v. Steyr
Kgn Elisabeth „Salzkammergut" als Morgengabe von Albrecht I
        Stammmutter der Habsburger (21 Lebendgeburten)
        (1262-1313)
Kg Albrecht I   (-1308)
Hz Albrecht IV = Kg Albrecht II (- 1439)
Ks Friedrich III (- 1493)
Ks Maximilian (- 1519) gr. Reformator u. Initiator
Kg Ferdinand I (- 1564)

Kg. Rudolph II (- 1612) Soleleitung
Ehn. (Ks) Maria Theresia (- 1780)
Ks Joseph II (- 1790)
Ks Franz Joseph (- 1916)

Th. Seeauer	15. Jhdt.	Fr. v. Schwarz	
Grafen v. Seeau	16. u. 17. Jhdt.	Fr. J. Gerstner	
H. Khalß		Fr. A. v. Gerstner	
J. Spielbüchler		Dr. Götz	
Fr. v. Schiller		J. Lenoble	

usw. usw.

Pioniere des Quellenstudiums, der jahrhundertelangen Aufzeichnung und der literarischen Umsetzung das Salzkammergut betreffend waren

A. Dicklberger	**Dr. F. Krackowitzer**	**Hofr. C. Schraml**
1. Hälfte 19. Jhdt	19./20. Jhdt.	20. Jhdt

bzw. Industrieunternehmen wie Österreichische Salinen AG, Salinen Austria AG

Androsch Hannes, Dkfm. Dr. **Aufsichtsratvorsitzender**	Thomanek Kurt jun.
Duval Peter, Dr	Gnezicek Gerhard, Dr.
Hattinger Günther, Dipl.Ing.	Pomberger Karl
Gaisbauer Ernst, Dipl.Ing.	Wimmer Hans, Dipl.Ing.
Maix Stefan, Mag.	Klade Michael, Dipl.Ing.
Scharinger Ludwig, Dr.	Matl Gottfried, Dipl.Ing.
Thomanek Kurt DDipl.Ing. Dr.	Promberger Hermann, Dr.
usw. usw.	

Bad Goisern

ÖNB

Matthaeus Baumgartner
Dorf Goisern, 1805

Bad Ischl

Ferdinand Runk
Ansicht des Marktfleckens Ischl am Traun-
Fluss, um 1810

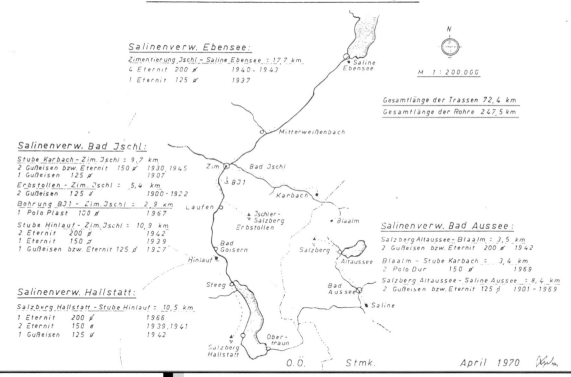

Zeichnung
aus dem techn. Büro der Saline

Salzkammergut-Karte um 2000 n.Chr., mit den heute vorhandenen Bergwerks- und Betriebsanlagen der Salinen Austria AG.

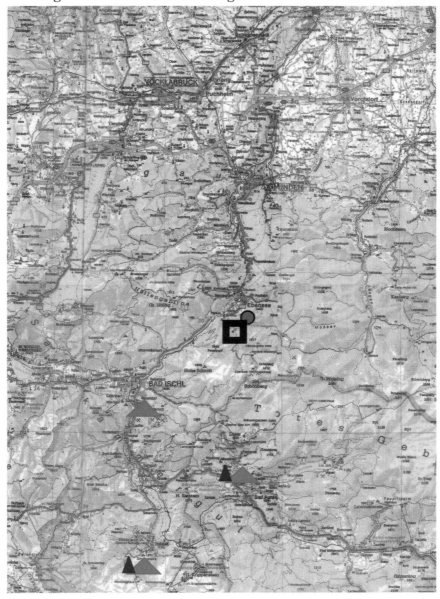

Legende:

○   **Hauptzentrale der Salinen Austria AG**

◼   Saline (Salzerzeugung)

▲   Aktiver Bergbau

▲   Schaubergwerk

SALINEN AUSTRIA

Ebensee

Matthäus Baumgartner
Dorf Ebensee, 1805

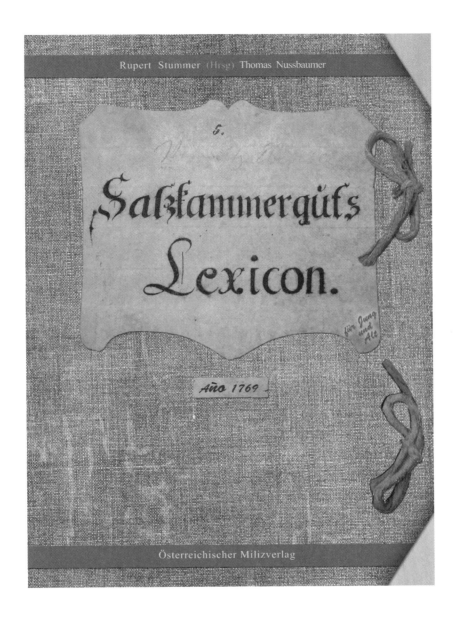

Dieses Lexicon wurde 2007 ediert, mit einer Bebilderung versehen und wird gleichzeitig mit der Literatur

Rupert Stummer

Großunternehmen

Salzkammergut

R | ST
20 | 07

Wirtschaftsbauten

Österreichischer Milizverlag

aufgelegt.